Nikolaus Harnoncourt
»... es ging immer um Musik«

Nikolaus Harnoncourt

»... es ging immer um Musik«

Eine Rückschau in Gesprächen

Herausgegeben von Johanna Fürstauer

Residenz Verlag

Ein herzlicher Dank gilt Johannes Schmid für die
redaktionelle Unterstützung dieses Buches.

Bibliografische Information der Deutschen Nationalbibliothek
Die Deutsche Nationalbibliothek verzeichnet diese Publikation
in der Deutschen Nationalbibliografie; detaillierte bibliografische
Daten sind im Internet über http://dnb.dnb.de abrufbar.

www.residenzverlag.at

2.Auflage 2016

© 2014 Residenz Verlag
im Niederösterreichischen Pressehaus
Druck- und Verlagsgesellschaft mbH
St. Pölten – Salzburg – Wien

Umschlaggestaltung, grafische Gestaltung/Satz: BoutiqueBrutal.com
Umschlagbild: Marco Borggreve/Sony Music Entertainment Inc.
Schrift: Kingfisher
Gesamtherstellung: CPI books GmbH, Leck - Germany

ISBN 978 3 7017 3343 9

Inhalt

5

Vorwort

»Wir alle brauchen die Musik; ohne sie können wir nicht leben.«
In diesem Satz faßte Nikolaus Harnoncourt in seiner Rede anläßlich der Verleihung des Erasmuspreises im Jahre 1980 zusammen, was viele Jahrhunderte lang im kulturellen Bewußtsein Europas verankert war: Die Kunst im allgemeinen, vor allem aber die Musik als emotionellste aller Künste, ist lebensnotwendig für die Entfaltung jener moralischen und gesellschaftlichen Qualitäten, die das Menschsein im eigentlichen Sinn des Wortes erst ermöglichen. Am Wesen der Kunst stößt Darwins Evolutionsprinzip an seine Grenzen: Selbst unsere nächsten »Verwandten« aus dem Tierreich können nicht dichten, malen, komponieren.

Die Frage nach Ursprung und Wesen der Kunst hat die Menschen zu allen Zeiten beschäftigt. Philosophen und Dichter, Naturwissenschaftler und Theologen haben ihre Vorstellungen dazu geäußert. Der Philosoph Pythagoras hat auf der Basis seines mathematisch-philosophischen Denkens ein ganzes Musiksystem begründet. In Goethes der Antike entnommenen *Geschöpfen des Prometheus* können dessen zunächst roboterhafte, gefühlsunfähige Kreaturen erst durch den Kuß der Musen, also durch die Begegnung mit den Künsten, zu einfühlsamen, liebenden Wesen werden, während der gleichfalls antike *Orpheus*-Mythos als eindrucksvolles Symbol für die Macht der Musik steht: der Sänger bezaubert Götter und Menschen, sein gefühlvoller Gesang bringt die Felsen zum Weinen und selbst die wilden Tiere zu gemeinsamem friedfertigem Lauschen.

Auch heute noch kann die Musik ihre Gemeinschaft stiftende Kraft beweisen – wenn man sie läßt: sie kann die Angehörigen verfeindeter Nationen zu einem Orchester vereinen und sie schenkt perspektivlosen Straßenkindern Hoffnung auf ein sinnvolles Leben.

Komponisten wie Monteverdi, Bach, Händel, Mozart oder Haydn sahen in ihrer Begabung ein Gottesgeschenk und waren sich darüber einig, daß diese Gabe aus Quellen gespeist wird, die weit über die bloße biologische Existenz hinausreichen.

Ob Gottesgeschenk oder »Musenkuß«, heute ist das Sensorium für die Wichtigkeit und Bedeutung der Kunst weitgehend aus dem gesellschaftlichen Konsens verschwunden. Kunst wird meist nicht mehr als eine sinnstiftende Kraft empfunden, sondern nur noch als ein mehr oder minder kostspieliges Ornament, das über den Verlust des kulturellen Bewußtseins hinwegtäuschen soll – wenn man denn überhaupt bereit ist, ihr noch irgendeine gesellschaftlich relevante Rolle zuzubilligen. Umso wichtiger ist es, immer wieder mit Nachdruck auf diese prekäre Situation und ihre absehbar verheerenden Folgen hinzuweisen und die Bedeutung der Kunst für die menschliche Existenz in Erinnerung zu rufen.

Nikolaus Harnoncourt ist hier ein leidenschaftlicher und tief besorgter Mahner. Im nunmehr vorliegenden dritten Band seiner Gespräche mit Kulturjournalisten geht es ihm immer wieder um das »*Mensch-Sein durch den Musenkuß*«, ohne den die Menschheit, getrieben vom bloßen Nützlichkeitsdenken, vollends zu einer Gesellschaft von egozentrischen und gefühlsunfähigen »*Wölfen und Bestien*« werden müßte. Er warnt nachdrücklich vor der Austrocknung des Phantastischen in den staatlichen Bildungssystemen, die der Erziehung zur Kunst kaum noch Raum geben und die musischen Begabungen unter einem Ballast »*nützlichen*« Wissens ersticken. In der Förderung von Kunstverständnis und Kunstempfinden in allen Gesellschaftsschichten sieht er eine der wichtigsten Aufgaben der Kulturpolitik, eine Aufgabe, deren Erfüllung er als Menschenrecht für alle einfordert.

In seinen Interpretationen geht es Nikolaus Harnoncourt immer um die *ganze* Musik; Spezialistentum lehnt er ab. Dabei betont er, daß jede Generation und jede Zeit die bedeutenden Schöpfungen der Kunst zur Entfaltung der eigenen kulturellen Identität braucht, als Anregung für immer neue Blickwinkel und Bezugspunkte der Phantasie und der emotionalen Entwicklung. Denn der geistige Gehalt von Meisterwerken kann – selbst im fruchtbarsten Zusammenwirken von Intuition und Wissen – immer nur in Annäherungen erkannt werden.

In diesem Sinne macht Nikolaus Harnoncourt in einem Rückblick auf sein Lebenswerk für Interpreten wie aufnahmebereite Hörer deutlich: nicht selbstzufriedenes Genießen, sondern lebenslange Arbeit ist notwendig, um auf die Frage nach dem Bleibenden in der Kunst mit Robert Musil antworten zu können: Wir, als Veränderte, bleiben.

J. F.

Teil I

Kunst berührt

Gesprächspartnerinnen: Helga Leiprecht und Camille Schlosser

Erstveröffentlichung: Kunstmagazin DU, Mai 2004

Herr Harnoncourt, welchen Stellenwert muß Kunst Ihrer Meinung nach haben?

Meiner Meinung nach ist es wichtig, ja lebenswichtig, daß sich alle Leute mit Kunst beschäftigen. Der Grund, warum einem das eine oder das andere Kunstwerk gefällt, ist oft schwer zu nennen. Wenn man über ein Werk etwas weiß, dann ist der Zugang leichter.

In der Musik kenne ich das Vokabular. Es ist mir klar, daß jede Kunst im Grunde eine Sprache ist. Bei der Musik ist die Sprachverwandtschaft am evidentesten. Man nimmt die Musik mit dem Ohr wahr, und die Ähnlichkeit geht bis in die Syntax, in die Grammatik. Aber auch ein Bild liest man. Es ist nur eine komplexere Art von Sprache. Wenn ich ein Bild vor mir habe, werde ich gezwungen, irgendwo anzufangen. Ein Rechtshänder beginnt ein Bild anders anzuschauen als ein Linkshänder. Weil er die Körperbewegung und die Augenbewegung anders koordiniert. Die Frage der Gleichzeitigkeit oder des Nacheinander-Abtastens stellt sich. Der Mensch ist ja kein Fotoapparat.

Wie betrachten Sie ein Kunstwerk? Gibt es da eine bestimmte Herangehensweise?

Ich habe zuerst einen allgemeinen Eindruck, und der bringt mich dazu, irgendwo anzufangen. Maler haben ihre Technik, bewußt oder intuitiv, um einen Betrachter durch das Bild zu führen. Ein Bild ist ein Labyrinth, durch das man mit großer Raffinesse geführt wird. Wenn ich bei Kunsthistorikern lese, in diesem Bild seien hier Diagonalen

13

und da Dreiecke, bestätigt mich das in der Meinung, daß hinter allem, was schön ist, eine Struktur liegt.

Möglicherweise gilt das auch für die Betrachtung der Natur. Denn auch die Natur kann ich ja nur schön finden, wenn ich sie interpretiere. Die Natur als solche kann nie schön sein. Warum soll sie schön sein? Sie ist Chaos, sie ist wild, alles wächst da, wo es wachsen will. Erst einmal hat man Angst vor ihr, weil man sie nicht beherrschen kann. Die Kultur, die Zeit, in der man lebt, prägt den Zugang zur Natur.

Sie haben uns ja Kunstwerke aus verschiedenen Epochen als Ihre Lieblingswerke vorgeschlagen.

Heute blickt man in die Vergangenheit. Aber wer in der Zeit des Barock eine gotische Kirche angeschaut hat, hat sie furchtbar häßlich gefunden, und wahrscheinlich hat man nur zu wenig Geld gehabt, um sie abzureißen. Es war normal, das Vergangene abzulehnen. Warum hat man ganze Altstädte niedergerissen? Die Beschreibung der großen gotischen Bauwerke in der nachgotischen Zeit ist lange ausschließlich negativ. Der Rückblick ist das Spezifikum unserer Zeit. Wenn Sie eine Liste, wie sie Sie von mir erbeten haben, von einem Komponisten aus dem 16. Jahrhundert bekommen hätten, hätte der nur zeitgenössische Kunst genannt.

Sie haben nur klassische Kunst genannt.

Eine schrittweise Entwicklung führte zu dieser Umkehrung. Zur Zeit Mozarts hat man eigentlich nur zeitgenössische Musik gespielt. Händel war damals gerade zwanzig Jahre tot und kam den Zeitgenossen Mozarts uralt vor. Als Mozart Händel aufführte, hat er ihn zuerst umgeschrieben. Niemand wäre auf die Idee gekommen, Händels Musik so aufzuführen, wie dieser sie geschrieben hatte. Man dachte, da gehört noch diese, da gehört noch jene Harmonie hinzu. Trotzdem war man der Meinung, Händel zu spielen.

Die Symphonien von Beethoven und ein paar Opern von Mozart waren die ersten Werke, die durchgehend bis heute gespielt wurden. Diese Musik war so offen, daß sie von jeder Generation neu gedeutet werden konnte. Mittlerweile hat sich die Einstellung zur Vergangenheit so stark verändert, daß ein zeitgenössisches Werk viel exotischer anmutet als ein älteres. Die Synchronizität von Kultur und Leben ist kaputt. Das ist ein Defekt. Das ist nicht natürlich. Die Kunst hat eine Seismographenaufgabe. Sie sagt, wie es heute ist. Seit einigen Generationen scheint die Bereitschaft, in den Spiegel zu schauen, immer geringer zu werden.

Sie haben als neuestes Werk ein Bild von Mark Rothko ausgewählt.

Ich stehe ja auch mitten in diesem Prozeß. Ich bin nicht in der Lage zu sagen, das sind die großen Künstler der Gegenwart. Möglicherweise könnte das ja auch ein Biochemiker sein. Aber ich bewundere Künstler, die, obwohl sie nicht wirklich akzeptiert sind, unbeirrt weitermachen. Wie wenn sie in den Nebel hinein eine Brücke bauen würden.

Wie kamen Sie auf Rothko?

Ich bin ein Kriegskind. Als der Krieg zu Ende war, war ich 15. Mir war klar, daß die Nazis die abstrakte Kunst abgelehnt hatten. Ich hatte eine Ahnung, daß es einen Picasso gibt, aber viel mehr als eine Ahnung war es nicht. Es gibt also eine große Lücke in meiner wichtigsten Entwicklungszeit. Aber ich hatte Glück. Der Bruder meines Vaters war einer der Gründer des Museum of Modern Art und später dort Direktor. 1956 ist er mit dem MoMA nach Wien gekommen. Mein Onkel schaute die Ausstellung mit mir an. Da war dieses eine riesige Bild von Rothko, schwarz, sechs Meter breit, drei, vier Meter hoch, ganz schwarz und ein ganz schmaler gelber Rand oben. Ich habe mir das Bild dann genauer angesehen und gesehen, das ist nicht schwarz. Schwarz ist nicht schwarz. Die totale Schwärze ist ja ein Loch. Das ist ja keine Wand. Später, bei anderen Bildern, habe ich dann gesehen, daß diese Bilder immer eine Annäherung an Farbe sind. An verschiedene Farben.

Bei dieser Ausstellung habe ich etwas gesehen, von dem ich nicht wußte, daß es das gab. Keines der Werke älter als zehn Jahre. Ich bin von einem Schrecken und einer Erschütterung und auch von einer freudigen Erregung in die andere gefallen. Rothko war eine Initialzündung nach dieser Zeit der Beengung, und die Begegnung war entsprechend stark.

Trotz der fehlenden Erziehung haben Sie die Kraft des Bildes gespürt.

Das habe ich meinem Onkel zu verdanken. Ich habe ihm vertraut und bin mit diesem Grundvertrauen in die Ausstellung gegangen.

Neben Rothko haben Sie Jan Breughel als einen Ihrer Lieblingskünstler genannt.

Breughel hat eine unglaubliche Bandbreite an Themen, und es gibt Bilder, bei denen sehr viele Elemente ineinandergreifen. Zum Beispiel eine Landschaft mit einer Figurengruppe – die Figuren hat oft jemand anderer gemalt, Breughel hat mit sehr guten anderen Malern zusammengearbeitet. Und dann hängen da ganz unrealistisch Blumengirlanden in den Bäumen. Die wären maßstäblich riesenhaft, zig Meter groß.

Wie Breughel Landschaft sieht, ist großartig – aber auch wie er einen Blumenstrauß malt. Jede Blume hat ihre Symbolik. Und wenn er Blumen zusammenbringt, die in der Wirklichkeit gar nicht in einem Strauß zusammengebunden sein können, weil sie zu verschiedenen Jahreszeiten wachsen, dann will er etwas ganz Bestimmtes sagen. Wir sehen das heute als Dekoration, wir sehen, daß das wunderbar gemalt ist. Aber es ist ja viel mehr. Er gibt ein großes Paket von Inhalten dazu. Ich kann das nicht konkretisieren. Aber ich spüre es, und im Einzelfall gehe ich dem nach. Ich spreche nicht als Kunsthistoriker, sondern als leidenschaftlicher Betrachter. Ich kann den Kunsthistoriker um Hilfe bitten, aber dann muß ich ihn wieder wegschicken, weil er mir das Bild zu sehr seziert.

Ich glaube, der Künstler versucht, den Betrachter zu erschüttern, zu bewegen, aus der Ruhe zu bringen. Die Frage, was ist modern, erübrigt sich dann, denn große Kunst ist immer modern. Sie trifft das Problem, um das es geht, und die Dinge, um die die Menschen ringen, scheinen sich über die Jahrtausende nicht so sehr zu verändern.

Aber um das zu erkennen, braucht man Werkzeuge.

Ja, und es ist unzumutbar, daß jeder Mensch sie sich selbst erwerben muß. Das Schulsystem muß so sein, daß mindestens die Hälfte auf Sprache und Empfindung ausgelegt sein muß. Unser Schulsystem ist ein Ausbildungssystem, wo nützliche Werktätige herangebildet werden. Ein so großer Naturwissenschaftler wie Blaise Pascal hat gesagt, es gibt zwei Arten des Denkens, *la raison arithmetique*, das logische Denken, und *la raison du cœur*, das Denken des Herzens. Beide müssen in einem Menschen gleich ausgebildet sein, und die Sprache der *raison du cœur* ist die Kunst.

Und wo in Ihrem Herzen trifft Sie Piero della Francesca?

Piero della Francesca ist, wie in der Musik Bruckner, mit nichts zu vergleichen. Ich kann nicht sagen, Piero della Francesca führt zu Caravaggio oder er kommt von den Brüdern van Eyck. Ich weiß nicht, wo er herkommt, und ich weiß nicht, wo er hingeht. Ein Engel muß ihm den Pinsel geführt haben. Breughel kann ich situieren, es gibt Parallelkünstler, die ähnlich gearbeitet haben. Aber bei Piero della Francesca kenne ich keine Parallelen, von der Porträtkunst angefangen. Seine Porträts sind gleichzeitig leblos und doch unglaublich real, man will ihnen die Schuppen von der Haut kratzen. Und gleichzeitig sind sie völlig unpersönlich. Da ist nicht mehr der Herr Soundso und nur er, sondern dieser konkrete Mensch ist zugleich eine Symbolfigur. Das gilt auch für den Raum, er ist realistisch und gleichzeitig künstlicher als alles andere. Das kann ich nicht erklären.

Aber es berührt Sie?

Es drückt mich. Jan Breughel berührt mich im Herzen. Aber Piero della Francesca ist ein Donnerschlag. Das, was wir unter Herz verstehen, ist nicht das, was ich hier meine. Die Kunst geht uns unter die Haut, sie trifft uns auf jeder empfänglichen Stelle, und er trifft eine ganz andere Stelle als Breughel.

Und in welchem Verhältnis dazu steht Caspar David Friedrich für Sie?

In meiner Familie wurde viel über Biedermeier gesprochen, und ich sehe meine Großmutter an einem Schreibtisch, natürlich ist das ein Biedermeierschreibtisch. Sofort habe ich das Gefühl, es ist 1830, es gibt lauter nette Familien und viele Kinder. Dann lese ich E. T. A. Hoffmann, das ist auch Biedermeier, und ich lese Theaterstücke über die Genoveva von Tieck und von Hebbel, Biedermeiertheater. Da ändert sich das Bild. Das Biedermeier wird komplexer. Niemand traute sich, diese Stücke aufzuführen. Man spielte immer nur den *Kater Murr.* Der exemplarische Maler des Biedermeier ist Caspar David Friedrich. In der Schule, mit 16, 17 Jahren hatte ich einen Religionslehrer, der immer Eins-zu-Eins-Reproduktionen in den Unterricht brachte. Wenn er Bilder von Caspar David Friedrich gebracht hat, dann waren das gar keine lieblichen Bilder.

Meine persönliche Auseinandersetzung mit dem Biedermeier hat mir gezeigt, daß es alles ist, nur nicht Bieder und Meier. Das sogenannte Biedermeier, das ist vorweggenommener Freud, beziehungsweise ist Freud verspätetes Biedermeier, denn er beschreibt etwas, was wir 80 Jahre vorher hätten verstehen müssen. Ich würde mir gerne ein Biedermeierzimmer einrichten, mit lauter Möbeln, von denen man nicht weiß, wo oben und unten ist, und mit Sesseln, die Schlangenfüße haben. Das Biedermeier hat immer einen doppelten Boden. Sogar einen zweiten Namen haben sich die Menschen gegeben. Sie waren alle Doppelgänger von sich selbst.

Der letzte Künstler, den Sie nennen, ist Bernini.

Alles, was Bernini gemacht hat, ist sehr interessant, angefangen bei seinen eßbaren Tischskulpturen. Das waren seine kühnsten Skulpturen. Er hat sie aus Gelatine und Marzipan entworfen, Skulpturen, die er aus Stein nie hätte realisieren können. Er ist technisch immer über die Grenzen des Machbaren hinausgegangen. Das ist für mich Barock. Wenn ich Bernini sehe, dann sehe ich Skulpturen, für die man heute Millionenbeträge ausgeben würde. Damals sagte man: »toll« – und man hat sie aufgegessen. Aber es gibt ja Gott sei Dank auch genügend Sachen, die man nicht aufessen konnte. Hören Sie dazu den alten Corelli und den jungen Händel. Das paßt zwar nicht ganz genau zur Zeit, aber es geht ums gleiche. Das ist für mich heiße mediterrane Katholizität. Ganz unaggressiv. Da sind wir nördlichen Menschen alle nur neidisch.

Musik entsteht überall,
wo Menschen sind

Gesprächspartner: Mathias Plüss

Erstveröffentlichung: Das Magazin Nr. 7, Februar 2014

Herr Harnoncourt, Sie machen seit achtzig Jahren Musik.
Was ist Musik?
Über diese Frage habe ich ein Leben lang nachgedacht.
Und bin zu keinem Resultat gekommen. Musik ist, wie jede
Kunst, für mich ein unerklärbares Rätsel.

Warum?
Es beginnt schon damit, daß es keine Kultur ohne Musik
gibt – von den Eskimos bis zu den heißesten Gegenden
Afrikas. Auch sehr isolierte Völker haben Musik. Das heißt,
Musik entsteht überall, wo Menschen sind. Das ist doch
ziemlich rätselhaft. Es gibt auch keine Kultur ohne Dichtung. Und es gibt keine Kultur ohne Bildende Kunst.

Aber eine Besonderheit hat die Musik: Sie kann unglaublich
emotional wirken.
Das ist schon merkwürdig. Vielleicht kennen Sie diese
Situation: ein Todesfall in der Familie. Bei der Trauerfeier
sind alle beherrscht, weil man in unserer Kultur nicht
öffentlich weint.

Es ziemt sich nicht.
Meine Mutter hat einmal in der Kirche zu einem meiner
Brüder gesagt, der weinen mußte: »Disziplin, mein Bub!«
Auf einer Trauerfeier! Also stellen Sie sich eine Gruppe
Trauernder vor, sehr gefaßt, man spricht über den Toten,
was für ein wunderbarer Zeitgenosse er war, und dann setzt
Musik ein, vielleicht ein Streichquartett oder ein kleiner

Chor. Es geht keine zwei Takte, und mit der Beherrschung ist es vorbei, alle beginnen zu weinen. Das kann nur Musik.

Wieso kann sie es?

Offenbar hat sie direkten Zugang zu den Emotionen, sie öffnet die Schleusen. Aber es bleibt ein Rätsel.

Gibt es Musik auch bei den Tieren?

Nein. Tiere haben keine Kunst – das ist gerade der entscheidende Unterschied zwischen dem Menschen und jeder anderen Kreatur. Die Kunst macht uns von reinen Zweckwesen zu empfindenden Geschöpfen.

Was ist mit dem Gesang der Vögel? Ist das keine Kunst?

Die Forscher versuchen immer wieder, irgendwelche tierischen Laute in die Nähe von menschlichen Äußerungen zu rücken. Da ist aber immer ein Pferdefuß drin. Ich habe noch nie eine überzeugende Begründung einer nichtmenschlichen Kunsterzeugung gehört. Das Vogelgezwitscher oder das Schmücken eines Tieres, das ist Balzverhalten. Das hat einen Zweck.

Und die Kunst hat keinen Zweck?

Nein. Die Kunst ist der Gegenpol zur Ratio. Es gibt keine rationale Begründung, warum wir singen, malen, dichten. Würde ich etwa sagen »Hol mir eine Semmel!« – das hätte einen Zweck, das kann auch ein Affe. Wenn ich aber sage »Über allen Gipfeln ist Ruh«, dann ist das vollkommen zwecklos. Dafür gibt mir niemand etwas. Und es ist auch kein Balzruf. Aber es drückt etwas aus, das ich immer gefühlt haben könnte.

Ist es etwas Übernatürliches?

Ich habe es einmal so formuliert: Die Kunst ist die Sprache des Unsagbaren. Sie ist die Nabelschnur, die uns mit dem Göttlichen verbindet.

Aber die Kunst ist auch etwas Menschliches.

Die Kunst ist eine unverzichtbare Säule des Menschseins. Die zweite Säule, die auch dazugehört, ist die Ratio. Es braucht beides. Am besten hat es für mich der Philosoph Blaise Pascal ausgedrückt: Er sprach von der *raison arithmétique*, also dem logischen Denken, dem er die *raison du cœur* gegenüberstellte, das Denken des Herzens.

Das Herz kann denken?

Dieses Denken überspringt die Stufen der Logik – da kommt das Resultat manchmal vor der Kette, die zu ihm hinführt. Ich verwende gern noch ein anderes Bild: der Hammer und die Geige. Der Hammer ist das Gerät, mit dem ich eine Nuß aufknacke. Das ist zweckhaft, das kann auch ein Tier. Für mich ist letztlich auch der Computer nichts anderes als ein Hammer. Und die Geige steht für das Künstlerische, für das Phantastische, für das Emotionale. Ich bin überzeugt, daß für den Menschen beide Ausdrucksweisen gleich wichtig sind. Doch in unserer Zeit wird alles weggeschoben, was nicht zweckhaft ist. Es dominiert der Hammer. So wird der Mensch zu einem rein biologischen Wesen degradiert.

Woran machen Sie das fest?

An den Lehrplänen etwa. Da werden die Fächer auf ihre Verwertbarkeit hin abgeklopft, und alles Zwecklose gilt als unnötiger Zierat. Die Schulen setzen auf Ausbildung statt auf Bildung. Für mich ist es absolut notwendig, daß jeder Mensch von klein auf mit Musik und mit Bildender Kunst vertraut gemacht wird.

Der Musikunterricht erlebt doch gerade einen Boom. In der Schweiz steht die Jugendmusikförderung seit kurzem sogar in der Verfassung.

Wissen Sie, warum? Weil es heißt, wer Musik gut lernt, ist besser in Mathematik. Der Grund für das Musikmachen ist die Mathematik! Das finde ich wirklich schlimm, das ist zum Weinen!

Hat die Musik, neben dem Emotionalen, nicht auch eine
rationale Seite?

Gewiß. Einer der Ursprünge der Musik ist die Kriegsmusik, und die will zwei Dinge: den Kämpfer ermutigen
und den Gegner erschrecken. Ihre Stilmittel kommen
auch in der normalen Musik zum Einsatz. Zum Beispiel
als Triumphmusik, wenn der Sturz eines Tyrannen dargestellt wird.

Spielen Sie jetzt auf Beethovens berühmte 5. Symphonie an?
Sie haben deren Botschaft einmal als »Überwindung von
Knechtschaft« gedeutet.

Man findet in diesem Werk tatsächlich diese Stilmittel:
Ermutigung und Erschreckung. Und es ist schon sehr auffällig, daß die Symphonie, die ja eigentlich in c-Moll komponiert ist, in einem so strahlenden C-Dur endet.

Auch das unzimperliche Anfangsmotiv der Symphonie (»Ta-
ta-ta-tooo!«) ist sehr auffällig. Es gibt zahlreiche Deutungen
dafür – vom Schicksal, das an die Türe pocht, bis zu Beethovens
Haushälterin, die von nebenan mit dem Besenstiel an die Wand
klopft.

Ich sehe es als Körpergeste: der Versklavte, der an seinen
Ketten rüttelt.

Kann man das so konkret sagen?

In diesem Fall ist es für mich zwingend, weil Beethoven
einen ganzen Satz darauf aufbaut, mit immer neuen Reaktionen auf dieses Rütteln. Aber Sie haben schon recht, im
allgemeinen ist es gefährlich, wenn man in textlose Musik
zu viel hineindeutet. Das Unerklärliche soll unerklärlich
bleiben. Bis auf einige Dinge, die unmißverständlich sind.

Was zum Beispiel?

Strenge ist unmißverständlich. Trauer ist unmißverständlich. Vielleicht noch ein bißchen mehr: Jetzt geht es
um Leben und Tod. Oder: Jetzt würgt es einen am Hals.

Das sind uralte Gefühlsmuster. Es ist interessant, daß die großen, entscheidenden Emotionen über die Jahrtausende dieselben geblieben sind.

Und trotzdem hat sich die Kunst, die diese Emotionen ausdrückt, ständig gewandelt.
Jede Zeichensprache nützt sich ab. Hierin ist die Kunst ähnlich wie die Mode. Der Rhythmus der Veränderung ist ungefähr der Generationenwechsel, und oft gehen die Ausschläge pendelartig hin und wieder zurück. Ich erinnere mich, daß meine Eltern alles verkehrt und komisch gefunden haben, was dreißig Jahre früher war. Und mir ist völlig klar, daß die Leute in dreißig Jahren lächerlich finden werden, was ich heute mache.

Warum ist das so?
Es muß immer wieder alles neu gesagt werden. Ein Wort, so entscheidend es ist, verliert seine Würze, wenn es zu oft wiederholt wird, es packt nicht mehr. Beethoven wurde noch das ganze 19. Jahrhundert als Wilder gesehen, als Zerstörer des Bisherigen. Er war eine Explosion. Ich habe als Cellist im Orchester zahlreiche Beethoven-Zyklen gespielt, in den Fünfziger- und Sechzigerjahren, und es war praktisch nichts mehr davon zu spüren. Das Wilde war zum Erhabenen geworden, das Explosive wurde glattgebügelt. Das heißt, man hat Beethoven total verfälscht. Man hört ihn sich jetzt an.

Und das ist schlecht?
Wenn ich einer Musik zum ersten Mal begegne, dann höre ich sie mir doch nicht an, sondern sie bricht über mich herein! Beethoven ist zum Kulturbesitz geworden. Und wenn eine Musik sich durchsetzt, dann hat sie nichts mehr zu sagen.

Kann man denn der Musik ihre ursprüngliche Wirkung zurückgeben?

Das versuche ich ja. Ich habe kürzlich in Wien zwei Beethoven-Symphonien aufgeführt, zum ersten Mal mit meinem Ensemble Concentus Musicus.

Mit historischen Instrumenten?

Ja. Die modernen Instrumente haben ja viel zu dieser Glättung beigetragen – darum nehme ich Instrumente, wie Beethoven sie hatte. Und vor dem Konzert habe ich ein paar Worte ans Publikum gerichtet. Ich habe gesagt, ich möchte nicht die Bemühungen der anderen schlecht-machen. Aber ich möchte darauf hinweisen, daß diese Musik eine Explosion war. Und ich habe nichts dagegen, wenn man sie jetzt wieder so empfindet und sie gar nicht nur positiv sieht.

Sie haben auch mal gesagt, wenn man am Bügeln ist, und eine Aufnahme von Ihnen kommt im Radio, dann muß das Bügeleisen die Kleider durchbrennen.

Man soll ruhig einen Schrecken davon bekommen.

Ist es nicht trotzdem etwas seltsam, die Musik einer längst vergangenen Zeit aufzuführen?

Das ist ja mein großes Problem. Das Normale ist, daß man die Kunst der Vergangenheit vergangen sein läßt. Man hat das Neue stets für wichtiger befunden als das Alte. Beethoven war der erste Komponist, der durchgehend aufgeführt wurde. Trotzdem war auch Ende des 19. Jahrhunderts eine neue Bruckner-Symphonie wichtiger als die Wiederholung einer Beethoven-Symphonie. Aber heute ist die Wiederholung eines Werks von Mozart hundertmal wichtiger als ein soeben komponiertes Stück. Wir sind nicht mehr synchron mit dem, was produziert wird.

Wie ist es dazu gekommen?

Das ist eine ganz komplizierte Frage. Die Antwort hat, glaube ich, mit der Reformation zu tun.

Mit der Reformation? Die war im 16. Jahrhundert. Und bis ins 19. Jahrhundert hat man noch aktuelle Musik gespielt.

Es ging nicht auf einen Schlag, das war ein Millimetervorgang. Namhafte Kulturhistoriker wie Egon Friedell haben für mich plausibel erklärt, daß durch die Reformation nach und nach das rationale Denken, ja der Geschäftsgeist immer breiteren Raum einnahmen und das Phantastische verdrängten. Die zunehmende Ungleichgewichtung der beiden Pascal'schen Denkweisen sehe ich als schleichende Krankheit, die erst im 19. und 20. Jahrhundert so richtig zum Ausdruck gekommen ist. Und die Kunst ist ja stets ein Spiegel der geistigen Entwicklung. Daß die neueste klassische Musik mich nicht umtreibt, ist für mich ein Symptom dieser Krankheit.

Würden Sie heute aktuelle Musik spielen, wenn die Geschichte anders verlaufen wäre?

Natürlich. Meine Grenze liegt leider ungefähr bei 1935, bei Gershwin, Strawinsky, Bartók, Alban Berg. Ich wäre nicht in der Lage, Musik von 1980 zu spielen. Das kann man mir zum Vorwurf machen, und ich kann mich nicht dagegen wehren. Aber ich betrachte das, was ich tue, als meine Aufgabe.

Warum gibt es eigentlich so große Unterschiede in der Komponistendichte? Die Schweiz hat keinen einzigen wirklich großen Komponisten hervorgebracht. Hat das etwa auch mit der Reformation zu tun?

Es wäre zumindest denkbar. Es fällt zum Beispiel auf, daß Holland bis ins 16. Jahrhundert tolle Komponisten gehabt hat und nachher nicht mehr. Auch England hatte unglaubliche Komponisten, aber dann wurden alle umgebracht oder verjagt, die nicht Anglikaner werden wollten. Mit Ausnahme von Henry Purcell war England ab Mitte des 16. Jahrhunderts richtig ausgetrocknet. Darum haben sie sich dann den Händel geholt und später den Haydn und den Weber.

Umgekehrt gab es Orte mit unerklärlich vielen guten Komponisten, beispielsweise Wien.

Gut, aber das hängt damit zusammen, daß Wien ein richtiger Schmelztiegel war. Die Monarchie ging ja weit in den Süden und in den Osten hinein. Sehr viele sind von auswärts gekommen, Italiener, Kroaten, Slowenen, Tschechen, Ukrainer, Ostjuden, Ungarn, das hat sich gegenseitig wahnsinnig befruchtet.

Auch in Ihrer Familie gab es diese verschiedenen Stränge.

Ich hatte eine tschechische und eine ungarische Großmutter. Mein Vater hat genauso gut Tschechisch gesprochen wie Deutsch. Und meine Mutter hat so gut Ungarisch gesprochen wie Deutsch. Es war für sie selbstverständlich, daß sie auf Ungarisch betete.

Sie haben vorhin von der allerneusten Musik gesprochen. Sind nicht der Jazz und der Pop die Musik unserer Zeit?

Das ist eine viel zu enge Sicht. Wenn wir von Jazzmusik sprechen, dann sind wir in den Südstaaten der USA, und es geht um die Sklavenbefreiung. Es ist, wie wenn ich im verbalen Bereich sagte: Diese Bewegungen der jungen Menschen (*Anm.: Er wischt mit dem Zeigefinger wie auf einem Smartphone*), das ist die Sprache unserer Zeit.

Das ist sie vielleicht auch.

Vielleicht. Es ist jedenfalls eine Sprache, mit der wir aus der Zeit gefallenen Menschen nichts mehr anfangen können. Ich habe Enkelkinder und auch schon Urenkel, und wenn ich mit denen spreche, sind sie oft sehr überrascht über meine Denk- und Lebensweise.

Und was ist Ihre Denk- und Lebensweise?

Das kann ich gar nicht sagen, ich kann ja nicht aus meinen Schuhen heraus. Ich bin 1929 geboren, und wahrscheinlich bin ich geprägt durch die Nazizeit und den Krieg. Und vom Sich-daraus-befreien-Müssen. Die ganze zweite

Jahrhunderthälfte ist für mich eine Befreiung. Schon für meine Kinder ist das fast nicht mehr existent, für die Enkel überhaupt nicht.

Sie haben sich jetzt als »aus der Zeit gefallen« bezeichnet. Aber umgekehrt, was das Musikalische betrifft, die Aufführungspraxis, da waren und sind Sie ja an der Spitze der Entwicklung dabei und haben sehr viel angestoßen.

Ich weiß nicht, was das ist: Ich werde nicht alt! Das ist mein Gefühl. Eigentlich gehöre ich ja ins Altenteil. Ein Bauer würde sagen: So, jetzt will ich den Hof übernehmen, und der Vater soll ins Nebengebäude ziehen, wir versorgen ihn gut.

Ins Stöckli, wie man in der Schweiz sagt.

Ja genau, ins Stöckli. Aber ich gehöre nicht dorthin. Und ich werde von den Jungen nicht dorthin gestellt. Ich habe auch nicht das Gefühl: So, und jetzt macht ihr weiter! Sondern ich habe das Gefühl: Wieso macht ihr nicht weiter? Und ich selber bin eigentlich immer noch nur an dem interessiert, was ich noch nicht gemacht habe.

Es ist schon paradox: Ein 84-Jähriger zeigt den Leuten, wie wild Alte Musik sein kann. Sie wirken auch immer noch fast jugendlich bei Ihren Auftritten.

Ich weiß nicht, warum das so ist. Ich bin zugleich auch ganz müde.

Machen Sie noch viele Konzerte?

Ich habe viel abgebaut. Gerade jetzt, wo wir sprechen, müßte ich in Berlin sein. Bei meinem letzten Konzert mit den Berliner Philharmonikern, wo ihnen klar war, es würde das letzte sein, sind nachher die Musiker einzeln zu mir gekommen und haben gesagt, ich solle wiederkommen. Das war so rührend, daß ich zugesagt habe. Dann habe ich gemerkt, es ist zu viel, die Konzerte in Wien und dann gleich nach Berlin, das schaff' ich nicht.

Eines verstehe ich nicht: Sie haben mit Ihrer Art und mit Ihrem Zugang zur Musik ungeheuren Erfolg. Und das in einer Gesellschaft, um die es aus Ihrer Sicht schlecht bestellt ist. Wie bringen Sie das zusammen?

Das bringe ich sehr schwer zusammen. Ich habe meiner Frau immer gesagt, ich empfinde mich als den meistüberschätzten Musiker überhaupt.

Alice Harnoncourt: Ich widerspreche!

Nikolaus Harnoncourt: Daß ich das gesagt habe?

Alice Harnoncourt: Nein, der Aussage. Du bist nicht überschätzt.

Nikolaus Harnoncourt: Ich sage das, weil ich es viel lieber hätte, wenn es einen ganzen Strom gäbe, der in die gleiche Richtung geht wie ich.

Aber in einem großen Strom würden Sie nicht mehr so auffallen.

Eben. Darum sage ich, ich sei überschätzt.

Es ist schwer vorstellbar, daß ein Nikolaus Harnoncourt in einem Strom mitschwämme.

Ob ich dann nicht vielleicht doch wieder in eine andere Richtung ginge? Ich weiß es nicht.

1969 haben Sie Ihre Stelle als Cellist bei den Wiener Symphonikern aufgegeben, die Sie siebzehn Jahre innegehabt hatten. Aus Protest gegen die Art und Weise, wie die g-Moll-Symphonie von Mozart gespielt wurde.

Das war der letzte Schubs, ja.

Was hat Sie an den Aufführungen gestört?

Das ist eine Todesmusik, g-Moll ist die Todestonart. Zu Mozarts Zeit galt diese Musik noch als unzumutbar, weil zu aufwühlend.

Und zu Ihrer Zeit gab es diese »leicht schlürfbaren« Aufführungen, wie Sie einmal gesagt haben.

Das Schlimmste war das Publikum. Der Dirigent gibt den Einsatz, darali-darali-diradadam, und schon beginnen die Leute selig zu lächeln und wiegen noch mit dem Kopf dazu. Da spielen wir ein Todesstück, und das Publikum lächelt, als würde es eine Schokoladencreme serviert bekommen. Ein paar Jahre lang konnte ich das noch entschuldigen, weil die Leute nach dem Krieg ein Bedürfnis nach Harmonie und Schönheit hatten. Die gingen über Berge von Ruinen zu den Konzerten und mußten dauernd Menschen in die Augen schauen, die schrecklichste Untaten begangen hatten. Da gab es diese Haltung: Der Mozart kommt aus dem Himmel und schreibt göttliche Musik, um uns zu trösten. Das kann ich verstehen. Aber irgendwann habe ich's nicht mehr ausgehalten.

Sie selber hatten das Bedürfnis nach Harmonie nicht?
Ich hatte vor allem das Bedürfnis nach Klarheit. Die Nachkriegszeit habe ich als eine große Verschleierung erlebt. Ich war von vielen Leuten umgeben, die vielleicht nur zwei Jahre älter waren und denen ich nicht die Hand geben konnte. Das allgemeine Bestreben war, alles möglichst ungeschehen zu machen.

1945 waren Sie fünfzehn. Sie haben auch Glück gehabt.
Nicht nur. Das Ausseerland, wo ich im letzten Kriegsjahr lebte, war eine Hochburg der SS. Da hätte mir alles Mögliche drohen können. Weil ich auf keinen Fall zur SS wollte, habe ich mich freiwillig zur Marine gemeldet. So konnte ich im Notfall meine abgestempelte freiwillige Meldung vorweisen.

Sie haben immer betont, Sie seien kein Rebell gewesen, auch in der Musik nicht. Ich finde aber, das Widerständische ist schon ein Persönlichkeitszug von Ihnen. Sie sind von Anfang an Ihren sehr eigenen Weg gegangen.
Ich habe immer alles angezweifelt, schon als Kind. Ich konnte nicht »Jawoll« sagen, wenn es die Nazis verlangten.

Meine Mutter erzählte, mein erstes Wort sei »Nein« gewesen. Und zwar so *(wendet den Kopf hin und her)*: »Nein-nein, Nein-nein«, das habe ich vor mich hingesungen. Das war schon ein charakterisierender Akkord für mein künftiges Wesen.

Später haben Sie sich, es ist schwer zu glauben, den Kniereflex abtrainiert. Wie ging das?
Das war keine Absicht. Absicht war, den Zorn wegzukriegen.

Den Zorn?
Den habe ich von meiner Mutter. Sie muß ein Wahnsinnskind gewesen sein. Wenn sie von ihrem Vater geprügelt wurde, hat sie nur gelacht. Als einmal die Klavierlehrerin kam, die sie nicht mochte, hat sie sich im zweiten Stock ins Fenster gestellt und gesagt: Wenn ich das jetzt spielen muß, dann springe ich da runter.

Und Sie waren auch so?
Ich hatte das Gefühl, ich werde auch so. Ich habe brüllen können vor Zorn. Mit neun oder zehn Jahren bekam ich Angst, ich würde im Zorn etwas tun, was ich nachher bereue, wie ein Betrunkener. Ich habe dann ein Buch entdeckt von einem ungarischen Erziehungswissenschaftler, da war eine beinharte Selbsterziehung drin. Und das habe ich tatsächlich gemacht.

Eine Art Selbstdisziplinierung?
Ja. Und ich hatte das Gefühl, das verändert mich wirklich. Als ich zwölf oder dreizehn war, hat mich ein homöopathischer Arzt untersucht. Er hat mit dem Silberhämmerchen auf meine Knie geklopft und festgestellt, daß ich keinen Reflex habe. Er hat es auf diese Selbsterziehung zurückgeführt. Und es ist heute noch so: Sie können draufklopfen, so viel Sie wollen, da tut sich nichts.

Und der Zorn?

Ich kann mich beherrschen. Aber drei unserer Kinder sind zornig, das haben sie von mir.

Spüren Sie Ihren Zorn manchmal noch, oder ist er weg?

Er wird schon noch da sein. Aber er äußert sich als Leidenschaft.

Ihre Neigung zum Opponieren hat Sie später einmal um eine Stelle gebracht.

Als ich vom Orchester wegging, war ich an der Akademie für Musik und darstellende Kunst in Wien als Lehrer im Gespräch. Aber bei der Sitzung hat ein Professor einen Zeitungsartikel herausgezogen mit einem Interview mit mir, wo ich sage, das Wichtigste sei, daß man immer alles anzweifle. Und der Professor sagte, einem Menschen, der immer alles anzweifelt, können wir doch unsere Jugend nicht anvertrauen. Aber ein wenig später wurde ich dann nach Salzburg berufen. Die haben für mich sogar eine eigene Lehrkanzel geschaffen, obwohl ich nicht einmal ein abgeschlossenes Studium habe. Und dort bin ich zwanzig Jahre geblieben.

Sie sind immer Ihren eigenen Weg gegangen und trotzdem ganz oben angekommen.

Ich habe nie einen Promotor oder Manager gehabt. Niemand hat mich je angeboten. Ich habe nie einen Bewerbungsbrief geschrieben. Nie.

Und wieso hat es funktioniert?

Das ist mir einfach zugefallen. Als wir unser Ensemble gründeten, haben wir zuerst ein paar Jahre nur für uns geprobt. Dann haben andere Musiker gesagt, ihr müßt an die Öffentlichkeit gehen. Bald haben sich fast alle größeren Schallplattengesellschaften um uns gerissen. Und heute gibt es etwa fünfhundert Aufnahmen von uns. Das ist alles ohne mein Dazutun entstanden. Allerdings haben wir nie weniger als hundert Stunden die Woche gearbeitet.

Heute sind Sie ein Weltstar, und Sie leben hier fast ein wenig wie ein Aussteiger.

Dieses Haus haben wir vor vierzig Jahren erworben, als ich in Salzburg zu unterrichten begann. Ich habe eigentlich nur ein Zimmer gesucht, und dann hat's geheißen, der alte Pfarrhof hier sei zu verkaufen. Ich bin hereingekommen und habe sofort gesagt: Das ist genau der Ort! Das hat Atmosphäre! Dann habe ich mir eine Luftmatratze besorgt und meine Frau angerufen, die in Wien war mit den Kindern. Ich habe ihr gesagt: Ich bleibe hier, ich komme nicht mehr nach Wien.

Auch die Gegend soll ja – man sieht sie (Anm.: wegen Nebel) im Moment leider kaum – sehr eindrücklich sein.

Das Besondere ist, daß der See direkt ins Hochgebirge reingeht, in eine der schroffsten Gegenden Österreichs. Ich liebe auch den Nebel, den wir hier im Herbst immer haben. Da ist man von allem abgeschlossen.

Das mögen Sie?

Ich finde es eine ganz wunderbare Sache, wenn ich aus dem Fenster schaue – und ich sehe überhaupt nichts. Ich bin ja ein Pessimist. Ich verstehe gar nicht, wie man etwas anderes als Pessimist sein kann. Und meine Frau ist eine genuine Optimistin. Nicht?

Alice Harnoncourt: Ja!

Und Sie mögen den Nebel nicht, Frau Harnoncourt?

Alice Harnoncourt: Nicht so. Ich habe gern Sonne.

Sie haben letztes Jahr Ihren 60. Hochzeitstag gefeiert.

Richtig. Am 27. Juni.

Diamantene Hochzeit – das ist doch eine Seltenheit. Sie waren praktisch nie getrennt in dieser Zeit. Auf Deutsch gibt es ja zwei Sprichwörter: Gleich und gleich gesellt sich gern. Und: Gegensätze ziehen sich an.

Alice Harnoncourt: Wir sind schon eher die Gegensätze.

Nikolaus Harnoncourt: Ob das gegangen wäre, wenn ich auch ein Optimist wäre oder wenn sie auch eine Pessimistin wäre – ich kann es mir nur schwer vorstellen.

Alice Harnoncourt: Etwas Wichtiges für uns war das gleiche berufliche Interesse, das hat sehr viel ausgemacht.

Gegensatz im Charakter, Gleichheit im Interesse?

Jemand, der überhaupt nicht an Musik interessiert ist, wäre von vornherein nicht in Frage gekommen. Ich kann mich erinnern, als wir geheiratet haben, war sie der Meinung, sie werde nicht mehr professionell Geige spielen. Sie war, wie zu jener Zeit üblich, darauf eingestellt, von nun an für Familie und Kinder da zu sein. Und nach einem Monat oder sechs Wochen mußte ich sie bitten, die Geige wieder hervorzuholen.

Wie gingen Sie mit Konflikten um?

Ein entscheidender Punkt war, daß es nie einen Zweifel gab: Wir wollen zusammenbleiben, es kommt gar nichts anderes in Frage. Nicht?

Alice Harnoncourt: Ja. Die Idee, uns scheiden zu lassen, war nie existent.

Nikolaus Harnoncourt: In unserer Verwandtschaft gab es so unglaublich viele Scheidungen nach relativ kurzer Zeit, da bekommt man den Eindruck, die Bewältigung eines Konfliktes sei gar nicht erstrebenswert. Für mich ist Streit nicht grundsätzlich etwas Negatives, sondern eine geistige Auseinandersetzung.

Auf dem Umschlag Ihrer Biographie gibt es ein Bild von Ihnen, wo Sie sich an einen Baum lehnen. Freunde von Ihnen sollen gesagt haben: Der Baum, das ist Alice.

Alice Harnoncourt: Ich habe schon früh versucht, ihm das Alltägliche wegzunehmen. Damit er sich auf die Musik konzentrieren kann. Darum bin ich für das Praktische zuständig.

Nikolaus Harnoncourt: Das hat bei mir teilweise zu vollkommener Hilflosigkeit geführt. Als Student war ich selbständig. Heute weiß ich nicht mal, wie viel ein Taxifahrer bekommt. Ich weiß auch nicht, wie viel ich für ein Konzert bekomme.

Ich habe mal gehört, Sie hätten gar nie Geld dabei?

Nein, ich habe kein Geld.

Alice Harnoncourt: Wenn wir uns einmal trennen, dann muß ich ihm sein Geld geben.

Sie sind aber noch nie verlorengegangen deswegen?

Nein, also verblödet bin ich noch nicht. Und wenn ich etwas Schönes gerne hätte, dann frage ich meine Frau, ob wir es uns leisten können.

Alice Harnoncourt: Wir würden nie Schulden machen. Die Art, wie heute auf Kredit gelebt wird, verstehen wir nicht.

Nikolaus Harnoncourt: Ich habe in meinem Leben ein einziges Mal Schulden gemacht, Anfang der Fünfzigerjahre. Da habe ich ein einmaliges Musikinstrument gefunden, einen Vorfahren von Cello und Gambe aus dem Jahr 1557. Das mußte ich haben. Aber es war teuer. Ich fragte bei meinen wohlhabenderen Verwandten, aber meine Eltern sagten ihnen: »Der spinnt, gebt ihm kein Geld, der ist verrückt nach Instrumenten und läßt Frau und Kinder verhungern.« Doch eine Tante hat es mir dann doch geliehen, von dem Gartengeld, über das sie verfügen konnte. Kurz darauf habe ich meinen ersten Schallplattenvertrag bekommen, und ein halbes Jahr später habe ich die Schulden zurückbezahlt.

Sie haben immer extrem sparsam gelebt. Die Kleider ausgetragen, bis es nicht mehr ging, alte Saiten als Schnürsenkel benutzt.

Ich bin immer noch sparsam. Das ist die Prägung durch den Krieg. Wir waren sieben Geschwister, und es gab sogar einen Zyklus, wann einer die Kochtöpfe ausschlecken durfte.

Und als Student hatte ich so wenig Geld, daß ich davon nicht wirklich leben konnte. Ich habe die wertvolleren Teile meiner Lebensmittelkarten verkauft, bis mir die Zähne zu wackeln begannen – Skorbut. Ein Onkel von mir, der holländischer Botschafter in Wien war, hat dann jede Woche seinen Fahrer mit einem Sack voller Zitronen in meine Studentenbude geschickt.

Sie haben einmal gesagt, in einer Familie sollte man die Eheleute ins Zentrum stellen, nicht die Kinder. Wieso?

Das kommt von meiner Mutter. Sie hat gemeint, eine gluckenhafte Betreuung sei nicht gut für die Kinder. Starke körperliche Zärtlichkeit hat sie abgelehnt und als »Schmieren« bezeichnet.

Alice Harnoncourt: Und heute ist es üblich, das Kuscheln.

Nikolaus Harnoncourt: Meine Mutter fand, eine gewisse Härte müsse sein. Ich habe mir ständig etwas gebrochen als Kind. Weil ich auf Bäume gestiegen und aus Fenstern gesprungen bin. Wenn die Hitlerjugend Mutproben verlangte, habe ich gesagt, ich traue mich nicht. Aber alleine habe ich es dauernd gemacht. Die ersten Male ist meine Mutter noch mitgekommen ins Kinderspital, aber ab etwa acht Jahren bin ich da selbständig hingegangen und habe nach der Schwester Walfrieda oder nach dem Doktor Schäfer verlangt, und bin dann mit einem Gips nach Hause gekommen.

Alice Harnoncourt: Aber die Erziehungsmethoden wandeln sich auch stark. Ein Beispiel: Wir sind viel gewandert und haben unseren Kindern verboten, unterwegs aus Quellen zu trinken. Das war damals die Empfehlung des Alpenvereins, es sei gesundheitsschädlich. Heute sieht man das ganz anders.

Nikolaus Harnoncourt: Wozu ist eine Quelle da? Um nicht zu trinken! Diesen Satz werfen uns die Kinder heute noch vor.

Finden Sie es denn falsch, die Kinder ins Zentrum zu stellen, wie es heute vielerorts üblich ist?

Wir sind weit davon entfernt zu sagen, wir hätten alles richtig gemacht. Wir waren einfach der Meinung, die Familie könne nur funktionieren, wenn wir als Paar funktionieren.

Alice Harnoncourt: Die Kinder sind ja dann auch einmal relativ rasch weg. Wir haben Eltern erlebt, die plötzlich ziemlich verloren dastanden, als die Kinder aus dem Haus waren.

Werden Dirigenten eigentlich im Alter besser?

Man braucht länger, um ein Werk zu verstehen. Das ist immer eine sehr große geistige Anstrengung. Aber ich habe das Gefühl, solange ich dabei etwas erfahre, was ich vorher nicht gewußt habe, solange müßte ich besser werden.

Gibt es Altersweisheit?

Ich glaube schon. Da ist etwas, das sich stapelt im Verlaufe eines langen Lebens.

Alice Harnoncourt: Es muß ein Äquivalent geben für die Altersbeschwerden.

Nikolaus Harnoncourt: Es ist ja auch kein Zufall, daß die Leute früher immer den Rat der Alten gesucht haben. Daß sie von ihrer Weisheit profitieren wollten. Heute ist es ja das Gegenteil. Da heißt es, der alte Depp soll endlich Ruhe geben.

Verspüren Sie so etwas wie Gelassenheit?

Bei mir ist Gelassenheit noch nicht anzutreffen. Oder?

Alice Harnoncourt: Nein.

Nikolaus Harnoncourt: Ich bin genauso leicht zu Verzweiflung und Begeisterung zu bringen wie früher. Gelassen bin ich erst im Sarg.

Man darf nie glauben, die Wahrheit zu haben

Gesprächspartner: Daniel Ender

Erstveröffentlichung: Österreichische Musikzeitschrift, April 2012, Nr. 2

Herr Harnoncourt, 1969 schrieben Sie in der ÖMZ, man müsse endlich »von dieser zweifach verlogenen Aufführungs-praxis – Musik des 18. Jahrhunderts im Klanggewand des 19. Jahrhunderts erklingt im 20. Jahrhundert – wegkommen«. Sind inzwischen nicht entscheidende Schritte in diese Richtung gesetzt worden?

Schon. Es ist aber auch so, wenn etwas so institutionalisiert wird, wie es bei der Szene der Alten Musik bereits geschehen ist, dann bestehen gleich wieder große Gefahren. Dann braucht man wieder irgendwelche Aufrührer, Umrührer. Für mich war es ganz am Anfang entscheidend, daß in der Zeit um 1950 niemand die Beschreibungen der Quellen gekannt hat. Es gibt ja nicht viele Quellen, die sind ja begrenzt. Was im 16., 17., 18. Jahrhundert über Musik geschrieben wurde, liegt in Bibliotheken, da wird nichts Neues entdeckt. Das wurde im 19. Jahrhundert fast alles von den damaligen Musikwissen-schaftlern herausgegeben, die übrigens sehr gescheite Leute waren. Aber es ist immer die Frage, was davon auch für heute gilt: Was hat eine Interpretation von Musik um 1700 für Hörer von heute – damals waren die Aufreger Strawinsky und Bartók – zu sagen? Wenn man das so interpretiert, wie wir glauben, wie die es damals gemacht haben, dann ist das vielleicht so wie ein Spaziergang ins Kunsthistorische Museum, wo man sagt: »Die haben damals so gemalt.« Selbst das war mir nicht klar, ob das richtig ist. Ich muß sagen, ich selbst habe darauf bestanden, daß man die Quellen kennt, aber ich habe nicht darauf bestanden, daß die Forderungen der Quellen erfüllt werden, weil ich mich immer gefragt habe: Sagt diese Quelle etwas für uns, oder sagt sie nur etwas für die Interpreten von damals? Ich wollte die Musik für heute machen und nicht nur als eine Fliege, die an der Wand sitzt beim Bach in Köthen und sagt: »Aha, so haben die damals gespielt.« Das würde ich als museal und utopisch bezeichnen.

Eine solche Konsolidierung und Institutionalisierung der »historischen Aufführungspraxis« hat in den 1970er Jahren einen ersten Höhepunkt erreicht. Wie haben Sie diese Entwicklung erlebt?

Unsere Nachfolger haben sich eher in die Richtung der Quellenausführung bewegt und die Quellen als Dogmen gelesen. Ein Beispiel: Ich war um 1975 zu einem Kongreß der Lautenisten in Holland eingeladen. Da waren damals so ungefähr alle Lautenisten der Welt anwesend. Ich habe da gleich makabre Ideen gehabt: Was wäre, wenn man Gift in die Wasserleitung gäbe – dann gibt es plötzlich keine Lautenisten mehr auf der Welt. Es war eine sogenannte Lautenwoche, da waren die Japaner da und die Besten aus Basel usw. Sie wollten Stellungnahmen von einem Nicht-Lautenisten zum Lautenspiel. Die Situation war so, daß sie sich bereits in zwei Parteien geteilt hatten, die nicht mehr miteinander geredet haben, und zwar ging es darum, ob man den kleinen Finger an der Deckenverzierung der Laute aufstützt oder nicht. Es gab fast nur Aufstütz-Vertreter und Vertreter des Nicht-Aufstützens. Dann gab es zwei oder drei, die ungefähr so gedacht haben wie ich und gesagt haben, das ist wurscht, ich muß es wissen, und dann muß ich gut spielen können. Es war unmöglich, diese zwei Lager zusammenzubringen, und ich finde das wirklich exemplarisch für die Entwicklung dieser Szene: Weil einer konstatiert, daß die Geiger auf alten Porträts den Hals nicht auf der Geige haben, sagt man, daß Barockgeige so gespielt werden muß. Und alle glauben, es sei ganz falsch, wenn man das Kinn aufstützt. Warum ist dann bei praktisch jeder Geige, die seit der Zeit von Joseph II. nie mehr gespielt wurde – da gab es zum Beispiel in einem aufgelassenen Kloster in einem verborgenen Schrank fünf

Geigen, die seither dort vergessen wurden –, an der Stelle, wo der Hals und wo das Kinn ist, der ganze Lack weggeschwitzt und nur mehr das blanke Holz da?

Spezialisierung führt zu Blindheit?

Das könnte man so sagen. Es hat sich sehr bald eine Gruppe von Musikern entwickelt, die nur mehr Alte Musik gespielt hat – und überhaupt nichts anderes. Die waren spezialisiert auf das 17. Jahrhundert oder vielleicht auf die ganze Barockmusik, aber für die war Beethoven schon indiskutabel und das 20. Jahrhundert sowieso. Die Frage, ob Spezialisierung dieser Art überhaupt einen Sinn hat in einer Jahrhunderte später liegenden Zeit – ich habe sie so beantwortet, daß sie keinen Sinn hat, daß man zuerst fragen muß, warum man diese Musik heute überhaupt spielt. Ich habe zwanzig Jahre unterrichtet in Salzburg und ich habe jeden Tag gesagt: Wenn ihr jetzt nur mehr Barockgeige oder Zink oder Blockflöte studiert, dann geht doch gleich zurück ins 17. Jahrhundert und lebt im 17. Jahrhundert! Man kann ja nicht nur Geige spielen wie im 17. Jahrhundert und dann mit dem Flugzeug fliegen. Das paßt nicht zusammen.

Kehren wir zurück zu Ihren Anfängen, in denen Sie sich von der romantisierenden Aufführungstradition abgesetzt haben ...

Romantisierend, ja, denn das hat ja nichts mit der wirklichen Romantik zu tun! Was man nachher als Romantik verstanden hat, war, daß man über das Ganze eine Glasur oder einen Schleim oder einen Sirup geschüttet hat. Es wurde alles nivelliert und egalisiert, und man konnte mit wiegendem Kopf süßlich lächelnd eine tragische Mozart-Symphonie hören.

Der alltägliche Musikkonsum hat sehr stark darauf beruht und beruht immer noch sehr stark darauf, in welcher Stimmung das Publikum sein will. Was Sie gemacht haben, hat, vor allem am Beginn, da natürlich empfindlich gestört ...

Ich erinnere mich an Buh-Rufe nach dem *5. Branden-burgischen Konzert*. Das ist ja fast sensationell. Nicht, weil einer von den Solisten schlecht gespielt hat, die haben das sehr gut gespielt. Aber wir haben die Störungen, die unserer Meinung nach im Werk sind, dargestellt und haben den Zuhörer, der ganz etwas anderes erwartet hat, damit geärgert. Außerdem gab es in München eine Bach-Partei, der wir nicht angehörten, also waren wir Feinde. Bevor ich das erste Mal in Salzburg Mozart gespielt habe, ist dem ein großer Konflikt vorangegangen, ob man mich überhaupt einladen soll. Davor hatte ich in Amsterdam schon viel Mozart mit dem Concertgebouworkest aufgeführt. Ich habe dann in Salzburg ein Mozart-Programm gemacht, u. a. mit der *Haffner-Symphonie*, und da waren natürlich allerhand Sachen drinnen, die man bei der Mozartwoche normalerweise nicht gehört hat. Es war mein erster Auftritt bei der Mozartwoche überhaupt, und viele Zuhörer waren einfach hingerissen, die waren total begeistert, und einige waren empört; die Kritiken waren zum Teil vernichtend. Das Lustige ist, daß ein paar Tage später, jedenfalls noch in der Mozartwoche, die Wiener Philharmoniker die drei letzten Symphonien von Mozart in einem Konzert gespielt haben, natürlich ohne alle Wiederholungen – ungefähr so, wie sie immer gespielt wurden. Dann stand in der Zeitung: »Jetzt ist die Welt wieder in Ordnung.« Das habe ich wirklich fast als Ritterschlag empfunden, weil der, der das dirigiert hat, war der, wegen dem ich damals die Wiener Symphoniker verlassen hatte. Ich wollte nie wieder einen Mozart so spielen müssen – das war genau das.

Hören muß man ihn manchmal allerdings trotzdem noch so.

Das hat sich bis heute nicht wirklich geändert. Ich habe vor kurzem im Radio das *Weihnachtsoratorium* gehört, da habe ich gedacht, ich höre nicht recht. Ich habe nicht gewußt, wie es denn so etwas geben kann: Ist das aus der unmittelbaren Nachkriegszeit? Nein, es war heutig. Daß man nach 1945 eine Interpretationsweise gesucht hat, die allen Konflikten aus dem Weg gegangen ist – das kann man verstehen. Damals war so eine Sehnsucht nach Harmonie und nach Zudecken, da sind die ganzen SS-ler und HJ-ler noch herumgegangen und haben wichtige Posten gehabt. Man hat nicht gewußt, ob man ihnen die Hand geben soll oder nicht. Es war ein ganz großes Schockerlebnis für mich, daß neben den Prozessen gegen die großen Nazis der Versuch einer totalen Beruhigung stattgefunden hat: »Der hat eh nichts gemacht«, hieß es, und der wurde dann Direktor dort ... Wenn ich denke, was an wichtigen kulturellen oder anderen Stellen für Leiter waren, viele von denen habe ich als wilde HJ-Führer gekannt. Daß sich in der Kunst dann alles so entwickelt hat, das war nur folgerichtig. Es war auch gerade in dieser Zeit, ich glaube 1953 oder 1954, daß das Museum of Modern Art aus New York eine Europa-Tour gemacht hat. Diese Ausstellung wurde auch in der Secession gezeigt. Ich war natürlich dort. Wir haben ja keine Moderne Kunst gekannt, für uns gab es eine große Lücke, eigentlich ab den 1930er Jahren bis ungefähr 1948. Ich habe dort Bilder und Skulpturen gesehen, von denen ich überhaupt nicht gewußt habe, was ich von ihnen halten soll. Das war in der Musik ganz ähnlich. Wir haben ja die ganze Avantgarde-Musik der Kriegs- und Nachkriegszeit nicht gekannt.

Kommen wir zu dem Punkt zurück, wo in der Zeitung gestanden ist, die Welt sei wieder in Ordnung. Das heißt, Sie haben diese Ordnung gestört. Es hat ziemliche Erschütterungen gegeben. Das ist ja weit mehr als nur Hörgewohnheit, das hat auch gesellschaftliche Ursachen. Woran liegt das genau? Was ist das genau, was so gestört hat?

Wozu ist der Musikverein da, wozu ist das ganze Konzertleben da? Man hat damals hart für den Wiederaufbau gearbeitet, und das Leben war überhaupt hart. Die Rolle der Musik, besonders in den großen Städten, war ob der Härte des Alltags vergessen. Es ging nur noch darum, sich wieder zu erholen: Nach einem schweren Arbeitstag von zehn

Stunden geht man ins Konzert, eine Ouvertüre geht noch, dann wird es immer schöner und schöner, dann geht man hinaus, man hat sich da Schönheit geholt. Irgendwie ist mir das im Zusammenhang mit dem, was für mich Kunst heißt, so verlogen vorgekommen. Daß man sich nicht eine andere Sicht geholt hat, sondern daß man sich einfach streicheln hat lassen, beruhigen vor allem, das Fell in die richtige Richtung streicheln, nicht gegen den Strich, damit alles wieder weich und schön ist – das war mein Gefühl.

Es gibt ja immer noch widerstreitende Zugänge zur Interpretation, die aktualisierend sein soll oder die historisierend sein möchte, um es vorsichtig zu sagen. Sie haben diese Pole auch immer wieder als Ideale beschrieben, aber wir wissen alle, daß eine historisch orientierte Interpretation zumindest so aufrütteln kann wie eine andere, oder noch stärker. Ist eine Interpretation möglicherweise gerade dann am subjektivsten, wenn sie gezwungen ist, anhand der Quellen persönliche Urteile zu fällen, also Farbe zu bekennen? Sie sagten ja vorhin implizit, eine Quelle an sich sei wertlos.

Ich sage andererseits, daß man ohne Quellen gar nichts machen kann. Die Auslegung der Notenschrift bedarf der Quellen. Jemand muß erklären, was sie bedeuten. Aktualisieren ist aber etwas, was ich vom Prinzip her vollkommen ablehne – schon das Wort gefällt mir nicht. Ich finde, entweder etwas ist bedeutend, dann ist es immer aktuell, dann braucht man es nicht zu aktualisieren. Oder eben nicht. Ein Aristoteles oder auch die großen griechischen Plastiker und Dichter, die sind nicht zu aktualisieren, sondern die sind immer aktuell. Wenn ich mir ab der echten Mehrstimmigkeit die bedeutendsten Werke der Musikgeschichte vorstelle – die kann man nicht werten. Man kann nicht sagen, dieses Stück von Josquin ist noch nicht so gut wie dieses Stück von Bach. Es ist wie in der Malerei. Ich kann nicht Rembrandt oder Leonardo kleiner machen als Rothko oder Pollock. Das ist unmöglich. Wenn die Kunst nicht zeitlos ist, muß sie entweder aktualisiert oder vergessen werden. Man hat über viele hundert Jahre keine historische Musik gespielt. Und wenn man sie doch gespielt hat, hat man sie nicht historisch gespielt. Händel ist 1759 gestorben. Dreißig Jahre später hat Mozart im Auftrag von van Swieten Händel aufgeführt. Natürlich hat Mozart diese Musik gefallen, er hat es toll gefunden, daß man damals schon so tolle Musik gemacht hatte. Aber er hat nicht daran gedacht, sie so aufzuführen, wie wir sie aufführen, sondern er hat sie vollkommen neu instrumentiert, und im Grunde hat sie dann nach Mozart geklungen. Er hat sie in seine eigene Zeit hineingenommen.

Diese Versionen waren bis weit ins 20. Jahrhundert hinein üblich.

Ich spiele die Mozart-Fassungen von Händels Werken normalerweise nicht. Im Herbst wiederholen wir aber das Eröffnungskonzert des Wiener Musikvereins. Damals wurde in der Winterreitschule der Wiener Hofburg das *Alexanderfest* von Händel mit einem deutschen Titel *Timotheus oder Die Gewalt der Musik* mit einem neuen Text von Rammler aufgeführt mit 60 ersten Geigen, 60 zweiten Geigen, neun Posaunen, insgesamt nahezu 400 Mitwirkende – also eine riesige Besetzung. Wir nehmen für dieses Gedenkkonzert alles, was wir kriegen können, was Platz hat auf dem Podium im Musikverein. Das ist die Gelegenheit, ein historisches Konzert zu wiederholen. Man müßte es eigentlich wieder in der Reitschule spielen. Es gibt die Aufstellungspläne, da waren mehrere Dirigenten nötig, um das überhaupt zu machen. Aber was man wohl sehen kann, ist: Es wäre niemandem im Traum eingefallen, schon dreißig Jahre nach dem Tod von Händel seine Werke so aufzuführen, wie er sie komponiert hat. Ein Werk von früher aufzuführen, hat geheißen: Das ist ein gutes Stück, das wollen wir hören, dann muß man es so machen, daß man es jetzt spielen kann. Wenn man sich die Partitur von der *Matthäus-Passion* anschaut, die Mendelssohn hundert Jahre nach der Komposition aufgeführt hat – das ist nicht die *Matthäus-Passion*. Er macht daraus praktisch ein Stück von ihm selbst. Das war der Zugang zu vergangener Musik. Noch zur Zeit von Bruckner und Brahms war die Uraufführung einer Symphonie hundertmal interessanter als eine Wiederaufführung. Da wurden die Beethoven-Symphonien schon einigermaßen nach den Partituren, aber auch nur einigermaßen, gespielt, ebenso Spätwerke wie *Titus* und *Zauberflöte* von Mozart. Aber wenn etwas Neues gemacht worden ist, war das auf jeden Fall interessanter. Das war das, was die Leute am meisten interessiert hat, aber diese Einstellung wurde immer weniger und weniger, und später hat man die neuen Sachen dann nur noch in Sandwich-Konzerten gespielt.

Wo sehen Sie da den großen Bruch?

Das kunsthistorisch und soziologisch zu begründen, ist schwierig, weil man den Einschnitt meist viel zu spät ansetzt. Die Fragestellung beginnt nicht 1900 oder gar erst 1950, sondern meiner Meinung nach schon mit der Reformation, weil sich mit der Einstellung der abendländischen Menschen zum Geschäft und zur Wirtschaft auch die Bedeutung der Kunst radikal verändert hat. Diese Veränderung, nachdem es eine etablierte Kunst gegeben hat, ist ganz schleichend vor sich gegangen. Wie ein Pilz, der den ganzen Waldboden durchwächst, hat das den ganzen Westen, das ganze Abendland durchsetzt, und jetzt scheint es so ziemlich am Ende angelangt zu sein. Man neigt dazu, die Zeit, in der man sich gerade befindet, als die Entwicklung zu einer Endzeit hin zu betrachten. Aber daß man vielleicht in der Mitte einer großen Entwicklung ist, wo es noch ganz woanders hingeht, das kann man nicht sehen, nicht denken.

Ihr Pessimismus und Ihre Skepsis sind, glaube ich, mindestens so ausgeprägt wie Ihr Aufklärertum. Wenn Sie Kants drei Fragen – Was kann ich wissen? Was soll ich tun? Was darf ich hoffen? – auf die Aufführungspraxis übertragen würden, wie würden Sie sie beantworten?

Im Sinne Kants auf keinen Fall, dazu bin ich philosophisch zu wenig gebildet. Aber ich kann sagen, ich muß alles in meinem Rahmen Wißbare zu erwerben versuchen. Das scheint mir eine Berufspflicht zu sein. Wenn ich etwas aufführen möchte, das ich bedeutend finde, das mich ergriffen hat, dann will ich alles Wißbare zu verstehen versuchen. Das ist ein großer Zeitaufwand. Wie sehr ist dieses Wißbare in reales Tun umzusetzen? Da gibt es in mir sehr große Konflikte, weil ich es ja nicht nur für mich tue, sondern auch für Menschen, deren Basis ich berücksichtigen muß. Wenn ich nur das Wißbare in Tun umsetzen würde, kann ich das nur in meinem Zimmer machen, ganz für mich alleine, weil es ja ab dem Moment des Tuns hypothetisch ist. Wenn ich das Wißbare zum festen Wissen erkläre, dann lüge ich schon. Man darf nie glauben, die Wahrheit zu haben. Ich weiß, daß z. B. gleichmäßig geschriebene Noten ungleichmäßig gespielt gehören – die große Frage der Inegalität. Dazu gibt es viele Quellen, ich weiß das; jetzt kommt das Tun, und wahrscheinlich ist alles, was ich jetzt damit mache, historisch falsch. Wenn ich sage, das gehört so, das muß so gemacht werden – dann ist es praktisch immer falsch, aber mit dem Anspruch, richtig zu sein. Das ist das, was ich mit Dogmatismus meine. Ich bin da sehr, sehr vorsichtig. Ich will es nicht nur wissen, sondern ich will es verstehen. Für mich steht zwischen Wissen und Tun das Verstehen. Ich frage mich immer, warum etwas so ist. Die Antworten, die ich darauf bekomme, sind auch wieder falsch. Es sind aber die Antworten, die ich bekommen kann. Vielleicht ist die eine oder andere Antwort davon sogar richtig. Aber ich darf mir nie einbilden, daß die Antworten auf jeden Fall richtig sind, weil ich sie habe.

Auf Eindeutigkeit läßt sich also nie hoffen, oder?

Die ist nicht zu bekommen. Hoffen darf man aber immer. Kant war ja auch ein großer Pessimist, wenn mich nicht alles täuscht, und ich finde, man darf eigentlich alles hoffen, darf dann aber nicht zu enttäuscht sein, wenn es sich nicht erfüllt. Und ich muß mein eigenes Verstehen auch anzweifeln. Ich muß mich bei jeder einzelnen Sache, die ich zu verstehen meine, fragen, was wäre, wenn es anders wäre. Diese Möglichkeit gibt es immer auch.

Sie haben eine Reihe von Möglichkeiten, und sobald man etwas tut, setzt man eine davon in die Tat um, es konkretisiert sich also.

Ja, aber in dem Moment, in dem ich das tue, ziehe ich diese Möglichkeit den anderen vor. Da bin ich schon der Meinung, daß das die wahrscheinlichste ist; das ist die Möglichkeit, die mich am meisten überzeugt.

An dem Punkt kommt aber wieder die Subjektivität, das eigene Empfinden ins Spiel – vielleicht der wichtigste Punkt von allen?

Der wichtigste Punkt von allen ist die Kraft der Phantasie, die phantastische Potenz des Betreffenden. Das kann ich Ihnen an einem ganz brutalen Beispiel erläutern: Es gibt einen fabelhaften Musiker, der nichts weiß, der alle Triller von unten macht und der keine Ahnung von all diesem Wissenspaket der Aufführungspraxis hat. Und der spielt ein berühmtes Werk von Bach, aber er ist ein Künstler durch und durch. Das wird mich faszinieren. Dann gibt es den anderen, der macht alles richtig, erfüllt alle Voraussetzungen, die man wissen muß, sogar die, die ganz unsicher sind, und hat den Musenkuß aber nicht. Ich kann nicht sagen, daß er etwas falsch macht, ich kann ihm überhaupt nichts vorwerfen, und trotzdem ist das Ganze nichts wert, langweilig, uninteressant, er vermittelt die Kunst gar nicht.

Läßt sich das begründen?

Nein. Das ist der springende Punkt. Weil es schön ist. Weil es mich überzeugt. Das kann ich nicht mehr begründen. Die Phantasie ist ein großes Rätsel und überhaupt das phantastische Denken, das nicht der Logik folgt: »Wenn das und das ist, entsteht das.« Aber das nichtlogische Denken, das wir auch haben, wo wir zu Schlüssen kommen, die wir nicht mehr begründen können, ist der ganze Emotionsbereich und der Bereich der Phantasie. Phantasie läßt sich sehr schwer definieren. Das heißt, man kann es auch mit Wahnsinn gleichsetzen und kann sagen, der Mangel an Phantasie ist eigentlich ein Vorteil. Und das ist unerklärbar, es bleibt rätselhaft. Warum sind zwei Takte von Mozart einfach Mozart? Wenn Sie das einem Computer füttern, bekommen Sie maximal Dittersdorf heraus; der schafft mit diesem Wissen und den Qualitäten von Mozart nicht Mozart. Mein Computer, mein Kopf schafft das auch nicht. Ich weiß auch nicht, warum *Über allen Gipfeln ist Ruh* mehr ist als irgend etwas von jemand anderem. Es ist aber so.

Ich bin ein Pessimist mit Hoffnung

Gespräch anläßlich der Verleihung
des Romano-Guardini-Preises

Gesprächspartner: Markus Thiel

Erstveröffentlichung: Münchner Merkur, 8. Mai 2012

*Guardini wollte zurück zu den Quellen in einer Zeit, in der die
katholische Liturgie in Formen erstarrte. Spüren Sie da eine
Wesensverwandtschaft?*

Wissen Sie, ich kenne von seinen Werken nur wenige.
Aber er war mir schon als junger Mensch sehr geläufig. Ein
guter Freund hatte eine Doktorarbeit über ihn geschrieben. Und ich habe mich seinerzeit für die Liturgie-Reform
interessiert. Da gab es in der Nähe von Klosterneuburg
die Kirche St. Gertrud. Dort hat man sich für den Weg des
Christentums und mögliche Reformen interessiert, das
war die volksliturgische Bewegung. Mit diesem Freund
bin ich viele Sonntage über den Kahlenberg zu Fuß zu
dieser Kirche gegangen. Ich habe eben immer nach Wegen
gesucht, meine Denkweise zu rechtfertigen.

Weil Sie ein geborener Opponent waren?

Ich bin in einer Familie aufgewachsen, in der gewisse
Ansichten sehr ausgeprägt waren. Zum Beispiel: Du hast
Frau und Kinder zu beschützen – was im Krieg ja sehr aktuell war. Schon mit neun Jahren habe ich immer intensiv
mit meinem Vater diskutiert. Er behandelte mich wie einen
Gleichaltrigen. Auch beim heiklen Thema Notwehr. Für meinen Vater, der mir als Fünfzehnjährigem in einem Nachtge-
spräch die Familie anvertraut hatte, war es völlig klar: Falls
er nicht mehr zurückkomme, müsse ich die Familie verteidigen. Da meinte ich als Notwehrgegner: Ich würde mich eher
erschießen lassen. Ich habe immer alles anders gesehen als
die anderen, das wurde mir auch vorgeworfen. Schon früh

49

habe ich mir einen Leitspruch zugelegt: »Wenn auch alle – ich nicht.« Erst später bin ich draufgekommen, daß das ein Spruch von Petrus ist: »Wenn auch alle sich an Dir ärgern ...«

Haben Sie auch gegen religiöse Grundsätze in der Familie rebelliert?
Rebelliert oder andere Gedanken gemacht sind zwei verschiedene Sachen. Rebellion hatte ich nicht gerne, weil die Kämpfe, die damit verbunden sind, sehr zeitraubend sind. Mein Problem in der Kindheit war: Ich hatte immer zu wenig Zeit und zu viele Interessen. Ich wollte meine Konflikte zuerst einmal mit mir selbst ausmachen.

»Wenn auch alle – ich nicht«: Da hätten Sie ja auch als einziger Atheist der Familie auftreten können ...
Nein, so weit ging das nicht. In religiösen Dingen habe ich eher gegen gewisse Formen opponiert. Alles, was süßlich war, hat mir überhaupt nicht gefallen. Es gab da ein Buch meiner Großmutter mit Sinnsprüchen. Meine Großmutter habe ich geliebt, die Sprüche fand ich kitschig. Und vieles in der katholischen Kirche habe ich wie Guardini als erstarrt erlebt. Aber ganz allgemein gesagt, war meine Haltung: »Ich mach' nicht mit.« Wenn Mutproben verlangt wurden, irgendwo runterzuspringen zum Beispiel, dann weigerte ich mich. Obwohl ich das leicht gekonnt hätte. Als ich als »Feigling« angeschrien wurde, hat mich das stolz gemacht.

Wurden in Ihrer Familie neben den gesellschaftlichen Normen etwa des Beschützens auch religiöse weitergegeben?
Eigentlich nicht. Vielleicht die Sonntagsmesse. Die hatte in der Nazi-Zeit eine gewisse Funktion. Die Dienste in der Hitlerjugend wurden zum Beispiel so angesetzt, daß sich das mit der Messe nicht ausgegangen wäre. Und als ich zu spät zur HJ kam, bin ich angebrüllt worden. Da habe ich nie gesagt: »Ich habe verschlafen«, sondern: »Ich war in der Kirche.« Sofort wurde man kollektiv verachtet. Das hat mir irgendwie gefallen.

Bleibt die Kirche immer noch in Äußerlichkeiten hängen?

Ich habe mir abgewöhnt, etwas, was ist, zu kritisieren, wenn ich keine Chance habe, dort einzugreifen. Religiöse Gruppierungen sind oft so hierarchisch organisiert, daß das von oben Angeordnete auch immer geschieht. Anders in meinem Beruf, da lasse ich mir nichts bieten.

Guardini meinte, man dürfe die Hoffnung nie aufgeben und müsse der Welt in jedem Augenblick vertrauen. Das beißt sich doch mit Ihrem gesellschaftlichen Pessimismus.

Komischerweise empfinde ich Guardini als ähnlichen Pessimisten wie mich. Ich weiß auch nicht, ob es so einfach ist, mit einem Sezierbesteck den Optimisten vom Pessimisten zu unterscheiden. Der Pessimist wird immer als Generalgrantscherben hingestellt. Das glaube ich nicht zu sein. Der blinde Optimist, der in allem das Schöne sieht, der ist für mich eher ein Trottel. Einer, der immer in allem das Schlechte sieht, bin ich ganz bestimmt nicht. Ich bin ein Pessimist mit Hoffnung.

Wie erleben Sie heute Religion? Sind Sie praktizierender Christ?

Ich würde nicht gerne über diese Dinge Auskunft geben. Ich bin durchaus praktizierender Christ.

Ist es notwendig, Christ zu sein, um religiöse Werke zu dirigieren?

Es spielt eine Rolle beim Nachdenken darüber, warum überhaupt Kunst existiert. Ich ziehe keine Trennlinie zwischen geistlicher und weltlicher Kunst. Eine vom Transzendentalen losgelöste Kunst kenne ich nicht.

Also kann man auch nicht auf den Grund der Werke kommen. Es gibt keine Analyse bis zum letzten Detail.

Nein. Nur bis zum Letzten der Analyse.

Edita Gruberová sagt, ihr sei die Stimme »von oben« geschenkt worden, also müsse sie ihre Kunst weitergeben. Denken Sie auch so?

Ich bin das noch nie gefragt worden. Das, was man Talent nennt, halte ich für absolut notwendig. Ich glaube nicht, daß ich speziell für Musik talentiert bin, sondern eher sehr allgemein für Kunst. Dieses Talent ist in meiner Familie seit Generationen vorhanden. Und keiner hat das Gefühl gehabt, er sei besonders begabt. Es war und ist eine totale Alltäglichkeit. Gut, ohne Musenkuß kann in der Kunst nichts schöpferisch Großes entstehen, da gibt es einen Zusammenhang mit dem Göttlichen. Bloß: Wir Interpreten sind keine schaffenden Künstler.

Und eine Art Verkünder auf der Konzertkanzel – wenn man etwa an Passionsaufführungen denkt?

Das ist mir zu groß. Ich vermittle notwendige Einsichten.

Was hat eigentlich der Salzburger Intendant Alexander Pereira mit Ihnen gemacht, daß Sie nach langer Festspiel-Abstinenz für die Zauberflöte *zugesagt haben?*

Wahrscheinlich hat der Mozart etwas gemacht mit mir. Die *Zauberflöte* kann man nicht ergründen. Sie wird mißverstanden als Volkstheater. Bisher habe ich drei *Zauberflöten* gemacht. Mit Jean-Pierre Ponnelle in Zürich, mit Otto Schenk in Wien, dann mit Martin Kušej wieder in Zürich. Alles Einkreisungen, Annäherungen. Schon als Student habe ich für meinen Lehrer in der Wiener Staatsoper gespielt und ausgeholfen. Zwanzig, dreißig Mal *Zauberflöte*, ebenso oft *Tannhäuser*. Da merkte ich: Den *Tannhäuser* möchte ich nicht mein Leben lang befragen, die *Zauberflöte* könnte ich tausend Mal spielen – und ich käme zu keinem Ende.

Und warum führen Sie sie erst jetzt mit Ihrem Concentus Musicus auf?

Ich habe erst spät gespürt, daß das einen Sinn hat. Das gibt ihr eine geistige Injektion. Ich dachte zuvor, daß

Mozarts Werke etwa ab dem *Figaro* nicht unbedingt nach alten Instrumenten verlangen. Mit der *Zauberflöte* zielt Mozart aufs 19. Jahrhundert. Da kann man hören, wo er hingegangen wäre, wenn er Napoleon und den Wiener Kongreß erlebt hätte. Ich bin davon überzeugt: Der Gedanke reizt mich, daß wohl die Aufteilung Europas anders ausgefallen wäre, wenn nicht Beethoven der prägende Künstler des Kongresses gewesen wäre, sondern Mozart.

Der Goldene Saal als Musikinstrument

Gespräch anläßlich des Jubiläums »200 Jahre
Gesellschaft der Musikfreunde in Wien«

Gesprächspartner: Stefan Musil

Erstveröffentlichung: Die Presse – Sonderbeilage, September 2011

Herr Harnoncourt, was bedeutet der Musikverein für Sie?

Sehr viel, seit ich in Wien bin. Das ist seit 1948. Ich habe
hier die wichtigsten musikalischen Erlebnisse gehabt. Ich
habe eine *Matthäus-Passion* gehört, bei der Furtwängler
Klavier anstelle der Orgel gespielt hat. Es gab ein riesiges
Bach-Fest, bei dem der Thomanerchor aus Leipzig mit
Günther Ramin aufgetreten ist, und Karl Richter hat Cembalo gespielt, aber noch als Bub. Das Haus hat mich jedenfalls bestärkt, Musiker zu werden.

*Gibt es besonders prägende Eindrücke aus Ihrer Cellisten-Zeit
bei den Symphonikern?*

Ich habe beim legendären Beethoven-Zyklus mit Herbert von Karajan mitgespielt. Die Wiener Symphoniker
waren damals Karajans Orchester. Ich erinnere mich
auch noch an mein Probespiel im Herbst 1952 im heutigen Gottfried-von-Einem-Saal. Damals waren die Probespiele öffentlich. Es haben dreihundert Leute zugehört,
und dreiundvierzig Kandidaten haben gespielt. Vorn
saßen Karajan und die Stimmführer an einem Tisch, und
wir kamen vom Künstlerzimmer herein, einer nach dem
anderen, wie die Delinquenten.

Wie beurteilen Sie die besondere Akustik im Musikverein?

Die Verbindung mit dem Musikverein war eigentlich
immer eine Verbindung mit dem Klang. Wir sind viel auf
Tourneen gewesen, aber es gab nie einen Saal, der nur
annähernd so geklungen hat. Wenn man hier Bruckner

aufgeführt hat, dann hat man schon deshalb ganz anders gespielt, weil der Saal anders geantwortet hat. Ich betrachte ihn als Musikinstrument. Die Konstruktion ist genial mit dem tragenden Boden, den Hohlräumen darunter und der abgehängten Decke. Ein Geigenbauer könnte es nicht besser machen!

Seit der Saison 1978/79 gibt es den Zyklus mit dem Concentus Musicus. Wie kam es dazu?

Wir wurden sehr von Baron Mayr gefördert. Er war ein bekannter Rechtsanwalt und Vizepräsident des Musikvereins. Er wollte unbedingt, daß wir im Musikverein spielen. Wir haben schon ab 1957 Konzerte im Palais Schwarzenberg gegeben, den Saal selbst gemietet, die Plakate und alles andere auch selbst gemacht. Dann hat der Leiter des Konzerthauses, Peter Weiser, die Erfolgsträchtigkeit zuerst erkannt und uns einen Zyklus im Mozartsaal angeboten. Das haben wir gemacht und auch einmal in der Hofburgkapelle gespielt, wo uns Baron Mayr gehört hat. Wir haben daraufhin ein Konzert im Brahmssaal gegeben, und daraus wurde schließlich der Zyklus mit vier Konzerten. Man hat sich damals schon überall um uns gerissen. Aber wir wollten im Musikverein spielen, wegen des Klanges.

Nach welchen Gesichtspunkten haben Sie die Werke für Ihre Concentus-Konzerte ausgewählt?

Für uns war es immer wichtig, daß wir möglichst Stücke spielen, die nicht im Repertoire sind, und die wir auch selbst noch nicht aufgeführt haben. Gewisse Sachen haben wir dennoch zweimal gespielt, etwa die *Marienvesper* von Monteverdi.

Und das Requiem *von Mozart bestimmt auch mehrmals?*

Das sicher öfter, weil man immer in den Mozart-Jahren darauf angesprochen wurde. Aber unsere erste Aufführung des *Requiems* im Musikverein war das erste Mal, daß alle Mitwirkenden – mich eingeschlossen – Bassetthörner der Mozart-

Zeit gehört haben. Die waren aus einem Schweizer Museum. Ich habe dem Chor gesagt, was ihr jetzt hört, das hat noch niemand seit damals gehört. Wir waren wirklich die Ersten. Alle waren gerührt bis ins Mark. Alle haben gespürt, das klingt nicht nur anders, sondern unerreichbar schön.

Die Gesellschaft der Musikfreunde besitzt auch eine Bibliothek, ein Archiv und Sammlungen. Wie haben Sie davon profitiert?

Wenn man bedenkt, welche Leute der Gesellschaft ihre Bibliotheken hinterlassen haben: Brahms etwa, der war ein Bücher- und Musikaliensammler. Wir haben schon als Studenten Hilfe durch diese Bibliothek bekommen, mehr als von der Nationalbibliothek. Oder, das wissen die meisten Leute gar nicht: Das wichtigste und wohl authentischste Porträt von Monteverdi befindet sich im Musikverein – es hängt im Büro von Thomas Angyan. Es ist nur deshalb dort, weil ich es nicht gekauft habe. Meine Frau hat mich daran gehindert. Denn auf diesem Gemälde von Strozzi, so sagt man, liege ein Fluch. Als wir die *Marienvesper* im letzten Winter gespielt haben, habe ich zum Chor und zum Orchester gemeint: Ihr wißt ja gar nicht, daß sich hier das beste Porträt von Monteverdi befindet. Es wurde dann in den Saal gebracht, wir haben es bewundert und während der ganzen Probe Monteverdi bei uns gehabt. Das sind schon einmalige Erlebnisse.

Die Concentus-Konzerte der Saison 2011/12 bringen Werke Ihrer Säulenheiligen Bach, Händel, Haydn und Mozart. Sind die Programme speziell auf die Jubiläumssaison abgestimmt?

Sie ergeben sich aus den Wünschen des Hauses und meinen Wünschen. Immer wieder wollen wir auch Musik aus der Zeit vor Bach aufführen. In den frühen Jahren haben wir sehr viel österreichische Barockmusik gespielt, wie Biber und Schmelzer. Doch die Veranstalter sind heute, viel mehr als früher, darauf angewiesen, daß die Säle voll werden. Aber wir haben auch noch nie, wie in der kommenden Saison, Klavierkonzerte von Mozart mit dem Concentus Musicus aufgeführt. Ich bin gerade dabei, mit Rudolf

Buchbinder zu vereinbaren, welches Hammerklavier wir dafür verwenden. Mit einem Hammerklavier entsteht eine vollständig andere Balance zwischen Solist und Orchester. Das Klavier hat sich als einziges Instrument so radikal verändert, daß, auch wenn ein Pianist noch so feinfühlig spielt wie etwa Friedrich Gulda, es absolut nicht zu vergleichen ist mit einem Hammerklavier.

Woran liegt das?
Weil die Balance nicht stimmt. Wenn man sich die Beethoven-Klavierkonzerte anschaut, schreibt Beethoven an derselben Stelle ins Klavier ein fortissimo und ins Orchester ein piano. Die Leute denken nicht darüber nach, warum das so ist, und wie das Klavier der Beethoven-Zeit geklungen hat. Sie machen es einfach so, und dabei kommt heraus, was man eben kennt – aber nicht, was Beethoven wollte. Dasselbe gilt für Mozart.

Gibt es noch Werke, die Sie unbedingt aufführen wollen?
Wenn ich in meinem Alter ein richtiges Wunschstück hätte und darauf hinsteuerte, und es geht dann nicht mehr, weil sich Dinge dazwischenschieben, würde ich das nur schwer verkraften.

Alle Künstler sind gläubig

Gesprächspartner: Joachim Kronsbein

Erstveröffentlichung: DER SPIEGEL 7/2009

Herr Harnoncourt, Händel, Haydn, Mendelssohn – die Musikwelt feiert in diesem Jahr die Jubiläen dreier großer Komponisten. Auf welchen könnten Sie am ehesten verzichten?

In der Kunst – ich spreche jetzt von der allerhöchsten Kategorie – kann man auf nichts verzichten. Da gibt es nur das Notwendige. Wollen Sie auf Leonardo da Vinci zugunsten Michelangelos verzichten?

Die drei stehen für Sie tatsächlich alle auf einer Stufe?

Ja sicher, jeder auf seine Weise.

Welcher ist Ihnen denn am nächsten?

Im Moment ein ganz anderer: George Gershwin. Die Partitur seiner grandiosen Oper *Porgy and Bess* liegt auf meinem Stehpult, weil ich dieses Werk bald dirigieren werde. Ich bin übrigens wohl der einzige Europäer, der diese Oper, die 1935 uraufgeführt wurde, seit gut siebzig Jahren kennt.

Wie kam's?

Weil mein Onkel meinem Vater den Klavierauszug damals aus den USA geschickt hat. Als Sechsjähriger kannte und liebte ich schon *I Got Plenty o' Nuttin'* und die anderen Stücke. Ich habe *Porgy* immer aufführen wollen. Einmal gestand ich es Sir Simon Rattle von den Berliner Philharmonikern. Er hat geantwortet: »You have not the passport for that. I have it.« Und so mach ich es eben im Sommer in Graz.

Ihr Engagement für Jazz wird wohl all jene verstören, die Sie immer noch als Spezialist für historische Aufführungspraxis und Originalklang ansehen.

Kann ich nicht ändern. Gershwins *Porgy and Bess* ist Weltmusik, das müßte bei den Salzburger Festspielen aufgeführt werden. Ich will aber Ihrer Frage nach Händel, Haydn und Mendelssohn nicht ausweichen, ich weiß bloß keine Antwort.

Versuchen wir es anders: Welcher dieser Musiker ist Ihnen sympathischer?

Ist das wichtig? Ich kann nicht den geringsten Zusammenhang zwischen der Biographie eines Komponisten und seinem Werk erkennen. Ich weiß nicht, ob mir etwa Mozart als Mensch sympathisch gewesen wäre. Als Komponist ragt er mit Bach über alle anderen heraus. Man kann gerade bei ihm überhaupt keine Verbindung ziehen zwischen einem bestimmten Werk und dem, was ihm zur Zeit der Komposition zugestoßen ist. Er war sicher erschüttert über den Tod seiner Mutter 1778 in Paris. Aber die Werke aus dieser Zeit spiegeln das nicht wider. Sie sind ohne weiteres heiter. Nur, was ist heiter? Worüber lacht man? Jeder Humor ist wahrscheinlich schwarz. Ich habe noch nie jemanden über etwas Angenehmes lachen gehört. Deshalb habe ich einen Preis ausgesetzt.

Den Nikolaus-Harnoncourt-Preis für Schwarzen Humor?

Es ist eher eine Preisaufgabe: Findet mir jemanden, der über etwas Schönes lacht. Das hat noch keiner geschafft. Nur Wahnsinnige und Babys lachen um des Lachens willen.

Ein allerletzter Versuch: Gibt es eine Entwicklung in Ihrer Zuneigung zu einem unserer Jubilare?

Ja, bei Mendelssohn und Haydn. Bei beiden hatte ich, wofür ich mich heute schäme, die allgemeine Meinung übernommen, daß sie doch eher nicht so bedeutend seien. Noch mein Vater hielt Mendelssohns Musik für glatt und leicht. Sie war damals sowieso von den Nazis verboten, aber das hat ihn nicht interessiert. Meine anfängliche Geringschätzung für Haydn folgte dem gängigen Urteil, daß sein Werk zwar eine gut komponierte, aber brave Musik sei. Doch ich bin, das muß ich sagen, ziemlich früh von diesen Fehleinschätzungen abgekommen.

Was haben Sie entdeckt?
Bei Haydn diesen umfassenden Witz, den man damals nicht bemerkt hat, weil man ihn auch nicht gesucht hat. Es gibt keinen witzigeren Komponisten, keinen mit mehr Esprit. Schade nur, daß seine ausgezeichneten Opern kaum gespielt werden.

Warum eigentlich nicht?
Das weiß ich auch nicht. Die sind gut, sehr gut. Wenn ich aber der Wiener Staatsoper eine Haydn-Oper anböte, hieße es garantiert sofort: »Ach, machen Sie doch gleich *Così fan tutte* von Mozart.« Es werden viel schlechtere Opern als die von Haydn aufgeführt, etwa die von Gluck. Aber so viel Geld können Sie mir gar nicht bezahlen, daß ich Gluck aufführen würde. Haydn ist ihm in allem – außer im rein Theatralischen – himmelweit überlegen. Allein die irrwitzigen Instrumentationen, die er verwendet hat, etwa seine vielen Werke für das Baryton.

Ein verschwundenes Instrument.
Ja, leider. Das Baryton sieht aus wie eine Gambe, und der hohle Hals ist hinten offen, darin liegen Metallsaiten, die man mit dem Daumennagel spielt. Das ist zum Teil verrückt schwer. Aber Haydns Arbeitgeber, Fürst Nikolaus I. Esterházy, hat es sehr geliebt und selbst gespielt. Für dieses Ding hat Haydn vertragsgemäß unglaublich viel komponiert. Über dieses Instrument bin ich übrigens zu Haydn gekommen.

Seine Streichquartette ...

... waren mir natürlich schon bekannt. Er hat die Gattung ja praktisch erfunden und gleich zu höchster Blüte geführt. Und dann diese Freundschaft mit dem jungen Mozart, die beiden haben ja gemeinsam Quartett gespielt! Mir ist keine Künstlerfreundschaft bekannt, die so ehrfurchtsvoll, so bedeutend und so unabhängig vom Alter war, wie die zwischen Haydn und Mozart. Zwei, die einander erkennen und sich auf Augenhöhe begegnen. Mozart hat sonst keinen einzigen zeitgenössischen Kollegen anerkannt. Das fiel ihm beim alten Haydn leicht.

Bemerkenswert ist ja die Art und Weise, wie Haydn seine Symphonien geschrieben hat.

Wie denn?

Na ja, Haydn hat sich eine Geschichte ausgedacht, hat die aufgeschrieben und dann als Inspirationsquelle benutzt. Dann hat er die Geschichte vernichtet. Er hatte, davon bin ich fest überzeugt, auf Schloß Esterházy das damals beste Orchester der Welt. Und wenn er etwas gebraucht hat, bekam er es. Der Fürst hat es wohl als seine Aufgabe gesehen, Haydns Kunst der Welt zu schenken.

Und dann ist mit seinem Tod alles vorbei. Der unmusikalische Nachfolger entläßt das Orchester, macht das Theater dicht, und Haydn hat nichts mehr zu tun.

Das war das einzig Richtige. Der neue Fürst konnte doch auf dem Niveau nicht weitermachen. Also ist ein Schlußstrich das Beste.

Haydn hat eine späte Weltkarriere gemacht. Er ging nach London und wurde dort uneingeschränkt bejubelt.

Am Ende des 18. Jahrhunderts hätte vielleicht eine winzig kleine Zahl von Kennern Mozart als bedeutendsten Komponisten der Zeit genannt. Der berühmteste aber war damals sicher Haydn. Jeder, der dazu in der Lage war, hat bei ihm etwas bestellt.

Da war Händel, rund ein halbes Jahrhundert früher, schon weiter. Er hatte in London eine eigene Opernkompagnie und war sein eigener Chef.

Ja, der war sicher geschäftstüchtiger als Haydn.

Zum Hallenser Händel hatten Sie schon immer ein ungebrochen bewunderndes Verhältnis?

Stimmt.

Und warum?

Weil ich seine bewegende Melodik von Anfang an schätzte. Als junger Musiker habe ich fast jedes langsame Stück aus irgendeinem Werk, auch Arien, auf dem Cello gespielt. Diese Melodien gehen unter die Haut. Das sind Inseln der Innigkeit inmitten des orchestralen barocken Prunks, den er auch vollendet beherrscht. Es gibt Komponisten, die schreiben ihre Stücke so, daß sie nur für ein bestimmtes Instrument oder für die menschliche Stimme funktionieren. Händel nicht. Da kann man eine Arie auf der Geige spielen oder ein Violinstück singen. Dieser Händel der langsamen Sätze war mir eigentlich immer der liebste. Da bin ich immer das Cellospielende Kind geblieben. Später hat mich auch anderes bei ihm fasziniert. Seine unbändige Dramatik etwa.

Über sein Privatleben wissen wir wenig. Er war nie verheiratet. Einige Wissenschaftler glauben, er sei homosexuell gewesen. Angeblich höre man das auch aus der Musik heraus.

Na, bravo! Und Schubert soll es auch gewesen sein. Und Tschaikowski? Bei dem erkennt man seinen Hang zu Männern doch sofort in der *Pathétique*, oder? Im Ernst: Man hört in der Musik vieles, aber nicht alles.

Händels Musik ist überaus sinnlich. Kann das ein unsinnlicher, asexueller Mensch schreiben?

Ich kann mir nicht vorstellen, daß irgendein Künstler sinnlich steril ist. Meistens sind Künstler in Bezug auf Sinnlichkeit sehr vielseitig. Ein Musiker hat ein Sensorium fürs Visuelle, für die Dichtung. Auch einen großen Künstler, dem das Essen wurscht ist, kann ich mir nicht denken.

Händel hat weltliche und religiöse Oratorien geschrieben. War er gläubig wie sein Zeitgenosse Bach?

Ich glaube, daß es überhaupt keinen Künstler gibt, der nicht gläubig ist. Nicht unbedingt im konfessionellen Sinne. Ich kann mir keinen wirklich bedeutenden Künstler denken, der tatsächlich glaubt, daß er seine überragenden Fähigkeiten sich selbst zu verdanken hat.

Wie konnte es passieren, daß gerade Mendelssohn mit seinen überragenden Fähigkeiten so lange so schlecht in der Musikgeschichte wegkam?

Gescheiten Leuten nimmt man übel, daß sie gescheit sind. Aber für seine Beurteilung war natürlich dieses unverschämte, antisemitische Pamphlet von Richard Wagner, *Das Judentum in der Musik*, entscheidend. Das ist auf dem Gebiet der Verleumdung unter Kollegen wahrscheinlich das Schmutzigste, was es gibt. Wagner, Mendelssohn und Schumann sind fast gleichaltrig gewesen. Die beiden Letzteren haben dem Wagner halt den Gefallen getan, früh zu sterben. Da muß er jedes Mal Freudenfeste gefeiert haben. Mit einem lebenden Mendelssohn und einem lebenden Schumann wäre Wagners Erfolg so nicht möglich gewesen.

Dazu hätte Mendelssohn aber auch eine richtige Oper schreiben müssen.

Bei seinem Tod mit achtunddreißig Jahren stand er praktisch kurz davor. Hätte er länger gelebt, hätte er viele Opern geschrieben, und alle wären etwas geworden, da bin ich sicher. Ich mag solche hypothetischen Fragespiele. Überlegen Sie mal, was gewesen wäre, wenn beim Wiener Kongreß 1814/15 Mozart noch gelebt hätte.

Sie werden sich die Antwort wohl selbst geben müssen.

Dann hätte nicht Beethoven, sondern Mozart den Kongreß dominiert. Wenn Mozart gelebt hätte, wenn seine Musik gespielt worden wäre, dann wäre die Aufteilung Europas anders ausgefallen.

Wie denn, bitte schön?
Ja, das weiß ich doch nicht! So sind sie, die Journalisten: Ich will nur etwas sagen, über das man mal in Ruhe nachdenken könnte, und Sie wollen gleich das Resultat hören.

Zumindest was Mendelssohns Platz in der Musikgeschichte angeht. Ist er heute vollständig rehabilitiert?
Er ist sehr anspruchsvoll zu spielen, sehr schwer. Er wird heute immer noch nicht adäquat aufgeführt. Ich weiß nicht, ob das überhaupt geht. Er war ein Perfektionist, dem aber alles zugefallen ist. Die Ouvertüre zum *Sommernachtstraum* schreibt er als Jugendlicher und kann sie, weil sie perfekt ist, unverändert so lassen, als er Jahre später den Rest dazuschreibt. Jedenfalls ist er ein bedeutender Romantiker. Nehmen Sie seine Konzertouvertüre *Das Märchen von der schönen Melusine*. Da steckt für mich alles drin, was ich für die Essenz der deutschen Romantik halte, nämlich die Beschäftigung mit der Wahnsinnsfrau.

Das Superweib, die lockende Loreley auf ihrem Felsen über dem Rhein, der jeder Mann verfällt und an der er zerbricht?
Ja, etwas, das nicht existiert, das aber magisch anzieht. Der romantische Mann hat jedoch nicht die Kraft für diesen Wahn, er kehrt heim zu Bertha, zur viereckigen deutschen Frau. Und dann ist die Romantik vorbei – jedenfalls für ihn. Und Mendelssohns *Melusine*-Ouvertüre beschreibt das alles, inklusive der Katastrophe.

Er war privilegiert: beste Ausbildung, wohlhabendes Elternhaus, die Freiheit, das zu tun, was er wollte.
Ich glaube, daß es keinen Künstler gibt, der so gebildet und so begabt war wie Mendelssohn. Er hat gemalt und

gezeichnet, er hat Goethe an einem einzigen Nachmittag beigebracht, was Musik ist. Er hat so überhaupt nicht dem Bild des Künstlers entsprochen, das im 19. Jahrhundert verbreitet war: dem Bild vom Hungerleider, der für seine Kunst Opfer bringt. Daß er so begabt und so wohlhabend war, hat man Mendelssohn übelgenommen.

Und seine jüdische Abstammung?

Das war ein anderes Problem. Sein Vater hat ihm vorgeschlagen, sich nur Felix Bartholdy zu nennen und den jüdischen Mendelssohn wegzulassen. Das hat der Sohn abgelehnt.

Hätte er nur Bachs Matthäus-Passion *wiederentdeckt, sein historischer Rang wäre ihm sicher gewesen. Lag die Bach-Renaissance Mitte des 19. Jahrhunderts eigentlich in der Luft?*

Glaube ich nicht. Man spielte ja hauptsächlich Zeitgenössisches. Am Alten war man nicht interessiert. Da mußte schon ein Romantiker wie Mendelssohn kommen, um zu entdecken, daß in der Passion emotionale Elemente enthalten sind, die in die Zeit paßten. Wenn man sich die bearbeiteten Noten der damaligen Aufführung anschaut, wird man Bach kaum darin erkennen. Es muß wie Mendelssohn geklungen haben.

Alte Musik galt damals nichts?

Ja, das war lange so. Zu Zeiten Mozarts gab es eine kleine Vereinigung von Musikfreunden, die sich exotischerweise für Altes interessierten. Die wollten, daß Händel aufgeführt wird. Da war der gerade seit zwanzig Jahren tot. Aber selbst diese Leute wären niemals auf die Idee gekommen, Händel-Noten aus der Stellage zu nehmen und die Werke einfach getreulich aufzuführen. So wurde Mozart engagiert, der den *Messias* und anderes bearbeiten sollte. Der hat dann Händel in die damalige Gegenwart hineingeholt.

Wie kann ein großer Komponist einem anderen so etwas antun?

Er tut ihm nichts an. Die Einstellung zur Authentizität war eine ganz andere als heute. Außerdem hat Mozart gar nicht verstanden, was Händel aussagen wollte mit seiner musikalischen Sprache. Seine Bearbeitungen zeigen das ganz deutlich. Heute würde man das im Pop-Bereich eine Cover-Version nennen.

Wie ist das, wenn Sie das Hallelujah *aus Händels* Messias *dirigieren, den Welthit der Klassik, den jeder kennt?*
Wenn ich das dirigiere, wundere ich mich zunächst immer, daß es gar nicht so anfängt, wie man es zu wissen glaubt. Es ist am Anfang nicht jubelnd, nicht bombastisch. Es beginnt leise, zaghaft. Das ist ja auch menschlich. Emotionen steigern sich. Man ist nicht plötzlich, mit einem Schlag, in höchster Freude. Eine große Freude kann mit einer kleinen Freude beginnen; sie wird, wie eine Lawine, immer größer. Musik schenkt diese Freude. Unter anderem.

Der Angriff mit der Nebelmasse

Gespräch anläßlich des 80. Geburtstages von
Nikolaus Harnoncourt

Gesprächspartnerin: Irene Gunnesch (Oberösterreichische Nachrichten)

Erstveröffentlichung: Kleine Zeitung, 6. Dezember 2009

Was halten Sie eigentlich von Geburtstagen?
Gar nichts. Ich lasse solche Feiern über mich ergehen.
Wenn im Familienkreis Liebe und andere positive Gefühle
dahinterstecken, ist das natürlich eine Ausnahme, das
Über-sich-ergehen-Lassen angenehmer besetzt. Mir würde
überhaupt nichts abgehen, wenn ich mit meiner Frau
alleine zu Hause wäre. Im Gegenteil.

*Anläßlich Ihres Achtzigers überschlagen sich derzeit die
Medien mit Formulierungen wie »junggebliebener Alter«.
Was empfinden Sie dabei?*
Das haben die beim Siebziger auch schon gesagt ... Ich
finde schon, daß ich mit siebzig noch beweglicher war, aber
solang das Gehirn funktioniert, wird man als jung befunden. Was dann beim Körper an Springginkerlhaftigkeit
nachläßt, ersetzt dann die Beweglichkeit im Hirn. Wobei,
so ein richtiges Springginkerl war ich eigentlich nie. Ich
hab sehr wenig Sport betrieben. Hab aber ansonsten sehr
viel gemacht. Nur die Tätigkeit in der Schule war nie mein
Hauptbeschäftigungsgebiet. Schule hab ich nur als Störung
empfunden.

Störung wobei?
Ich war der Meinung, daß ich die Stunden, die ich in
der Schule versitz', irgendwie einbringen muß durch eine
andere Tätigkeit am Nachmittag. Ich kann mich nicht erinnern, daß ich je Hausaufgaben gemacht hätte ... Die hab
ich immer im letzten Moment in der Schule abgeschrieben.

Aber das sollten S' vielleicht nicht schreiben, ich will ja die Jugend nicht verderben.

Wenn Sie damit trotzdem durchgekommen sind, müssen Sie ja bereits damals eine rasante Auffassungsgabe gehabt haben.
Ja, und ich hab eine gute Matura gemacht. Ich wäre nie durchgefallen, da hätt' ich vorher gelernt. Und was mich interessiert hat, mit dem hab ich mich natürlich auch intensiv beschäftigt.

Und die Eltern haben Ihnen das durchgehen lassen?
Der starke Konfliktpartner für mich und meine sechs Geschwister war mein Vater. Der war für uns alle die uneingeschränkte Autorität. Ich habe ihn schon ziemlich genervt, denn ich fragte bei allem, was ich nicht verstand, oder verstehen wollte, nach dem »Warum«. Für mich war seine Meinung überhaupt nicht von vornherein richtig. Auch schon als Sieben-, Achtjähriger ging ich in Konfrontation, ich erinnere mich da sehr gut. Und das hat er in seiner Position als Vater, als Älterer und auch als Vielstudierter absolut nicht akzeptiert.

Wie konnten Sie dagegen argumentieren?
Ich habe ihm mit meinen persönlichen mathematischen Überlegungen dagegengehalten: Er ist Hundert und ich bin Eins, aber gegenüber der Unendlichkeit und dem wirklichen Wissen sind wir beide gleich viel. Und das mußte er annehmen, hat es aber gar nicht gern gehabt.

Sie sind ja in eine sehr bewegte Zeit hineingeboren worden. Wie haben Sie das »Dritte Reich« erlebt?
Dadurch, daß wir sieben Geschwister waren, waren wir als kinderreiche Familie ziemlich geschützt. Aber Graz war eine sehr stark Nazi-betonte Stadt, die hatte von Hitler gleich 1938 diesen ominösen Ehrentitel »Stadt der Volkserhebung« gekriegt. Weltanschaulichen Schulungen, die ich aufgrund meiner Abstammung und, weil ich blaue Augen

hatte, bekommen sollte, habe ich mich dann auch schnell entzogen, indem ich eine Theatergruppe gegründet habe.

Sie hatten damals Ihre Abneigung gegen den Krieg ja auch in einigen gefährlichen Aktionen dokumentiert ..., da gab es auch irgend etwas mit Nebelbomben, oder?

Jaja. Südlich von Graz ist eine Flugzeugfabrik von Messerschmitt gewesen. In Thondorf. Zusammen mit einem Freund, der chemiebegeistert war, sind wir dort mit den Fahrrädern hingefahren. Wir waren damals dreizehn Jahre alt. Den Eltern haben wir gesagt, wir würden Segelflugzeuge starten lassen. Ich hatte damals nämlich gern Modellflugzeuge gebaut. Das ist uns zu Hause auch anstandslos abgenommen worden. Auf unseren Gepäckträgern hatten wir auch Kisten mit Kanistern voll Nebelmasse, die mein Freund hergestellt hatte. In der Dämmerung wollten wir das Werk damit einnebeln. Wir waren der Meinung, wenn wir das tun, dann können die dort nicht mehr arbeiten, und der Krieg muß aufhören.

Sind Sie erwischt worden?

Nein, es kam nicht dazu. Mein Rad hatte plötzlich einen Platten, den hab ich gepickt. Dann noch einen. Dann haben wir den Schlauch ins Wasser gehalten und gesehen, daß da alles porös war. Wir haben dann alles probiert, um den Schlauch dichtzubekommen. Sogar Milch in den Schlauch geschüttet. Das kann nämlich durch die Fliehkraft beim Drehen sehr feine Löcher verkleistern. Aber es hat nichts genützt. Keine Ahnung, warum das gerade da passieren mußte ... So hat uns das Schicksal davon abgehalten. Wir sind dann mitten in der Nacht nach Hause gekommen. Aber es gab kein Donnerwetter, weil das kaputte Rad ja ein echtes Alibi war.

Da waren Sie ja quasi im Widerstand.

Irgendwie, aber verhindert. Wobei mein Freund schon noch starke Stücke geliefert hat. Ist bei Munitionstransporten auf die Eisenbahnzüge hinaufgesprungen und hat

Panzerabwehrkanonen vom Wagen hinuntergeschupft und im Wald vergraben.

Diese Zeit haben viele Menschen in einem permanenten Gefühl der Angst, auch der Todesangst verbracht. Wie hat Sie das geprägt?

Angst hatte ich persönlich eigentlich fast nie. Nur um die Familie. Bei diesen Fliegerangriffen hatte ich nämlich folgende Rolle zugewiesen bekommen: Ich mußte bei jedem Fliegeralarm einen dieser großen Stahlhelme aus dem Ersten Weltkrieg aufsetzen und zwanzig Minuten lang zur Hilmwarte hinaufradeln. Dabei wurde ich öfter vom Luftdruck der Bomben umgeworfen. Jedenfalls: da oben ist ein Turm, der über den Wald hinausragt und von dem aus man ganz Graz überblicken kann. Es gab eine technische Einrichtung oben, da konnte man mit einem Visier auf die reale Stadt schauen, und ein Zeiger hat im Stadtplan gezeigt, wohin genau man geschaut hat. Dann mußte ich bei der Feuerwehr anrufen, und die sind dann ausgerückt. Und einmal war ich wieder da oben und sah den Rauch von einem Bombenabwurf genau bei unserem Haus aufsteigen. Ich wußte, daß da die ganze Familie im Keller sitzt, und bin in großer Angst zurückgeradelt. Habe gesehen, daß die Bombe ca. hundert Meter von uns entfernt ein anatomisches Institut getroffen hat. Da hatte ich wirklich große Angst um die Familie gehabt.

Hatten solche Erlebnisse in diesem Alter für Sie auch etwas von Abenteuer?

Nein. Überhaupt nicht. Aber geprägt hat mich diese Zeit natürlich sehr. Von dem Zeitpunkt an, als ich bewußt erlebt habe – sagen wir mit fünf –, bis über das Kriegsende hinaus. Sehe ich heute einen Film über diese Zeit, kann ich nicht abschalten ...

Manche, die den Nazi-Terror erlebt haben, sagen heute, daß einem dieses Grenzerlebnis zum Tod eine gewisse Kompromiß-losigkeit für die Zeit danach gegeben habe. Wie sehen Sie das?

Bei dem Wort »Kompromißlosigkeit« höre ich immer den Hitler heraus: »Kommm-prrro-mmißßß-losss!!!« Ich höre, wie er das gesagt hat. Das war für mich ein Anti-Wort. Das heißt, das wird so entschieden, und der ist dann – ob er recht hat oder nicht – danach tot, oder es passiert halt das, was kompromißlos zu geschehen hat.

Ich war der Meinung, es darf nichts Kompromißloses geben. Wobei ich schon sagen muß, persönlich war ich möglicherweise sogar angehaucht von Kompromißlosigkeit. Aber ich hätte das nie so bezeichnet.

Bei der vormilitärischen Ausbildung mußte ich schießen. Und ich war am Ende des Krieges grad an der Schwelle, daß man mich schon ins Militär geholt hätte. Wir waren damals – die ganze Familie – ins Ausseerland geflüchtet, und dort war sehr viel SS. Wir hatten alle Angst, daß ich zur Waffen-SS eingezogen werden würde. Ich habe gewußt, was das hieß. Da hab ich mich mit fünfzehn Jahren freiwillig zur Marine gemeldet. Ich hab mir gedacht, da kann man mich nicht zur SS holen. Ich war damals sehr stark beeinflußt von Johannes Ude – übrigens einmal Präsidentschaftskandidat in Österreich. Der war Priester, hatte damals oft Predigt-verbot, von den Nazis und von der Kirche. Ude lebte damals im Ausseerland, und ich hatte bei ihm Lateinstunden. Ude war ein radikaler Kriegsgegner und Pazifist. Der ist soweit gegangen, daß er sogar die Notwehr abgelehnt hat. Ich war total unter seinem Einfluß, so überzeugt hat mich der!

Mein Vater hat das überhaupt nicht ertragen. Der hat ja gesagt, ich bin verantwortlich für die Familie. Und wenn deine Familie angegriffen wird von irgend jemandem, hast du deine Familie zu verteidigen. Wenn du eine Frau hast, oder kleine Kinder, und die werden angegriffen, dann hast du die zu verteidigen. Das ist doch selbstverständlich.

Aber ich bin zu der Überzeugung gekommen, Tod oder Leben, das sei kein großer Unterschied. Ich war damals sicher auch sehr stark religiös geprägt. Hatte die feste Über-zeugung, ich würde mich umbringen lassen und meine Familie auch.

Man hat schon sehr jung über ganz viele Sachen nachdenken müssen. Und in dem Moment, wo ich ein Gewehr in die Hand bekam, wo wirkliche Kugeln herausfliegen, und wo ich weiß, daß dort, wo ich hinschieße, die Sicherheit oder die Möglichkeit von Tod besteht, ist das für mich ohne Überlegungen nicht abgegangen. Es hat sich dann aber sicher manches geändert. Auch durchs Lesen.

Ein Blick zurück: Sie haben vorher erwähnt, daß Sie Modellflieger gebaut haben. Sie haben ja auch Marionetten geschnitzt.

Ja, ich hab immer etwas gemacht. Mit Holz gearbeitet hab ich immer. Leidenschaftlich. Sachen machen zu können, die es nicht gibt.

Machen Sie das noch?

Sie stierln da in offenen Wunden ... Ich weiß auch nicht, ob ich noch geschickt genug bin. Bin wahrscheinlich ganz aus der Übung. Aber bei mir zu Hause sind ein paar Sachen, die ich gemacht hab. Lehnen von Sesseln, die ich geschnitzt habe. Auch andere Möbel. Küchenstellagen etwa. Mit Schwalbenschwanzverbindungen. Und zwar so genau, daß sie ohne einen Tropfen Leim vollkommen fest halten würden. Aber zur Sicherheit hab ich trotzdem ein bissl Leim hineingetan ... Ich bin auch immer ganz enttäuscht von den Tischlern, weil ich finde, daß die heute nicht einmal mehr hobeln können, die schleifen heute nur mehr. Ich hab jede Möbeloberfläche glattgehobelt, da ist nix geschliffen! Für mich ist die letzte Behandlung eines Holzes immer der Schnitt. Es muß eine Klinge, ein Hobel sein.

Wie hat diese Lust am Holz angefangen?

Als Kind hab ich diese Holzscheitln, die beim Herd gestanden sind, bearbeitet. Da gab's so gelbliche runde Scheiter vom Erlholz. Ich hab mit dem Taschenmesser daraus Gesichter gemacht. Und die hab ich abgesägt, unten angebohrt, und da hat man dann so eine Art Kasperltheater damit machen können. Später hab ich mir dann Baupläne von Schiffen besorgt. Das muß so um 1940 herum gewesen sein. Ich habe dann praktisch die gesamte deutsche und frühere österreichische Kriegsflotte im Maßstab nachgebaut. Obwohl mein Vater ein extrem geschickter Bastler war, gab's einen Moment, wo er gesagt hat: »Das könnte ich nicht!« Weil ich so genau war. Mein Vater hat fast die ganzen Schiffe verheizt, als die Russen gekommen sind. Ein Segelschiff hab ich gerettet, den »Adler von Lübeck«, die Segel hab ich mit Leim oder Lack bestrichen, damit sie fest sind.

Geschnitzt haben Sie auch weiterhin?

Ja, daneben. Und irgendwann – so mit elf, zwölf Jahren – habe ich einmal das Buch von Kleist über das Marionettentheater gelesen. Es hat mich zwar nicht literarisch bewegt, aber die Art, wie darin über die Bewegung und die Schwerkraft gesprochen wird. Ich hatte zwar vorher nie ein Marionettentheater gesehen, wollte aber dann unbedingt Marionetten machen. Hab dann auch so kleine Figuren geschnitzt. Die Kostüme hat mir eine in unserem Haus wohnende, geflüchtete litauische Opernsängerin aus Stoffresten genäht. Die aufzuführenden Geschichten aus *Andersens Märchen* habe ich selbst dramatisiert. Und bei der Flucht ins Ausseerland so um 1945 hab ich diese Figuren mitgenommen und dort mein Marionettentheater aufgeführt. Ich hab auch die Bühne selbst gemacht, die Kulissen, die Beleuchtung, und das hat mich so gepackt, daß ich mir gedacht habe, das wird mein Beruf.

Und wie hat sich das dann weiterentwickelt?

Ich hatte in den Sommerferien so um 1946 Figuren für ein Faustspiel nach einer Nachdichtung über das alte Volksspiel vom Doktor Faustus gemacht. Jede Figur entsprechend ihrem Charakter mit anderen Gelenken, mit anderen Möglichkeiten. Vom Kardangelenk, das ich aus Konservenbüchsen gelötet habe, bis zum Arm aus Holzkugeln ...; damit man den dann so schlangenähnlich bewegen konnte. Auch so schlabberige Stoffgelenke; so konnte ich vom Kopf bis zu den Beinen alles beeinflussen.

Ich bin auch der Meinung gewesen, daß man eine Figur nur für eine Rolle verwenden kann. Da war ich wieder konsequent.

Wie haben Sie die Figuren besetzt?

Ich habe mir da eine Gruppe aus Erwachsenen und Kindern zusammengestellt. Es gab immer einen Spieler und einen Sprecher. Denn die Bewegungen, die man beim Sprechen macht, wären für so eine kleine Figur immer zu groß gewesen.

Die Bühne habe ich selbst gezeichnet, und ein Stellmacher aus Stainach-Irdning hat mir dieses drei Meter hohe und vier mal vier Meter große Ding – natürlich alles zum Zusammenklappen – gebaut. Das Bühnenbild habe ich selbst gemalt. Meine Mutter hat mir dann – keine Ahnung warum – zum Proben erlaubt, daß wir die Bühne im Kinderschlafzimmer aufbauen. Da war fast kein Platz mehr für die Betten. Sie hat anscheinend gefunden, das muß ich machen ...

Wir wurden mit diesem Stück auch von der UFA aufgenommen und photographiert, weil die das so toll gefunden haben. Wir haben zwanzig Aufführungen gemacht und wurden sogar von Schuldirektoren auch zum Spielen für die Maturaklassen eingeladen. Mir war übrigens auch wichtig, daß das nicht als Kasperl- oder Kindertheater angesehen wird, sodaß ich Jugendverbot gemacht habe. Da kam keiner rein, der unter achtzehn war. Ich selbst war noch drunter ...

Ich habe auch gedacht, das sei jetzt mein Beruf, habe das Marionettentheater dem Menschentheater weit überlegen gefühlt, weil die Figur ihre Person über meine Figuren viel gelenkiger mitteilen konnte. Auch weil sich ja ein Mensch dafür erst verstellen muß.

Und warum wurden Sie dann doch kein Marionettentheatermann?

Das war eine ganz einfache Rechnung. Ein Stück pro Jahr kann man einstudieren. Das Schnitzen der Figuren dauert so und so lang. Es muß immer einen Sprecher und einen

Spieler geben ... Und: das ist nicht finanzierbar. Das, was man jetzt so an Kultursubventionen hatte, gab es damals ja nicht. Also hab ich von einem Tag auf den anderen gesagt: »Schluß, ich muß von was anderem leben!«

Als ich einmal krank im Bett lag, hab ich Radio gehört, die Musik wahrgenommen und beschlossen, Musiker zu werden. Wir Kinder wurden ja von klein auf an unterschiedlichen Instrumenten ausgebildet. Ich wußte schon bald, ich werde Orchestermusiker. Um Solist zu werden, hätte ich so phantastisch sein müssen ..., und dazu war ich zu selbstkritisch.

Und so kamen Sie über den Orchestermusiker zum Orchester-
leiter und dann wieder zum Theater zurück.

Ich habe von Anfang an gewußt, ich muß an der Gestaltung beteiligt sein. Ich werde zwar mein Geld verdienen im Orchester, muß das machen, was mein jeweiliger Dirigent sagt. Aber: ich wollte mein eigenes kleines Orchester gründen, und da werde ich für die Gestaltung selbst verantwortlich sein, das war für mich immer klar.

Sie sind auch bei Ihrem Instrument, dem Cello, ja quasi beim
Holz geblieben ...

Und ich hab auch immer daran herumgebastelt. Stege aufgestellt. Ein Professor hatte auf seiner Gambe so eine Schnecke. Und ich fand, daß auf eine Gambe ein Kopf gehört, also habe ich ihm einen geschnitzt. Das war ganz schön schwer, weil ja durch die Schnecke nicht mehr viel vom Material da war ... Hab mir zuerst aus Plastilin eine Vorlage geknetet. Der Professor war ganz begeistert, und mir hat's bei einem Disziplinarproblem an der Musikakademie geholfen ... Ich hab nämlich nicht Klavierspielen wollen. Ich mochte den Klang des Klaviers nicht. Wegen des Gambenkopfes und meiner Kreativität bei solchen Sachen wurde ich dann aber tatsächlich freigestellt vom Klavier. Das war für mich sehr erfreulich, denn ich hab die Töne des Klaviers schon als Kind nicht gewollt.

*Es gibt nun manche Dirigenten, die die Arbeit mit Musikern –
egal ob Instrumentalisten oder Sänger – als Arbeit mit
»Material« ansehen. Wie geht es Ihnen damit?*

Ganz schlecht. Für mich sind kreative Menschen kein
Material. Ich bin auf ihre Ideen angewiesen.

Natürlich kann man dieses wahnsinnig kreative Potential, das – sagen wir – achtzig Orchestermusiker mitbringen,
nicht im Detail aufnehmen. Aber man kann – etwa eine
neue Bläserfigur – für neue Impulse nützen. Kann auch sein,
daß es meine eigene Idee von einem Stück verändert. Ich
möchte, daß die Musiker bei einem Stück, das sie da aufführen, total mit ihrer eigenen Person dahinterstehen. Wenn sie
nur etwas Fremdes realisieren, kommt etwas Totes heraus.

*Es gibt aber doch manche Orchester, die in beamteten
Strukturen erstarren.*

Das ergibt sich naturgemäß. Ich habe sehr viel Verständnis für die Leiden der Orchestermusiker, weil sie – sagen
wir – mit vierzig Dirigenten in einem Jahr spielen. Und
jeder sagt etwas anderes. Da kommt ein junger Mensch
mit großem Enthusiasmus, mit Begeisterung, und das wird
von Monat zu Monat mehr beschnitten. Der muß da etwas
machen, das er so gar nicht will …

Wenn dann – und das kommt auch ganz oft vor – etwas
von ihm verlangt wird, das er völlig falsch findet – dann
muß er irgendwann sagen, ich bin Orchestermusiker und
habe hier meinen Dienst zu tun. So ist die Richtung zum
Musikbeamten fast vorgegeben.

Früher haben Dirigenten ja bestanden auf einer fast
unhinterfragbaren Autorität. Wobei es darunter auch manche gab, denen man aufgrund ihrer künstlerischen Kraft
überall hin gefolgt wäre.

*Linz ist heuer Kulturhauptstadt. In diesem Rahmen gibt es
auch Aktionen gegen akustische Vermüllungen. Wie geht es
Ihnen damit, können Sie diese Bedudelungen ignorieren, wenn
Sie einkaufen gehen?*

Nein. Da geh ich sofort raus. Ich kann nicht einmal in einem Restaurant essen, wo etwas gespielt wird, was in meinen Ohren sowieso ohnehin keine Musik ist. Oder wenn in einem Hotellift so etwas gespielt wird, ist das für mich ein Grund, nicht in diesem Hotel zu wohnen.

Das heißt, Sie gehen selten einkaufen?

Das stimmt. Ich war das letzte Mal einkaufen, da waren meine Kinder noch klein und meine Frau auf Urlaub. Ich hab in dem Geschäft acht Sorten Joghurt gesehen, und da hab ich so einen Zorn bekommen über die Art, wie mir das angeboten wurde, daß ich nicht mehr in der Lage war, auch nur eines davon zu kaufen. Ich bin auf jeden Fall resistent gegen diese Art von Reklame. Gottseidank gibt's Leute, die mir das abnehmen.

Außerdem wird man von diesen Bedudelungen ja nur abgelenkt. Ich kann weder essen und dabei irgend etwas zuhören. Ich kann auch nicht mit jemandem reden und dabei so ein Gedudel hören. Außerdem: dieses Herabwürdigen von Musik oder Kunst generell zum reinen Dekor halte ich nicht aus und lehne es ab. Diese Art des Umgangs, des Benützens von Kunst ist für mich widerlich.

Sie haben mit dem Bischof von Myra, dem heiligen Nikolaus, einen prominenten Namenspatron. Ist Spiritualität für Sie ein Thema?

Natürlich. Das ist ein Thema für jeden. Egal ob Agnostiker oder Atheist – jeder bezieht sich schon durch diese Bezeichnungen darauf. Da kommt man nicht drum herum.

Wohl auch durch die eigene biologische Grenze. Denken Sie nach über Vergänglichkeit?

Na ja. Schon. Über das, was bleibt und was vergeht. Auch darüber, daß Naturwissenschaftliches immer als Fakt weitergegeben werden kann; das Moralische oder philosophische Erfahrungen müssen einem geglaubt werden oder nicht ...

Im Weitergeben von Erfahrungen stehen wir hinter den Hamstern und Eichkatzln. Bei uns muß es jeder immer erst selber erleben. Das ist eine Asynchronität. Moralisch sind wir sicher ungefähr dort, wo wir vor fünftausend Jahren waren ..., sonst gäb's keine Kriege mehr. Naturwissenschaftlich sind wir soweit, daß wir glauben, den Urknall zu verstehen. Diese Diskrepanz ist für mich nur sehr schwer erträglich.

Wobei aber Sie als Künstler das in einem gewissen Sinn über Ihre Kunst transportieren können.
Ja, das ist ein Weg. Auf jeden Fall. Diese unerklärbare Sprache des sonst nicht Sagbaren. Das zu haben, ist mein großes Glück.

Antipoden: Harnoncourt und Karajan

Gesprächspartner: Volker Hagedorn und Claus Spahn
Erstveröffentlichung: Die Zeit, Ausgabe 5/2008

Sie gelten als Antipode Karajans schlechthin. In seinen späten Jahren waren Sie ein rotes Tuch für ihn.

So einfach ist das nicht. Ich bin 1948 nach Wien gekommen. Ich war schon hochgradig verliebt, wollte unbedingt heiraten und so bald wie möglich ins Orchester als Cellist. Karajan wurde sehr bald Chef der Wiener Symphoniker. 1952 war dort eine Stelle frei, es gab mehr als vierzig Bewerber. Da waren Karajan und die Stimmführer des Orchesters, und ich höre ihn murmeln: »Wie der sich schon hinsetzt, den engagier' ich.« Da hatte ich überhaupt noch keinen Ton gespielt. Ich hab' dann unglaublich lang spielen müssen. Normalerweise spielt einer eine halbe Minute oder sowas. Aber ich mußte den ganzen ersten Satz vom Dvořák-Konzert spielen und ... also ich hatte den Eindruck, daß Karajan gern zugehört hat. Und dann waren da noch komische Raffinessen: ich mußte eine Stelle extrem leise spielen, wie das fast nicht hörbar ist, und dann genau dieselbe Stelle so laut, wie's überhaupt möglich ist – also eine sehr raffinierte Probespieltechnik. So etwas habe ich bei andern Dirigenten kaum wieder erlebt. Das Ergebnis war – ich bin engagiert worden.

Wofür hat Karajan damals musikalisch gestanden? War das für Sie ein Aufbruch in die Zukunft?

Das erste, was wir gemacht haben, war ein Beethoven-Zyklus. Das war ein großer Eindruck, der ist für mich eigentlich bleibend. Es war das Knackige, gar nicht wie beim späteren Karajan. Es war stürmisch und sehr geformt.

Er war wesentlich genauer als Furtwängler. Ich erinnere mich noch an Details in den Proben, wo ich wirklich sehr viel gelernt habe, auch für meine eigene Interpretation später. Einmal hat er das ganze Orchester weggeschickt und den Anfang vom langsamen Satz der fünften Symphonie mit den Celli allein eine halbe Stunde geprobt, nur diesen Anfang. Er hatte schon sehr genaue Vorstellungen, wie es im Detail klingen sollte. Sein Beethoven war vielleicht eine Fortsetzung der Ideen Toscaninis und ein Anti-Furtwängler. Toscanini hat nicht die kleinste Temporückung geduldet. Der schnellste Beethoven, den es je gab, war der von Toscanini, und da war Karajan sehr nahe.

Wilhelm Furtwängler war damals immer noch der große Rivale, den schon Karajans Aufstieg im »Dritten Reich« geärgert hatte.
Die beiden haben sich offensichtlich nicht gemocht. Wenn Furtwängler in Wien war und Karajan dirigierte, dann kam Furtwängler ins Konzert. Aber immer verspätet, so nach zehn Minuten. Er war sehr groß, da hat der ganze Saal etwas bemerkt. Und ich habe mir eingebildet, daß in dem Moment, wo Furtwängler den Saal betreten hatte, das Orchester anders geklungen hat. Und das hat Karajan auch gespürt, der mit dem Rücken zum Saal stand. Ich kann mich erinnern, daß er einmal gemurmelt hat: »Aber ich bin zwanzig Jahre jünger.« Da wußte ich, wer gemeint war.

Haben Sie Karajan dann näher kennengelernt?
Wir haben wochenlange Tourneen gemacht mit ihm. Das Orchester fuhr mit der Eisenbahn oder in den Kastenwägen, die VW gerade erfunden hatte, aber er ist immer im Sportwagen gefahren, ein Mercedes-Zweisitzer, und hat immer einen vom Orchester mitgenommen. Den hat man dann hinterher erkannt – ich kann mich noch erinnern, an einem Abend in Paris – am schneeweißen, bleichen Gesicht. Dann haben die Kollegen gelacht. Und der am meisten gelacht hat, dem hat Karajan gesagt: »Morgen fahr'n Sie mit.« Er hat mich sehr geschätzt. Bei einer Reise ist er im Zug mit-

gefahren und hat mir seinen Assistenten Mattoni geschickt: »Herr von Karajan möchte mit Ihnen sprechen, er möchte, daß Sie Solocellist werden.« Und ich wollte es nicht, weil ich damals schon den Concentus gegründet hatte.

Mit dem legendären Concentus Musicus haben Sie auf Originalinstrumenten die Musik des Barock und der Renaissance erkundet.
Wir haben in jeder freien Minute in unserer Wohnung geprobt. Ich hab' ja die Sicherheit meiner Orchesterstelle benützt für mein Ensemble. Auch die andern beim Concentus waren Mitglieder der Wiener Symphoniker.

Wenn Karajan Bach dirigierte, haben Sie da im Orchester gesessen und gedacht: das würde ich ganz anders machen?
Dieses Auseinandergehen von Vorstellungen war bei Bach viel mehr auf Karl Richter bezogen als auf Karajan ...

... Richter galt damals als die Bach-Koryphäe schlechthin ...
... Karajan hatte eine ganz merkwürdige Liebe zu Bach. Bei einer *h-moll-Messe* hat er selber auch Cembalo gespielt und unendlich viele Proben mit dem Wiener Singverein gemacht. Ich muß ehrlich sagen, das kenn' ich nicht von anderen Dirigenten. Die lassen sich das vom Chorleiter vorbereiten. Karajan hat es selbst gemacht. Bei einer dieser Aufführungen hab' ich auch mitgespielt. Das war wirklich hochartifiziell. Er hat bei jedem Ton gewußt, wie er den haben will. Es war ein riesiger Erfolg. Als er in Wien die *Matthäus-Passion* aufgeführt hat, hat er das Gambensolo von sechs Gambisten spielen lassen. Da wurde ich auch gefragt und hab' gesagt, das mach' ich nicht. Also zu sechst so eine Sache spielen! Aber das waren keine Konflikte.

Wie kam es denn zum Zerwürfnis mit Karajan?
Ich habe im Lauf der Jahre immer mehr Bach-Aufführungen geleitet, vom Cello aus. Anfang der 6oer haben wir dann eine Aufnahme der *Johannes-Passion* gemacht. In der Presse

wurde sehr früh bekannt, daß wir Bach ganz anders spielen. Immer wieder ist in Kritiken über Karajans Bach mein Name gestanden – als der andere, der das anders macht. Und dann kam 1970 noch ein unglücklicher Artikel im »Spiegel« über mich, in dem mir Zitate in den Mund gelegt worden sind. Über die deutschen Cembalo-Ziegen und über Karajan. So etwas in der Art: Karajan hält er für ein Genie – im Autofahren. Das hab' ich so natürlich nie gesagt. Aber von diesem Tag an war er mir gegenüber wie ausgewechselt. Ich denke mir, er muß das Gefühl gehabt haben, ich sei ein Verräter.

Sie durften zu Karajans Lebzeiten nicht bei den Salzburger Festspielen auftreten, zu den Berliner Philharmonikern gab es nur Geheimkontakte. War er empfindlich, weil durch Sie eine andere Ästhetik an Einfluß gewann? Die Artikulation gegen den alles umhüllenden Klang?

Das ist schon möglich. Aber seine Seite des Konfliktes hab' ich nur gesehen als Enttäuschung über einen Verräter. Daß ausgerechnet ich etwas Negatives über ihn sage. Ich war der Überzeugung, wenn ich ihn bei einer Bergtour irgendwo alleine treffe, ohne seine Entourage, daß er nach fünf Minuten mir auf die Schulter geklopft hätte, und ich ihm, und es wäre alles gut gewesen.

Aber in den 7oer und 8oer Jahren wäre keine Bergtour mehr möglich gewesen, weil Sie musikalisch weit auseinander und auch Konkurrenten zueinander waren.

Der musikalische Konflikt war nicht einer zwischen mir und ihm. Die großen Dirigenten dieser Generation waren alle auf einem vollkommen andern Ufer als ich. Und heute, muß ich sagen, interessieren mich besonders Karajans Bruckner-Aufnahmen sehr.

Daß Sie so versöhnlich über ihn sprechen – ist das Altersmilde, oder ist das schon immer so gewesen?

Das würde mich selbst interessieren. War ich je gegen Karajan eingestellt?

Ihr berühmtes Buch von der »Musik als Klangrede« kann man doch als Schrift gegen Karajan lesen. Die historischen Hintergründe, das Quellenstudium, das Befragen des Notentexts, wofür Sie da eintreten, so etwas hat Karajan überhaupt nicht interessiert. Der sagte, die Noten sind nur Notbehelfe, der Interpret muß die Vision dahinter finden.

Das ist ja auch nicht unrichtig. Die Notenschrift ist auf jeden Fall ein völlig unzureichender Notbehelf. Wenn ich die Notenschrift einfach in Klang umsetze, entsteht Blech draus. Ich muß eine Gebrauchsanweisung haben, um zu wissen, was bedeutet eine Note. Das ist überhaupt meine Herangehensweise. Ich kann nicht sagen, wenn ich hier eine ganze Note habe, vier Viertel lang, dann hat die zu klingen von hier bis hier. Dieser Meinung war Karajan wohl. Er hat größten Wert drauf gelegt, daß eine Note ausgehalten wird bis zum letzten Moment. Und ich hab' gesagt: Eine ganze Note muß in der Realität vielleicht überhaupt nur wie eine Achtelnote klingen, und der Rest klingt weiter in der Illusion. Vielleicht hätte er mich für verrückt erklärt mit meinen Meinungen, vielleicht hätte er gesagt, er findet genau dasselbe.

Sie haben mal zu Beethovens Eroica *erklärt, wie da ein Ton verweigert wird. Bei Karajan wird der gespielt ...*

Ja, das Hauptthema bricht in der Trompete ab, ein Ton fehlt. Ich frage, warum schreibt Beethoven den nicht. Darauf antwortet mir der normale Musiker: »Weil der damalige Trompeter den Ton nicht spielen konnte. Heute kann man ihn spielen, daher spielen wir ihn.« Ich weiß aber, daß der damalige Trompeter den sehr wohl spielen konnte, und jetzt sage ich: das ist das komponierte Scheitern. Der Held in dieser Symphonie kann auch scheitern. Daher spiele ich das genauso, wie es Beethoven schreibt. Da hab' ich genug Beweise, weil ich mich für die historischen Sachen interessiere. Dazu hat Karajan Sachen gesagt wie: Das ist Gaslicht. Aber die Frage, ob das Scheitern ein Teil der Komposition ist, ist letztlich eine philosophische Frage.

Sie haben ja das Gaslicht neu entzündet. Die historischen Instrumente ...

Da hat die Generation nach mir die Dogmen aufgestellt. Bei mir gab's das nicht. Ich hab' gesagt, das Instrument ist nur ein Werkzeug. Ich kann mit den alten Instrumenten um so viel näher an die Substanz des Werkes herangehen, sodaß der heutige Mensch es begreift, daß das Werk dadurch sogar heutiger wird. Aber wenn das nicht geklappt hat, waren alte Instrumente nicht interessant für mich. Ich mag auch die Spezialisten nicht. Wenn es Musiker von heute sind, die auch alte Instrumente spielen, okay. Aber wenn es jetzt heißt, man müßte die Geige so halten, wie man sie vielleicht früher gehalten hat – da geh' ich nicht mit. Für mich geht es nur um die Inhalte.

Ist es Ihnen nicht auf die Nerven gegangen am Anfang Ihrer Karriere, daß Karajan überall schon war, daß er eine so weltumspannende Figur war? Die allen andern das Licht genommen hat?

Dieser Mann war für den Erfolg gebaut. Er ist an die Öffentlichkeit getreten mit dem Anspruch und dem Verhalten eines Weltstars. Das war durchgefeilt bis in die kleinsten Sachen. Wie er angezogen war, wie er sich gekämmt hat, wie er Auto gefahren ist, alles. Als Cellist hab' ich die kleinen Frisiergesten gesehen, der hatte so einen winzig kleinen Kamm hier in der Brusttasche stecken ... Aber mir ist das überhaupt nicht auf die Nerven gegangen. Die Generation vor ihm, das waren auch schon große Stars. Da hat es schon angefangen, daß auf den Plakaten der Name des Interpreten größer war als der des Komponisten. Karajan hat dadurch, daß er die Medien beherrschte wie kein anderer, alles noch übertroffen.

Ich bin 1929 geboren, also mehr als zwanzig Jahre jünger als er und Furtwängler. Ich war über vierzig, als ich als Dirigent in Erscheinung trat, da waren die Claims schon abgesteckt. Der Konflikt mit ihm war wirklich grotesk. Mitte der 70er hat mich die Direktion der Salzburger Festspiele gefragt, ob ich bereit wäre, dem Karajan einen Brief zu schreiben wegen dieser Sache. Ich hab' den Brief geschrieben und bekam eine Antwort, die war sehr nett. Wo ich denn hindenke, er kenne diese Sachen gar nicht. Ich hab' den Brief dem Präsidenten der Festspiele gegeben. Dann haben sie mich für eine große Opernproduktion engagiert. Aber bei der nächsten Sitzung hat Karajan angeblich gesagt: So lange ich lebe, kommt der mir nicht nach Salzburg. Ich hab' dann nichts draus gemacht. Ich hätte einen Skandal machen können.

Es gab einen anderen Skandal. Als Sie mit dem Pianisten Friedrich Gulda in Salzburg spielten, außerhalb der Festspiele.

Die Veranstalter hatten für den Abend vor der Festspieleröffnung den Residenzplatz gemietet und das Chamber Orchestra of Europe und Gulda. Wir haben uns überhaupt nichts dabei gedacht. Aber dann wurde in Salzburg derartig polemisiert gegen mich, daß Gulda seine offiziellen Konzerte bei den Festspielen abgesagt hat. Ich glaube, daß es wenige Musiker gibt, bei denen *ein* Musiker so starken Einfluß auf die Entwicklung genommen hat wie Karajan bei mir, dadurch, daß Institutionen mich abgelehnt haben. Das hat mir eigentlich leid getan. Denn am Anfang war eine sehr positive Stimmung zwischen uns.

Es ist interessant, daß Sie gar nicht das Gefühl hatten, der Gegen-Karajan zu sein, der Sie im öffentlichen Bewußtsein waren.

Ich war eher gegen das übliche Musikleben. Man geht abends ins Konzert, um sich von der Arbeit zu erholen und Schönheit zu trinken. Ich war der Meinung, daß die Musik absoluten Vorrang hat, daß sie Einblicke gibt, daß sie überhaupt nicht zur Erholung taugt, wenigstens nicht die Musik, die wir machen. Daß es der Sinn von Musik ist, den Menschen zu erschüttern und ihn zu verändern. Wenn etwas komponiert ist, um die Auseinandersetzung mit Leid und Tod zu schildern, dann hilft das den Menschen. Wenn das um alle Ecken und Aussagen herum poliert wird, kann man hinterher nur sagen, jetzt fühl' ich mich wieder wohl und bin für den nächsten Arbeitstag fit.

Aber dieses Wellnessprogramm hat doch Karajan bedient, wenn er es nicht sogar mit geschaffen hat.
Es würde mich interessieren, was er dazu sagen würde. De facto mag es so sein ...

Mittlerweile haben sich die Lager angenähert. Nicht nur, weil Sie nach seinem Tod bei den Festspielen auftreten konnten. Die etablierten Orchester haben viele Anregungen der historischen Aufführungspraxis übernommen, Sie haben auch die Berliner Philharmoniker dirigiert.
Das war ganz wichtig. Denn es wurde ihnen ja Bach weggenommen. Die Leute wollten nur mehr Bach mit alten Instrumenten hören. Dann wurde Mozart auch schon angenagt, damit hingen sie mit ihrer Klassik und Romantik und klassischen Moderne in der Luft. Es ist ganz schlecht für Musiker, sich zu spezialisieren. Das Interesse in den Orchestern wird immer größer. Ich muß bei den Proben mehr reden als andere Dirigenten, weil ich den Musikern erkläre, warum ... Karajan hat praktisch nichts erklärt, aber das war damals üblich. Das war fast der Stolz eines Dirigenten. Wer da als Orchestermusiker gefragt hat, warum soll ich das so machen, der ist sofort niedergeprackt worden. Ich habe als Cellist dreimal »warum« gefragt, und die Dirigenten haben gesagt: »Weil ich's so will.«

Haben Sie sich von Karajans Ego, als Sie noch unter ihm spielten, an die Wand gedrückt gefühlt?
Ich glaube, ich war nicht leicht verwundbar. Ich war, wie ich bin, und das hab' ich total vertreten. Verwundbar war ich wahrscheinlich schon. Wie soll ich denn das sagen ... Wir waren sieben Geschwister, ein sehr gebildeter und sehr vielseitiger Vater, und ich hab' immer meine eigene Meinung gehabt. Für mich hieß es, was die andern machen,

ist mir wurscht, ich mach' meine Sache. Insofern hat mich sowas nicht an die Wand gedrückt.

Später wurde Karajan als Gipfel der früheren Generation eine Figur, gegen die man sich absetzen konnte ...

Ja, man hat sich automatisch abgesetzt. Und jetzt müßten Sie eigentlich die Fünfzigjährigen fragen, wie die sich dann von uns absetzen. Ich werde oft auf meine Nachfolge angesprochen. Da bin ich so wie die zweifelnden Väter und sage: die Legitimität der Nachfolge ist nicht immer klar, da will ich die Vaterschaft durchaus nicht immer anerkennen.

Sie und Karajan waren die beiden Dirigenten in der zweiten Hälfte des 20. Jahrhunderts, die auf dem Schallplattenmarkt am stärksten vertreten waren. Wer hat mehr verkauft?

Per saldo würd' ich sagen, er. Sie finden Karajan in jedem Plattenschrank. Aber mehr Werke aufgenommen hab' ich auf jeden Fall.

Und was bleibt von Karajan? Als er gestorben ist, war es verblüffend, wie schnell er aus dem öffentlichen Bewußtsein verschwand.

Man überschätzt die Interpreten und man unterschätzt die Schaffenden. Es ist ja schon die Frage, ob der Interpret überhaupt ein Künstler ist. Man nennt alle, die mit Kunst beschäftigt sind, Künstler. Dadurch, daß es Aufnahmen gibt, kommen dann Fragen: Wie hat der das gemacht, wie hat der das Problem gelöst? Es gibt vielleicht Anstöße, die weiterwirken. Aber daß da etwas geschaffen ist, was bleiben muß, das kann man von sich wirklich nicht behaupten. Jeder Komponist, jeder Dichter, jeder Bildhauer kann Bleibendes schaffen, aber der Interpret? Falsch und richtig ... die Leute in dreißig Jahren werden lachen über das, was wir heute machen.

Schön durch Schmutz

Gesprächspartner: Joachim Kronsbein

Erstveröffentlichung: DER SPIEGEL 45/2007

Herr Harnoncourt, vor fünfzig Jahren startete die Plattenfirma Teldec die Reihe Das Alte Werk *mit Ihnen als fleißigstem und prominentestem Mitarbeiter. Jetzt erscheinen die wichtigsten Aufnahmen nach und nach als Reedition. Haben Sie damals geahnt, welche Bewegung Sie damit auslösen würden, Alte Musik auf Originalinstrumenten aufzuführen?*

Nein, das war absolut nicht zu ahnen. Meine Mitstreiter und ich waren damals ja an einer Hand abzuzählen. Wir waren aber vollkommen überzeugt, daß das geschehen muß. Das lag in der Luft. Uns hat interessiert: Was lehren uns die alten Instrumente? Warum klingt die Musik von Bach auf den Instrumenten, die er damals hatte, ganz anders? Und warum soll man primitive, alte Instrumente überhaupt verwenden, wo es doch die angeblich viel besseren modernen gibt? Bei der Antwort half mir meine Knödeltheorie. Schauen Sie: Die Flöte hat sich im Laufe der Jahrhunderte aus einem bearbeiteten Rohr aus Holz oder Knochen entwickelt. In der Geschichte dieses Instrumentes gibt es einen Punkt, wo die Flöte ihr Maximum erreicht hat. Diesen Punkt würde ich irgendwann um 1500 ansetzen, vielleicht ein bißchen früher. Ab dann können Sie nichts mehr hinzufügen, da können Sie nur etwas wegnehmen und woanders dazugeben.

Wie beim perfekten Knödel?

Ja, ganz genau. Und ich bin dann in meiner Primitivität auch darauf gekommen, daß die Knödeltheorie sich überhaupt auf das Leben anwenden läßt. Man kann viele Dinge verbessern, schneller machen oder effektiver, aber immer verliert man dabei auch irgend etwas. Wenn ich das weiß, dann lautet die zweite Frage: »Ist es das wert?«

Vermutlich nicht, nach Ihrer Kunst- und Knödeltheorie.

So ist es. Sie können die Quantität der Substanz nicht verändern. Wenn die Klavierbauer es geschafft haben, die modernen Konzertflügel immer lauter zu machen, denken wir erst einmal: tolle Sache. Im nachhinein gesehen, ist die Frage: Habe ich nicht leichtfertig etwas aufgegeben? Also wie im Märchen *Hans im Glück*: Für ein Goldstück habe ich zum Schluß einen Stein bekommen.

Das Wesentliche in dem Märchen ist, daß der Preis zu hoch war für das Gewonnene. Bleiben wir bei den Flöten, für die Bach komponiert hat. Da hat er etwa Sachen geschrieben, die ein damaliger Flötist kaum spielen konnte, Bachs Musik bekam durch die Mühe, durch diese Nähe zur Unspielbarkeit, eine ganz andere Dimension. Auf einer chromatischen, modernen Flöte klingt jede Tonart gleich leicht oder gleich schwer. Wenn die komponierte Schwierigkeit plötzlich wegfällt, fehlt eben eine wesentliche Dimension eines Werkes. Und dann fragt man sich, warum man etwas, was vor Jahrhunderten gemacht worden ist, heute aufführt? Das ist eine ganz entscheidende Frage.

Und wie lautet Ihre Antwort?

Bleiben wir bei der Barockmusik. Ich wußte, da ist eine unheimlich leidenschaftliche Kunst im 17. und 18. Jahrhundert. Nehmen wir nur diese ungeheuer kraftvollen Skulpturen von Bernini. Und dann schaue ich mir die Musik an, die zur selben Zeit entstand. Diese Musik von Händel und Corelli haben wir vor 50 Jahren noch so ungemein langweilig gespielt. Schrecklich. Und diese Diskrepanz, die habe ich wahrgenommen. Die war für mich der Auslöser. Ich habe mir gesagt, da fehlt die Leidenschaft, die in der Musik eben auch stecken muß.

Und diese Passion war mit dem modernen Instrumentarium nicht wiederzugeben?

Nein. Wir fingen so gegen 1948 an. Da war schon meine Frau Alice dabei. Ich habe eine Studentenbude in Wien gehabt, und ein paar Freunde haben ihre Wohnzimmer zur Verfügung gestellt. Wir sind, so oft wir konnten, jede Woche zusammengekommen und haben die ganze Bibliothek der Wiener Musikakademie leergespielt. Wir haben natürlich die Instrumente verwendet, die wir hatten. Und wir kamen bald drauf, daß uns die Instrumente von früher fehlten. Und dann haben wir die von Joseph II. aufgehobenen Klöster abgegrast, da gab es sehr oft noch Instrumente aus der Zeit vor der Aufhebung, die nicht verändert waren.

Auf dem Speicher?

Ja, oder in einer Orgel, dort lagen plötzlich zwei Geigen drinnen, die seit 1782 niemand mehr in der Hand gehabt hatte. Dann gab es in Wien das Kunsthistorische Museum mit eigentlich der bedeutendsten Sammlung ganz früher Instrumente. Die Leute waren damals so hilfsbereit, die haben uns jede Vitrine aufgesperrt, und wir saßen Stunden und Stunden in dem Museum und haben auf den Instrumenten gespielt. Und da ist uns der Reichtum der Klänge im Verhältnis zu dem, was wir heute haben, aufgefallen. Die Klangpalette zwischen 1500 und 1800 ist einfach irrsinnig reich. Und mit modernen Instrumenten absolut nicht herstellbar.

Viele Menschen halten das Musizieren auf Originalinstrumenten immer noch für flachbrüstiges Gezirpe und Gezupfe, kraftlos und blutarm.

Völliger Blödsinn. Da gibt's tausend Klänge. Ein radikales Beispiel ist das Klavier. Da hören Sie heute praktisch überhaupt keine Obertöne mehr. Das ist ein Ton, als ob Sie auf Glas schlagen. Ich weiß jetzt, warum ich mich als Kind geweigert habe, Klavier zu spielen – weil ich den Ton so häßlich fand. Ich fand das, was man darauf spielen kann, toll, aber der Klang des Klaviers selbst war für mich uninteressant. Ich fand bei den alten Tasteninstrumenten plötzlich von obertonreichen, summenden Baßklängen bis zu ganz reinen Klängen Klangfarben, die es längst nicht mehr gab. Und ich habe dann eine Theorie aufgestellt: Wie häßlich ist schön? Was ist eigentlich schön am Klang? Die Stimme eines Sängers oder einer Sängerin wird erst schön durch den Schmutz.

Klassisches Beispiel: die, um bei Ihrer Begrifflichkeit zu bleiben, schmutzige Stimme der Callas.
Die sich von anderen Stimmen durch eine größere Beimengung von Nebengeräuschen auszeichnet; herrlichen Nebengeräuschen, was die Stimme identifizierbar und ergreifend macht, sie wird persönlich und menschlich. So ist es bei der Violine auch. Wenn der Geigenton geräuschfrei wäre, dann wäre er unerträglich, dann wäre er neutral, synthetisch. Nehmen Sie etwa die *Symphonie Fantastique* von Hector Berlioz.

Ein Werk der französischen Romantik, nicht gerade Alte Musik.
Aber interessant als Beispiel. Wenn Sie die mit den Blasinstrumenten hören, für die sie komponiert wurde, dann haben Sie an manchen Stellen wirklich das Gefühl, der Teufel furzt. Aber wenn Sie das mit den modernen Tuben spielen, dann ist der Teufel vorher in die Berliner Musikuniversität gegangen und hat dort gelernt, wie man vornehm flatuliert. Natürlich würde ich so ein Stück nur mit Originalinstrumenten aufführen.

Haben Sie es mal gemacht?
Nein, dazu ist mir die Musik zu uninteressant. Wenn Sie mich schon fragen, ich könnte Berlioz überhaupt nicht aufführen, weil bei ihm das große Ich alles übertönt. Und ein Komponist, der immer nur von sich erzählt, das ist …

… ein Egobrüller?

Ein totaler Egobrüller. Das interessiert mich überhaupt nicht. Schubert erzählt auch von sich, aber er vermittelt mit seinen Erfahrungen Allgemeines. Das betrifft jeden. Er hatte da ein großes Erlebnis, faßt es in Musik, und plötzlich erkennen wir alle dieses Erlebnis, von dem er in seiner Musik erzählt, wieder.

Ist das das Kriterium für gute Musik?
Für mich scheiden die Egokomponisten aus.

Wer ist das außer Berlioz?
Am auffallendsten Berlioz und Mahler. Jetzt kann ich natürlich nicht sagen, daß Mahler schlechte Musik ist. Ich habe nur keine Beziehung dazu.

Auch nicht zu den ergreifenden Liedern?
Dazu müßte ich mich zu sehr verändern. *Lieder eines fahrenden Gesellen* hat mich sehr ergriffen. Ich habe selbst im Orchester gespielt, als Fischer-Dieskau sie sang. Und das ging unter die Haut. Und dann frage ich mich: »Will ich das aufführen?« Und dann sage ich sofort: »Nein.« Ich kann nicht genau sagen, warum.

Ihre Abneigung gegen Rossini hat sich in Musikerkreisen schon rumgesprochen?
Ich finde es wirklich brillant, was er kann, aber er hat keinen einzigen Herzenston. Nein, ich verzeihe ihm das schon, weil er das selbst gewußt hat. Ich hätte gar nichts dagegen, einen guten Rossini aufzuführen, aber daß ein Komponist ein ganzes Leben lang keinen Herzenston hinkriegt, ist schon merkwürdig.

Ihre Liste ist doch noch nicht am Ende?
Na gut: Ich würde Richard Strauss auch nicht aufführen. Dafür habe ich wieder einen anderen Grund. Da finde ich eine so wahnsinnige Begabung, also wahrscheinlich die größte Originalbegabung, den schönsten Götterhauch seit

Mozart. Und dann das wenige, das er damit macht, das kann ich ihm nicht verzeihen. Mit dieser Begabung hätte er was ganz anderes machen müssen. Da gibt es Anklänge mit *Salome* und *Elektra*.

Er ist unter seinem Niveau geblieben?

Ja. Er hat immer mit der linken Hand komponiert. Ich kann mir das nicht erklären. Ich kann nicht erklären, daß ein so beschenkter Mensch dann so bescheiden mit seinen Mitteln umgeht. Vielleicht tue ich ihm unrecht, weil mir nur die Antenne fehlt.

Von der Alten Musik haben Sie sich ja konsequent wegbewegt. Sie dirigieren inzwischen, in aller Welt gefeiert, Schumann, Schubert, Wagner, Verdi. Bleiben da Wünsche offen?

Ja und nein – man kann eben nicht alles machen. Ich habe höchstens ein kleines Bedauern, daß ich noch viele andere Interessen hätte und denen einfach nicht nachgehen kann und konnte. Ich darf mich nicht beklagen. Wenn ich zurückschaue, was ich nicht sehr gerne tue, muß ich sagen: Es war wunderbar.

Den Orchestergraben zu verlassen, um Dirigent zu werden, war also die beste Entscheidung Ihres Lebens?

Außer der, meine Frau zu heiraten. Im Orchester zu sitzen, kann entsetzlich sein. Es hat jeder Orchestermusiker viele Schreckenserlebnisse, weil er immer das machen muß, was ihm ein anderer sagt. Dabei ist er selbst ein Vollmusiker.

Kennen Sie Anfechtungen, Krisengefühle?

Ja, die kenne ich. Aber diese Krise, daß ich sage: »Ich muß jetzt ein Jahr aufhören«, die hatte ich nicht. Aber ich muß sagen, ich kann mir ein Leben ohne dauernde Krisengefühle überhaupt nicht vorstellen.

Hilft da nicht die Musik? Tröstet sie?

Sie kann es, aber generell zu behaupten, Musik tröstet, würde ich nicht akzeptieren. Musik kann auch Einblicke schaffen und Abgründe eröffnen. Das wäre dann überhaupt kein Trost.

Musik spricht nicht zu jedem. Gibt es unmusikalische Menschen?

Es gibt Menschen, die gewisse Dinge nicht hören können, das ist dann aber eine organische Fehlleistung. Vergleichbar mit der Farbenblindheit. Wenn es aber heißt, meine Kinder können nicht singen, dann würde ich sagen, die Eltern sind schuld, weil sie nicht mit ihren Kindern gesungen haben. Es kann praktisch jeder singen. Er muß die Töne finden, und um das zu können, muß er es von klein auf tun. Der unmusikalische Mensch ist der, der das Pech hat, daß er in seiner Umwelt keine Berührung mit Musik hatte. Wir sind uns weltweit einig, daß jeder Mensch ein Recht darauf hat, Rechnen, Schreiben und Lesen zu lernen.

Und jeder sollte singen lernen?

Natürlich! Unbedingt! Heute ist man leider nicht mehr der Meinung, daß die Schule auch seine phantastische Seite zu bilden hat mit der Kunst. Das war sehr lang ein Teil des Erziehungskodex. Es gab keinen Volksschullehrer, der nicht singen, nicht Geige oder Klavier spielen konnte. Es wird in den letzten Jahrzehnten zunehmend die Brauchbarkeit des Menschen, die Nützlichkeit in den Vordergrund gestellt, eine die Habgier als Hauptlebensziel hervorhebende Nützlichkeit. Und in diesem Denken scheint die Kunst keinen Platz zu haben.

Wirkt sich das auf den Komponistennachwuchs aus? Verkümmert da irgendwo ein vernachlässigtes Genie?

Das kann ich mir nicht vorstellen. Ein van Gogh blieb unerkannt zu Lebzeiten, das schon, dann wurde er erkannt. Schubert hörte seine Symphonien überhaupt nie in seinem Leben, und heute wissen wir, daß es von der ersten Symphonie an Genieblitze sind. Also, das verkannte Genie, auf die Dauer, das kann ich mir nicht vorstellen. Jede Zeit braucht eine große Menge von Künstlern, um den Kunstbedarf zu decken. Das ist heute ein bißchen anders, aber früher war das einfach so. Und eigentlich konnte jeder Militärkapellmeister komponieren. Der Operettenkomponist Franz Lehár war eigentlich Marinekapellmeister. Und so gab es in jeder Garnison einen, der komponieren konnte. Das ist die Gebrauchsmusik. Und da gibt es eben einzelne, die Werke schaffen, die nicht verlorengehen dürfen, weil der Mensch ohne die einfach nicht weiterexistieren kann.

Warum ist denn die zeitgenössische Musik so weit vom Menschen entfernt? Warum empfinden die Menschen das jedenfalls so?

Das ist eine ganz große Frage. Die kann ich auch nicht beantworten. In meinen Augen ist mit der Zwölftonmusik ein riesiger Fehler passiert, weil es keine zwölf Töne gibt. Jedem Physiker sträuben sich die Haare, wieso das gerade zwölf sein sollen. Es könnten genauso 16 sein. Und daß die dann noch gleich groß gemacht werden, also zwölf gleiche Halbtöne, wo überhaupt kein Intervall mehr stimmt außer der Oktave, das könnte ein Irrweg gewesen sein vom Schönberg.

Ein genialer Irrweg?

Genial würde ich nicht sagen, aber zum Beispiel die Benützung dieses Irrweges durch Anton Webern oder durch Alban Berg finde ich genial. Bergs Benützung der Zwölftonmusik als tonale Musik ist unglaublich. Wenn der noch zwanzig Jahre länger gelebt hätte, da hätte er vielleicht einen großen Schalter herumlegen können. Im Moment finde ich es schon eine große Sackgasse. Nehmen Sie Bruckner und Schubert, die ich demnächst wieder aufführe, das sind zwei Komponisten, die beide keine Vorgänger und keine Nachfolger haben.

Wie Bach und Mozart.

Das sind zwei Gipfel, die aus der Musikgeschichte herausragen. Trotz Beethoven, Bruckner, Schubert und allen anderen.

Können Sie mit dem Ausspruch etwas anfangen, daß die Engel, wenn sie mit Gott zusammen sind, Bach spielen, und wenn sie allein sind, Mozart?

Blödsinn. Wer das sagt, sollte mal einen richtigen Mozart hören, dann wird er sofort merken, wie sich da die Höllentüren öffnen.

Wann kommt ein neuer Mozart?

Da muß es auch einen Vater dazu geben, einen, der sofort sagt, ich gebe meinen Beruf auf, sehe meine Lebensaufgabe jetzt in der Erziehung dieses Kindes. Davor habe ich Hochachtung. Als Wolfgang Amadeus drei Jahre alt war, da hat der Vater Leopold schon gemerkt, was er da für ein Nichtkind hat. Er gibt ihn in keine Schule. Er hat die gesamte Erziehung des Kindes übernommen. Es gab wirklich kein Gebiet, auf dem er nicht auf dem Stand der Zeit war. Das Resultat Mozart war optimal, absolut optimal. Und komplett unverständlich.

In welchem Sinne?

Wo kommt dieses Genie her? Da ist die Evolutionstheorie nicht mehr möglich. Dorthin evolvieren wir einfach nicht.

Kunst ist immer oppositionell

Gesprächspartner: Bernhard Odehnal
Erstveröffentlichung: Weltwoche, 2003

Als Sie Anfang April in Luzern Die Schöpfung von Haydn
aufführten, standen Sie wahrscheinlich so wie alle unter
dem Eindruck des Krieges im Irak. Haben Sie deshalb
anders dirigiert?

Jede kriegerische Auseinandersetzung geht mir an die
Substanz. Ich selbst bin ja ein Kriegskind: 1944 mußte ich
als 14jähriger in Graz nach den Bombenangriffen in den
Ruinen nach Opfern graben. 1945 wäre ich beinahe noch
eingezogen worden. Ich mußte auch zur Hitlerjugend. Das
alles hat mich sehr geprägt. Es überschattet mein Leben
bis heute. Aber hat mich der Irakkrieg deshalb beeinflußt?
Nein. Sonst müßte ich Mozarts *g-Moll-Symphonie* einmal
dem Gedenken an den Bürgerkrieg in Nigeria widmen, ein
anderes Mal einem großen Erdbeben. Mit dem ganzen
Elend der Welt mitleiden – das schafft niemand.

Was wäre Ihre Stellungnahme gegen den Krieg gewesen?

Man wollte ständig von mir Stellungnahmen. Aber es
geht niemanden was an, was ich denke. Mein Handeln
wird immer politisch bestimmt sein. Wenn ich will, werde
ich demonstrieren und schreien. Aber ich werde nicht auf
Knopfdruck eine Meinung haben. Künstler sind normalerweise sehr aufgeblasen und meinen, daß ihre Meinung
einen größeren Wert hätte. Tatsächlich sind sie genauso
blöd wie alle anderen Menschen. Warum sollten gerade
sie etwas zum Krieg sagen und nicht die Metzger oder die
Friseure?

*Ist es nicht eher so, daß viele Interpreten der »ernsten Musik«
die Kunst noch immer so wie in der Romantik als etwas
Heiliges, über Politik und Alltag Stehendes sehen?*

Das glaube ich nicht. Künstler haben sich immer politisch geäußert, und Kunst ist immer oppositionell. Wenn der Papst bei einem großen Maler ein Bild in Auftrag gab, wußte er, daß er verherrlicht und zugleich scharf kritisiert wird. Die Jubelkunst ist keine Kunst. Hitler und Stalin haben das versucht, und es ist nichts dabei entstanden. Wenn man sie für den Jubel bezahlt, werden selbst große Künstler ganz klein.

*Sie gelten als Spezialist für Musik des Mittelalters und des
Barock. Was ist daran oppositionell?*

Ich frage mich bei jedem Werk: Welche Bedeutung hatte es zur Zeit seiner Entstehung? Was wollte der Komponist, welche Wirkung erreichte er? Wie reagierte das Publikum auf eine Aufführung der *Brandenburgischen Konzerte* zu Zeiten Bachs? Und ich entdecke: Sie haben sich auf den Boden geworfen und ihre Kleider vom Leib gerissen. Toll!

Das Publikum hat sich zu Boden geworfen?

Für die Zeit Bachs ist das eher metaphorisch gemeint. Aber im Mittelalter gab es einen blinden Musiker, Francesco Landino, der konnte mit einer winzig kleinen Handorgel – die war bestimmt nicht lauter als die heutige Mundharmonika – die Leute so begeistern, daß sie sich zu Boden warfen und ihre Kleider zerrissen. Das tun sie heute nicht mehr.

Sie tun es schon noch, aber bei Popkonzerten.

Genau, das ist ja auch ein Grund meines Schmerzes.

*Sie hätten gerne, daß sich die Zuhörer auch bei Ihren
Konzerten die Kleider zerreißen?*

Na klar! Sie sollten es tun! Aber leider glauben sie, daß sie es nicht dürfen.

Wenn ich mir bei Ihrem nächsten Konzert das Hemd zerreiße,
werde ich entweder verhaftet oder bekomme Saalverbot auf
Lebenszeit.

Leider. Das sind noch diese Rituale aus dem 19. Jahrhundert, das bürgerliche Konzertleben: Sie gehen in einen schönen Saal mit vielen Sitzreihen, müssen sich setzen und still sein. Bis jetzt ist niemandem etwas Besseres eingefallen. Aber das kann auf Dauer nicht so bleiben.

Sie schreiben in Ihrem Buch »Musik als Klangrede«, daß zu
Zeiten Mozarts auch mitten im Stück geklatscht ...

... und »Bravo« gerufen wurde!

Wer heute den Sätzen einer Symphonie applaudiert, wird als
Musikbanause betrachtet.

Das haben die Leute in Amerika bei unseren Konzerten aber gemacht, und ich war ganz glücklich darüber. Früher war das absolut üblich. Aber heute gibt es einen anderen Benimm-Kodex: Man applaudiert nicht während eines Stückes.

Sie hätten Jazz spielen sollen, dort darf man das auch heute
noch. Was fasziniert Sie so an der Alten Musik?

Ich habe mich erst mit 17 Jahren entschlossen, Musiker zu werden. Vorher beschäftigte ich mich mit Bildhauerei. Ich fand das italienische Barock toll: die Vitalität des Lebens im 16. und 17. Jahrhundert, die Bauten und Statuen von Francesco Borromini und Gian Lorenzo Bernini. Aber die Musik aus dieser Zeit klang irrsinnig fad. Das hat mich irritiert. Wie konnte Bernini so aufregende Häuser bauen und Händel oder Corelli dazu so langweilige Musik komponieren? Das ist ein Widerspruch.

Dabei wurde die Musik im 20. Jahrhundert nur
langweilig gespielt?

Das war die Nachkriegszeit. In Wien gingen wir in die Musikakademie über Schutthaufen. Man wünschte sich damals Frieden und Normalität – und dazu eine sehr süße, zuckrige Musik. Unsere Generation aber wollte nicht beruhigen. Ich saß im Orchester als Cellist, am Programm stand eine Todessymphonie, und wir spielten das als nettes, liebliches Werk. Da stimmte etwas nicht.

Deshalb gründeten Sie vor 50 Jahren Ihr eigenes Ensemble, den Concentus Musicus?

Das passierte in einem kleinen Zimmer in Wien. Wir waren zuerst drei, dann vier, dann fünf Musiker. Einer von ihnen hat gesagt: er macht nur mit, wenn wir fünfzig Prozent zeitgenössische Musik spielen. Das fanden wir gut, aber es wurde dann bald zu hundert Prozent Alte Musik daraus: vom Jahr 1200 bis zu Haydn. Wir verdienten unser Geld bei den Wiener Symphonikern, und die spielten sämtliche Ur- und Erstaufführungen. Damit war unser Bedarf an zeitgenössischer Musik gedeckt.

Sie wollten mit Ihren neuen Interpretationen alter Werke den Musikbetrieb auf den Kopf stellen?

Es wurde eine Revolution, aber sie war nicht beabsichtigt. Wir hatten nicht einmal die Absicht, Konzerte zu veranstalten. Ein Freund schrieb uns dann einen Brief, der begann mit der Frage: »Seid's ihr deppert?«, und endete mit der Forderung, wir sollten endlich an die Öffentlichkeit gehen. Wir mieteten selber die Säle, stellten Stühle auf, malten Plakate. Die Konzerte waren auf Anhieb ausverkauft, dann saßen auf einmal Plattenproduzenten und Konzertveranstalter im Publikum. Wir hatten eine Lawine losgetreten. Es gab aber auch ganz starken Widerstand. Man bezeichnete uns als »die Spinner mit ihren alten Instrumenten«.

Warum wollten Sie unbedingt auf alten Instrumenten spielen?

Ich wählte jene Instrumente, mit denen wir die Inhalte der Werke am besten darstellen konnten. Ich spiele aber keine Stücke, die zur Zeit ihrer Entstehung wichtig waren, heute jedoch keine Bedeutung mehr haben.

Lehnen Sie die Verwendung neuer Instrumente ab?

Jede Verbesserung ist zugleich auch eine Verschlechterung. Da wird mir sicherlich auch Ihr Photograph hier zustimmen: Durch die digitale Technik ist sein Handwerk einfacher geworden, hat aber an Qualität verloren. Unsere Musikinstrumente waren etwa um 1500 ausgereift. Ab dann wurden sie oft verändert, verloren aber auch Qualitäten. Moderne Musikinstrumente kenne ich gar nicht. Die Instrumente eines »modernen Orchesters« sind ja hundert Jahre alt.

Elektronische Instrumente gab es vor hundert Jahren noch nicht.

Die imitieren auch nur das Pfeifen einer Orgel oder das Schnarren einer Klarinette. Und die alten Instrumente imitieren den Klang der Stimme. Mit dem Singen hat alles begonnen: Zwei Stimmbänder reiben über einem Resonanzraum aneinander. Wenn ich das nachahmen will, nehme ich zwei Rohrblätter und klebe sie an ein Holunderrohr: eine Oboe. Wo sind die sogenannten modernen Instrumente? Bei elektronischen Instrumenten höre ich nur Nachahmung, keine neuen Klangwelten.

Ihr jüngster Erfolg war das Neujahrskonzert mit den Wiener Philharmonikern. Der berühmte Interpret von Bach und Mozart spielt jetzt Walzer von Johann Strauß?

Ich habe Strauß lange vor dem Neujahrskonzert in Amsterdam gespielt, da habe ich fünf Proben dafür verlangt. Das ist ungewöhnlich viel. Aber ich habe den Musikern gesagt: Für mich ist die Musik von Strauß genauso groß wie die *Matthäus-Passion*. Da ist den Holländern alles runtergeflogen, denn etwas Größeres als die *Matthäus-Passion* kennen die nicht. Ich habe dann eine ganze Probe lang nur einen Walzer spielen lassen. Dann haben sie es verstanden. Strauß hat eine sehr interessante, doppel-, tripelbödige Musik komponiert. Es gibt bei Strauß kein Lachen ohne Weinen.

Sie haben Tabus gebrochen, das bürgerliche Konzertpublikum nachhaltig verstört. Und jetzt dirigieren Sie das Neujahrs-

konzert, und das Bürgertum klatscht brav den Radetzky-Marsch *mit. So endet eine Revolution?*

Diesen Vorwurf habe ich schon oft gehört. Übrigens empfinde ich das Schimpfen aufs Bürgertum als rassistisch. Aber ich sage Ihnen ehrlich: Ich habe mich sehr gefreut, daß mich die Philharmoniker zum Neujahrskonzert eingeladen haben. Für mich war das eine gute Möglichkeit, vor einer großen Öffentlichkeit interessante Musik zu machen. Mit der Unterstützung aller Musiker. Die Wiener Philharmoniker sind ja weltweit das einzige Orchester, das nie unter einem Dirigenten spielt, den es nicht will.

Für große Orchester wie die Wiener oder die Berliner Philharmoniker sind die Symphonien von Mozart oder Beethoven Routinearbeit. Kann ein Dirigent die Musiker überhaupt noch beeinflussen?

Die Arbeit mit einem Orchester hat nur einen Sinn, wenn sie kontinuierlich ist. Ich bin wahrscheinlich der einzige Dirigent in meiner Kategorie, der nur mit drei großen Orchestern arbeitet: dem Amsterdamer Concertgebouw Orchestra, den Berliner und den Wiener Philharmonikern. Daneben habe ich noch das Chamber Orchestra of Europe und meinen Concentus Musicus. Ein Orchester ist ja keine blockartige Einheit. Da gibt es 75 Menschen, und jeder hat seine eigene Meinung. Wenn diese Leute einem Dirigenten gegenübersitzen, der kein Konzept hat, spielen sie ihre *g-Moll-Symphonie*, wie sie wollen, und der Dirigent schlägt dazu irgendwie den Takt. Wenn ein Orchester mich holt, dann weiß es, daß ich ein Konzept habe und daß ich den Dialog suche. Jeder Musiker kann und soll mich fragen: »Warum spielen wir das jetzt so?« Ich habe seit 1952 als Cellist bei den Wiener Symphonikern gespielt und sehr darunter gelitten, daß die Dirigenten nie das »Warum« beantworteten.

Und deshalb haben Sie die Symphoniker verlassen?

Ja, das war allerdings erst 1969.

*Sie haben im Orchester oft unter Herbert von Karajan gespielt.
Haben Sie unter ihm besonders gelitten?*

Eigentlich am wenigsten. Er hat immer ein Konzept gehabt. Mein Leiden entstand durch Konzeptlosigkeit und das bloße Pochen auf Autorität.

Karajan hat doch auch vor allem mit Autorität und Angst gearbeitet?

Nicht nur er. Das war damals so üblich: Wenn ein Dirigent das Gefühl hatte, seine Autorität wankt, holte er einfach einen Musiker heraus und ließ ihn alleine vor dem ganzen Orchester spielen. Da bekam jeder im Orchester Angst, es könnte ihn als nächsten erwischen. Und sofort war die Disziplin wieder da. Angst ist ein sehr gefährliches Mittel. Aber sie wurde damals benutzt, um eine Idee zu verwirklichen, ein positives Ziel zu erreichen. Ohne Konzept zu dirigieren, ist hingegen künstlerisch nicht vertretbar. Das finde ich viel ärger als Angst. Karajan wußte immer, was er wollte. Deshalb mußte ich ihn nicht fürchten.

Karajan starb vor 14 Jahren. Heuer wird sein 90. Geburtstag pompös gefeiert, es erscheinen neue »Best of«-CDs. Offenbar zieht der Starkult, den er selbst etablierte, immer noch?

Der Starkult war nicht Karajans Erfindung. Den gab es schon bei Furtwängler und Toscanini. Heute hat sich dieser Starkult bei Dirigenten fast völlig aufgehört.

Vielleicht doch nicht ganz: Sie selbst werden oft als »der neue Karajan« bezeichnet. Irritiert Sie das?

Es hat mich vor zwanzig Jahren irritiert, als man mich den »Karajan der Alten Musik« nannte. Heute höre ich gar nicht mehr hin.

Was war der Grund, daß Sie mit Ihrer Frau in der Nähe von Zürich ein Haus mieteten?

In Amsterdam und Wien dirigiere ich Konzerte, in Zürich vor allem Opern. Das bedeutet lange Vorbereitungszeiten und häufige Aufführungen. Ich bin mehrere Monate pro Jahr in Zürich, länger als an jedem anderen Ort. Deshalb habe ich mich hier niedergelassen.

Würden Sie nicht lieber an der Wiener Staatsoper dirigieren?
Ich habe auch in Wien einige Opern dirigiert. Aber dort herrscht Repertoirebetrieb: Das Stück bleibt, die Sänger und die Dirigenten wechseln ständig. Eine von mir einstudierte Oper wird dann von drei anderen Dirigenten geleitet, bevor ich sie wieder in die Hände bekomme. Das ist nichts für mich.

Zürich ist anders?
Völlig anders. Wenn ich in Zürich eine Oper einstudiere, weiß ich genau, was damit geschieht. In Übereinstimmung mit dem Haus. Ich konnte hier einen Monteverdi-Zyklus dirigieren, der wurde legendär. Ebenso der Mozart-Zyklus. Ich habe zum Haus und zum Orchester eine ganz besondere Beziehung und bin für die Möglichkeiten, die ich hier bekommen habe, sehr dankbar. In Zürich waren wir wirklich Partisanen – und sind es noch immer.

Ist auch das Zürcher Publikum anders?
Es ist besonders, weil mehrsprachig. Wenn wir hier eine Mozartoper spielen, reagiert das Publikum auf die Rezitative, weil es Italienisch versteht. Wenn in Wien nicht zufällig zwei Autobusse Italiener im Publikum sitzen, herrscht während der Rezitative Totenstille. Wenn wir in Zürich eine Offenbach-Operette auf Französisch machen, reagiert das Publikum ebenfalls.

Weniger Glück haben Sie mit Ihren Plattenverträgen: Die Teldec, eine Tochterfirma von Time Warner, hat Sie gekündigt?
Ich hatte mit der Zustimmung des Warner-Konzerns von Teldec einen Vertrag auf Lebenszeit bekommen. Dann kam die Krise, viele Leute wurden entlassen, wir hatten plötzlich andere Gesprächspartner, und auf einmal mußte der Vertrag aufgelöst werden. Das war vor zwei Jahren.

Kam das für Sie überraschend?

Das hängt mit der Entwicklung der Schallplatten- und CD-Industrie zusammen. Früher waren das relativ kleine Gesellschaften, wie die Telefunken. Die hatte ein Nest von Technikern und Erfindern in Berlin, die künstlerisch wertvolle Aufnahmen machen wollten. Man wußte aber: Mit Kunst ist kein Geld zu verdienen. Und meiner Meinung nach darf man auch kein Geld verdienen wollen, das paßt nicht zusammen: Kunst kostet etwas, sie bringt kein Geld.

Ich bin zuerst zu Telefunken, dann zu Teldec, das war der Zusammenschluß von Telefunken und Decca: ein größerer Betrieb, aber immer noch überschaubar. Da gab es den Produzenten und über ihm den Direktor, und wir haben jeden Menschen gekannt, der im Unternehmen etwas zu reden hatte. Dann wurde in den Vereinigten Staaten das Time Magazine von den Warner Brothers gekauft, und Time Warner hat dann die Teldec gekauft, und der ganze Konzern wurde von America Online gekauft. Niemand weiß mehr, wer eigentlich das Sagen hat. Es geht nur mehr ums Geld. Sie glaubten, weil sie mit Madonna Geld machten, könnten sie das mit der Klassik auch. Aber das funktioniert nicht. So kann man vielleicht Autos oder Hühner verkaufen, aber keinesfalls Kunst.

Die Symphonien von Bruckner, Beethoven oder Mozart wurden seit Erfindung der Schallplatten dutzende Male aufgenommen. Warum sollte man sie immer wieder neu einspielen?

Das ist eine interessante Frage: Warum sind die Leute vor hundert Jahren in Uraufführungen gegangen und haben daneben auch noch Beethoven gehört? Und warum sind heute nur Wiederholungen interessant, und man nimmt ab und zu eine Uraufführung in Kauf? Die zeitgenössische Musik spielt heute leider kaum eine Rolle. Das ganze Geschäft besteht aus der Wiederholung des Alten.

Ist die zeitgenössische Musik schlechter als die klassische?

Ganz sicher nicht. Sie ist wie ihre Zeit. Möglicherweise baut der Beethoven von heute gerade die Brücken in die Zukunft. Wir kennen ihn nur noch nicht.

Einige Ihrer Kollegen wollen die Krise meistern, indem sie Geigenkonzerte im hautengen Lederdreß spielen oder Debussy remixen. Ist Crossover die Zukunft?

Das ist das verzweifelte Strampeln eines Ertrinkenden. Man behauptet, die Klassik funktioniere nicht mehr, etwas Neues müsse her. Dann kommen die drei Tenöre. Alle sagen: Wunderbar! Aber es sind nur drei, und nach ein paar Platten sind alle gelangweilt und gehen wieder auf die Suche. Wenn ein Ertrinkender verzweifelt strampelt, wirbelt das viel Schlamm auf. Aber er ertrinkt trotzdem.

Gibt es eine Zukunft der klassischen Musik außerhalb der bürgerlichen Konzertsäle?

Sehr beeindruckt haben mich die sogenannten »Proms-Konzerte« in der Royal Albert Hall in London. Bis zu 6000 Leute stehen im Saal, Sitze gibt es nur in den Logen. Manchmal ruft das Publikum den Künstlern etwas zu. Aber die meiste Zeit herrscht große Aufmerksamkeit und Stille. Da sind Keime für die Zukunft enthalten.

Das wäre der ideale Rahmen für Mozarts g-Moll-Symphonie?

Die ideale Aufführung wäre, wenn jeder Zuhörer als Kleinkind die Sprache der Kunst gelernt hätte. Aber in allen Ländern, die ich kenne, wird Kunst nur als unwichtiger Zusatz zur Bildung gesehen und verliert in der Erziehung jeden Stellenwert. Dabei ist sie genauso wichtig wie Rechnen, Lesen und Schreiben. Wenn ich ein Publikum habe, das im Alter von fünf Jahren mit dem System der Maler, Bildhauer und Musiker vertraut gemacht wurde, kann ich die Symphonie so spielen, daß ich weiß: Das geht jetzt allen unter die Haut.

Ehre?

Gespräch anläßlich der Verleihung des Ernst von Siemens Musikpreises 2002

Gesprächspartnerin: Teresa Pieschacón Raphael

Erstveröffentlichung: RONDO 3/2002

Herr Harnoncourt, was bedeuten Ihnen Auszeichnungen?

In diesem Stadium meines Lebens und meiner Tätigkeit habe ich das Gefühl einer Art von Rückschau. Ich bin
eigentlich ein Mensch, der nach vorne schaut und immer
daran denkt, was er als nächstes macht. Jetzt stehe ich
recht überrascht vor dem, was ich alles gemacht habe. Und
ich empfinde es als etwas sehr Schönes, wenn dies erkannt
wird.

*Bezieht ein Musiker die wahre Anerkennung nicht auf ganz
anderer Ebene?*

Doch ja. Es geht mehr darum, ob das eigene Kunstverständnis, das man vertritt, ankommt und als sinnvoll empfunden wird. Das spürt man im Konzertsaal, an der Reaktion der Schreibenden, aber auch an der Reaktion der Kulturwelt oder solcher Gremien, wie die Siemens-Musikstif-
tung, die solche Preise vergeben. Die beschäftigen sich ja
sehr ernsthaft mit den Künstlern und werfen nicht irgend
jemandem irgendwelche Preise nach.

*Für Max Reger bedeuteten Orden eine » Verunreinigung des
Knopfloches« ...*

Die Orden sind ein anderer Fall. Ich habe sehr genau ausgewählt, welche Orden ich annehme und welche ich nicht
annehme. Ich habe vom österreichischen Staat keine angenommen.

Warum das?

Weil ich nicht einsehe, warum die mir einen Orden geben sollen. Was habe ich mit dem österreichischen Staat zu tun? Ich bin kein reisender Österreich-Verkäufer.

Es heißt, Österreicher seien besonders stolz auf Titel und Orden ...

Da irren Sie sich. Ich habe es eher bei deutschen Künstlern und Beamten erlebt, daß sie beleidigt waren, weil ich sie nicht mit Herr oder Frau Sowieso angeredet und einen Schwanz von Titeln hinzugefügt habe.

Einen Orden haben Sie schließlich doch angenommen, den »Pour le Mérite«, eine der höchsten Ehrungen, die einem Wissenschaftler oder Künstler in Deutschland zuteil werden kann.

Ja, aber das ist kein gewöhnlicher Orden, das ist etwas gänzlich Anderes, es sind sehr viele Nobelpreisträger dabei, eine sehr illustre Schar. Ich habe auch Ehrungen von der Stadt Graz und der Stadt Wien entgegengenommen. Ich überlege mir sehr genau, ob derjenige, der mich ehrt, mich wirklich ehren will, oder im Grunde nur sich selber. Wenn man irgendeine Ehre überreicht, nur mit dem Hintergedanken: Schaut her, wie sehr ich mich um die Kultur kümmere, dann finde ich das eine verächtliche Aktion. Wenn das aber eine ernsthafte und wirkliche Auseinandersetzung ist, dann fühle ich mich wirklich geehrt – wie etwa jetzt beim Siemens-Preis.

Wurden Sie als Kind belohnt, wenn Sie besonders artig waren oder etwas geleistet hatten?

Nie. Wir waren eine große Familie, sieben Geschwister. Wir hätten auch nie eine Belohnung erwartet; die Eltern waren sehr streng. Eigentlich kann ich mich an keine Belohnung erinnern, oder vielleicht doch – als ich beim Spielen im Sommer vom Baum gefallen bin und mir den Arm gebrochen habe. Die Leute haben gesagt, ich soll nicht so herumjammern. Drei Tage lang bin ich mit dem gebrochenen Arm herumgelaufen und habe heldenhaft versucht, das zu kaschieren. Meine Mutter war zu dieser Zeit nicht da, als sie aber zurückkam und das sah, ist sie mit mir ins Spital gefahren. Der Arm mußte noch einmal gebrochen werden, weil er schon so fest zusammengewachsen war. Das tat sehr weh. Alle haben mich als Helden gesehen, und ich habe so ein kleines Flugzeug aus Gummi bekommen. Das war 1935, da war ich sechs.

Erinnern Sie sich noch an Ihren ersten Preis als Musiker?

Oh ja, das war ein Schallplattenpreis. Damals haben die internationalen Musikjournalisten – inklusive japanischer und amerikanischer Presse – einen Preis gestiftet, und der wurde in Montreux verliehen. Ich war sehr überrascht und sehr erfreut, neben Elisabeth Schwarzkopf und ihrem Mann, Walter Legge, zu stehen, die bei der Gelegenheit auch geehrt wurden.

Wissen Sie, wie viele Preise Sie gewonnen haben, und wo sind die aufbewahrt?

Auf die Schnelle, nein. Ich habe ein Archiv, dort sind die ganzen Noten und alles, was mit Musik und mit der Familie zu tun hat. Das ist ein ganz streng sachorientierter Raum, da ist kein Schnickschnack.

Unter Ihren vielen Auszeichnungen ist auch ein Grammy in der Kategorie »Beste Choreinspielung« für Ihre 2001 veröffentlichte Matthäus-Passion. *Die Amerikaner feiern so etwas bestimmt ganz anders als die Siemens-Stiftung.*

Ja. Sehr, sehr unterschiedlich. Der Siemens-Preis wird im Theater verliehen, es ist eine ganz offizielle Veranstaltung. Der ganze Preis umfaßt eine sehr hohe Summe, ich bekomme nur einen Teil davon. Der Rest geht an Andere, die meiner Meinung nach sehr gut ausgesucht wurden. Bei der Grammy-Verleihung war ich nicht dabei. Aber dort muß man ja sagen, daß man dafür dankt, daß die Mutter einen geboren hat ...

Fragen Sie nach irgendwelchen Preisen, wenn Sie mit Musikern zusammenarbeiten?

Nein. Ich höre mir den an, und es geht nur darum, wie er spielt oder singt. Ich bin auch nie in meinem Leben nach einem Ausbildungsabschluß gefragt worden. Ich habe zwar Musik studiert, habe das Studium aber nicht beendet ... Wenn Diplome wichtig wären für das Fortkommen, dann wäre ich seit dreißig Jahren wahrscheinlich arbeitslos. In dem Metier wird eigentlich immer nur gefragt, wie macht er das? Ist er gut oder nicht? Ich war auch nie bei einem Wettbewerb. Ich wäre nicht prinzipiell dagegen gewesen. Ich war nur sehr schnell im harten Alltag. Da war keine Zeit für solche Sachen.

Wie haben Sie es erfahren, daß Sie den Siemens-Preis erhalten? Ist das wie beim Nobelpreis: morgens um drei wird man aus dem Bett geklingelt?

Ich habe irgendwie die Erinnerung, da wird irgend etwas, und ich darf keinem Menschen etwas sagen. Da ich nie zum Telefon gehe, ist es meine Frau, die das genau weiß.

Da müssen Sie aber aufpassen, daß Ihnen kein Preis entgeht ...

Ja ...

»Je mehr sie mir Titel anhängen«, sagte Max Reger, »desto mehr wächst mein schlichter Name. Es wird nichts bleiben als: Max Reger.« ...

Ja. Bei ihm bleibt etwas hängen, weil er ein schaffender Mensch ist. Ich bin ja nur ein Interpret, da bleibt in der Regel nichts. Da soll man sich keine Illusionen machen.

Stimmt Sie das traurig?

Nein, dann hätte ich einen anderen Beruf gewählt. Wenn ich Bildhauer wäre, müßten meine Werke so gut sein, daß sie noch nach hundert, zweihundert, ja fünfhundert Jahren bewundert werden. Als Interpret ist das was anderes. Ich habe da eine realistische Einstellung.

Ich sehe das Schiff

Gesprächspartnerin: Lisa Witasek

Erstveröffentlichung: KUNSTPUNKT Wien, Dezember 2000

Ich bin sehr neugierig, mit Ihnen über das Geheimnis zu spre-
chen. Sie selbst sind für mich ein Geheimnis, auch darum, weil
mir vorkommt, daß Sie kein Opfer des Kunstbetriebs und des
Erfolgs, oder wie man heute sagt, der Quote geworden sind. Sie
haben immer Ihre eigenen Vorstellungen und Ideen gehabt und
dafür gearbeitet, gekämpft, gelebt. Und wenn ich Sie in einem
Konzert erlebe, ist mir, als wäre das Musizieren für Sie eine
spirituelle Tätigkeit.

Das ist die Beschäftigung mit Kunst sowieso, mit jeder
Kunst. Man nennt es Musenkuß, doch wer könnte das
genau definieren? Soweit es sich nur um ein Handwerk
handelt, ist es keine Kunst. Daß man sich mit Kunst aus
einer anderen Zeit befaßt, ist an und für sich schon eine
fragwürdige Sache. Also kann es sich nur um künstlerische
Äußerungen handeln, die so gewaltig, so magisch sind, daß
sie eben weit über ihre Zeit hinauswirken. Das ist auch der
Grund, warum ich kaum Kleinmeister aufführe. So etwas
wäre nur von akademischem Interesse. Aber die Äußerungen großer griechischer Dramen oder Michelangelos,
Shakespeares oder Mozarts gehören keiner Zeit an, in der
sie verbleiben. Diese Äußerungen muß jede Zeit haben,
darauf zu verzichten, wäre eine Verarmung.

Haben sich die Werke der großen Meister mit Grund etabliert,
oder ist es durch Zufall geschehen? Die alte Frage nach den
Qualitätskriterien in der Kunst ...

Das »Urteil der Geschichte« ist eine sehr fragwürdige
Angelegenheit. Die Qualität Mozarts stand immer außer

Frage. Aber es gab Werke von ihm, die man für schlecht hielt, *Così fan tutte* zum Beispiel. Musikwissenschaftler meinten tatsächlich, daß Mozart aufgrund des Inhaltes und des Textes, den sie für schlecht befanden, uninspiriert war und darum eine minderwertige Musik dafür komponierte. So dachte man bis weit ins 20. Jahrhundert hinein, und eigentlich wurde *Così fan tutte* als Stück erst nach dem Zweiten Weltkrieg ernst genommen. Zuerst immer noch mit riesigen Strichen, doch heute sagt man, es ist möglicherweise die beste Oper von Mozart.

Es gibt auch Stücke wie *Genoveva* von Schumann. Man weiß, daß Schumann in seiner Zeit, wenn nicht der Größte, so einer der Größten war. Zugleich gibt es aber Leute, die sagen, *Genoveva* sei ein Versuch gewesen, der auf geniale Weise gescheitert ist. Ich bin der Meinung, daß wir gescheitert sind an diesem Versuch, und daß es bis heute noch nicht gelungen ist, diesem Meisterwerk als Interpret und Rezipient gerecht zu werden. Und ich bin überzeugt, wenn jemand mit der richtigen Einstellung und Einfühlung kommt und dieses Stück aufzuführen versteht, werden uns die Schuppen von den Augen fallen.

Ob es Komponisten gibt, die als Ganzes verkannt sind, kommt mir unwahrscheinlich vor. Die Musik ist eine Kunst, die in ihrer Zeit erklingt, niemand schreibt für die Nachwelt – heute tut man es vielleicht. Aber für einen Mozart oder Bach war es klar, daß, wenn er nicht mehr komponiert, wenn er tot ist, daß dann seine Werke in den Bibliotheken verstauben werden. Sie würden sich sehr wundern, wenn sie erführen, wie sehr wir sie heute benötigen.

Gibt es auch für die zeitgenössische Musik Kriterien? Erkennt man auch hier, was genial, wertvoll, reich, tief ist oder nur Getue?

Ich würde sagen ja. Es kommt natürlich darauf an, wer »man« ist. Ich glaube, daß es in jeder Kunst Menschen gibt, die eine Antenne haben, eine Sensibilität, und die Gutes und weniger Gutes absolut untrüglich unterscheiden können. Ich hab das sehr deutlich mit meinem Onkel erlebt, der einer der Urväter des Museum of Modern Art in New York war und in den fünfziger Jahren mit einer Ausstellung nach Wien kam. Zum ersten Mal wurden die Bilder von Jackson Pollock, Piet Mondrian oder Mark Rothko in Österreich gezeigt, und wir haben uns gefragt, wie kann man sehen, was daran gut ist, warum es gut ist, und was ist vielleicht nur ein wildes Gekleckse. Mein Onkel sagte, er habe überhaupt keine Zweifel. Er schaue ein Kunstwerk an und weiß, was daran ist. Ich muß sagen, mich hat das sehr beeindruckt in der allgemeinen Beurteilung von Kunst überhaupt. Natürlich muß man sehr vorsichtig sein, wem man ein solches Urteil zutraut. Man kann über Kunst sehr große Töne sprechen und wird ihr überhaupt nicht gerecht. Also, es ist eine Frage von Fachkenntnis und von Ehrlichkeit. Die Gefahr, daß man Fachkenntnis vortäuscht, ist sehr groß, weil das Vokabular ungreifbar ist. Über Musik kann man sehr viel reden, ... und es klingt ganz toll und ist eigentlich nichts.

Ist die Sprache der Musik eine verläßlichere in ihrer Tiefe und in ihrer Annäherung an das Kostbarste, das wir haben, als die Sprechsprache, die aus allen Mündern kommt und so geschunden wird?

Ich finde, die Sprechsprache ist auch sehr verläßlich. Wenn zum Beispiel ein großer Dichter die Sprechsprache benützt, können Sie ihm vertrauen. Wörter können ebensoviel auslösen wie Melodien. Alles, was in einem Zeitablauf ist, hat Sprachcharakter. Wenn ich vom Künstler durch ein Bild auf einen Weg geführt werde, oder eine Musik mir etwas ohne Worte sagt, besteht die Gefahr, daß man es als Rezipient zu konkretisieren versucht. Es scheint, daß der abendländische Mensch durch zweitausend Jahre römisches Recht sich so an die Logik gewöhnt hat, daß er den phantastischen Teil seines Wesens selbst nicht mehr erkennen kann. Wir hatten immer eine Polarität zwischen Mitteleuropa und dem Orient, wobei ich jetzt mit Orient alles Außereuropäische meine, auch Afrika und den Süden und die fernöstlichen und die amerikanischen Kulturen. In diesen Kulturen ist unsere abendländische Logik, die irgendwann einmal zu unserer einzigen Denkweise geworden ist, nur ein Teil, ich möchte sagen: ein Anhängsel, und man findet es selbstverständlich, daß es außerhalb der logischen auch noch eine magische Kommunikation gibt. Die Musik hat diese magische Kommunikation nie verloren, aber man hat es nicht zugegeben. Seit der Aufklärung gibt es verschiedene Theorien wie die von Eduard Hanslick zum Beispiel, die sagt, daß es sich in der Musik nur um Harmonien und die Bewegung von Tönen handelt, was natürlich eine ungeheuerliche Reduktion ist. Aber für jeden Menschen, der bereit ist, seine Sensualität einzusetzen, ist es klar, daß Musik Schleusen öffnet, daß sie Zugänge schafft. Wenn ein trauriger Mensch etwas über seine Traurigkeit gesagt bekommt, ändert das nichts an seiner Traurigkeit. Wenn er ein Musikstück hört, kann das in diesem Moment seine ganze Einstellung zur Trauer und die Trauer selbst schlagartig verändern. Das hat jeder erlebt, der einen Menschen verloren hat und in diesem Zusammenhang mit Musik in Berührung gekommen ist. Die Barrieren, die jeder aufbaut, um sich zu schützen, werden durch die Musik spielend weggeräumt.

Glauben Sie, daß ein Musikwissenschaftler, ein Musikanalytiker, also jemand, der sehr logisch und mit angehäuftem Wissen Musik hört, eingeschränkter erlebt oder noch intensiver?
Das hängt von der Person ab. Wenn ihm die Antennen fehlen, von denen ich sprach, kann er hervorragende Formanalysen erstellen, mit denen sicher manch einer etwas anfangen kann. Aber wenn er auch die emotionelle Basis für das Erleben hat, dann wird er durch die zusätzlichen rationalen Erkenntnisse sicher eine Bereicherung erfahren.

Ist Musikalität, und ich meine das jetzt im weitesten Sinn, eine Sache der Gene oder der Erziehung?

Ich bin kein Wissenschaftler dieser Richtung, aber ich bin überzeugt, daß jeder Mensch musikalisch ist. Unmusikalität von Geburt an ist wie Farbenblindheit. Das gibt es natürlich, wie viele andere angeborene Defekte.

Gemacht sind wir aber, um zu hören und zu sehen, und wer von sich glaubt, unmusikalisch zu sein, hat sich eben nie mit Musik beschäftigt, hat keine Möglichkeit gehabt, sich ihr hinzugeben, und das ist auch ein Fehler, aber ein Fehler derjenigen, die es verabsäumt haben, ihn von Kindheit an mit dieser Sprache vertraut zu machen.

Sie sagten vorhin, Wörter können ebensoviel auslösen wie Melodien. Demnach kann auch der Klang eines Namens nicht ohne Bedeutung sein. Für die Kabbala ist der Name von entscheidender Bedeutung. Und nun spreche ich mit Ihnen, der Sie den schönen Namen Unverzagt haben. Graf Nikolaus de la Fontaine d'Harnoncourt-Unverzagt.

Ich hab' als Kind über diesen Namen immer lachen müssen und glaube nicht, daß mich dieser Name geprägt hat, zumal ich mich nie so genannt habe. Ich streite aber nicht ab, daß Menschen durch ihren Namen geprägt werden können. Wenn im Jahr 1866 die österreichische Armee unter General Benedek gegen die preußische Armee unter General Moltke eine vernichtende Niederlage einsteckt, dann sehe ich das irgendwie in den Namen dieser beiden Generäle gespiegelt – wenn es auch an der Grenze des Kabaretts ist, das hat, glaube ich, Egon Friedell gesagt. Dennoch, wir geben unseren Kindern Namen, und diese Namen heißen etwas. Mein Sohn soll werden wie ein Wolf, oder er soll so ehrlich sein wie ein Schwur, den er Gott gibt, und so weiter. Viele wissen gar nicht, was die Namen bedeuten, und gehen nur nach dem Klang des Namens. Und es ist sehr interessant, wie Namen Mode werden, welche Inspiration von Namen ausgeht, und wie der Namensträger mit dem Inhalt des Namens umgeht, ob er ihn annehmen kann, ob er lieber anders heißen möchte ... Also, wenn ich nur Unverzagt hieße, ich weiß nicht, ob ich damit fertig würde, vielleicht würde ich dann glauben, ständig unverzagt sein zu müssen, und in Wirklichkeit bin ich sehr verzagt.

Sind Sie das?
Ich bin sicher nicht mehr als andere Menschen vor Ängsten geschützt.

Ihre künstlerische Laufbahn war aber doch sehr unverzagt. Nie sind Sie den leichten Weg gegangen. Immer haben Sie Ihre eigenen Meinungen gehabt und vertreten, von klein auf, Sie haben für Ihre Auffassungen gekämpft, für Ihre Interpretations- und Aufführungsvorstellungen, Sie haben keinen Streit gescheut und wurden »der Darmsaitenritter« geschimpft, Sie lassen sich auf keine schrägen Kompromisse ein, zu jeder These eines anderen finden Sie eine Antithese. Dennoch werden Sie von den Musikern geliebt, Sie sind ihnen ein Lichtblick ...
Mein Vater war ein einmaliger Streitpartner, und das trug sicher dazu bei, daß ich bis heute dies und das nicht einfach als gegeben hinnehme, sondern die Auseinandersetzung suche.

Sie haben ja auch das Image des großen Unbequemen.
Kunst ist meiner Meinung nach immer oppositionell. Abweichung vom Gewohnten und Provokation. Der Künstler findet sich nie als purer Lobredner.

Andererseits vertreten Sie die Meinung, aus der Denkweise des Herzens entsteht die Kunst.
Das ist ein Zitat von Blaise Pascal. Er beschreibt die Denkweise der Logik als Gegensatz zur Denkweise des Herzens. Wie ich schon sagte, in der abendländischen Kultur wird das Denken des Herzens, das musische Denken, immer weiter zurückgedrängt zugunsten des logischen Denkens, das moralfrei ist und nur den Nutzen kennt. Was gut und böse ist, wird dabei festgelegt, ist aber nicht erklärbar. Und genau genommen geht es immer um den persönlichen Nutzen. Was mir nützt, ist gut – und das ist meiner Meinung

nach keine Basis für eine Moral. Hätten wir die Aufklärung nicht mitgemacht, wären wir jetzt vielleicht ganz wo anders. Aber diese Entwicklung ließ sich offenbar nicht aufhalten. Wie ein Naturereignis nahm alles seinen Lauf.

Macht Sie das traurig? Und ernst? In der Biographie von Monika Mertl über Sie, die den Titel Vom Denken des Herzens *hat, las ich einen Satz von Ihnen, der mich nachdenklich stimmt:* »Lachen hat für mich immer einen schmutzigen Grund.«

Auch meine Kinder fragten mich oft, was ich damit meine, und ich sagte ihnen, bring mir einen positiven Grund, und ich ändere meine Meinung. Das sagte ich meinen Kindern vor fünfundfünfzig Jahren, und bis heute konnte mir niemand einen positiven Grund bringen. Über schöne Dinge lacht man nicht, sondern lächelt. Daß jemand auf einem Berggipfel über einen prachtvollen Sonnenuntergang zu lachen beginnt, kann ich mir nicht vorstellen.

Es gibt die Anschauung, Lachen sei gesund, was natürlich kein Widerspruch ist zum schmutzigen Grund.

Der Mensch ist wohl boshaft von Natur aus. Und Sie dürfen das Wort schmutzig nicht so schmutzig interpretieren. Ich meine, es gibt keinen positiven Grund. Wenn ich in eine Pfütze falle, lache ich über mich selbst. Oder wenn ich plötzlich eine riesige Nase hätte, da würde ich verzweifeln und gleichzeitig über mich lachen. Aber ist das ein positiver Grund? Es ist zwar sympathisch, wenn jemand über sich lachen kann, aber, also bitte, trotzdem beschmutzt mich die Pfütze, und die Nase wird davon auch nicht schön. –

Wie wunderbar grün das Gras ist, darüber lachen wir nicht. Wenn es plötzlich rot würde, dann würden Sie vielleicht lachen.

Oho, da würde ich zuerst einmal Angst kriegen.

Es gibt auch ein Lachen aus Angst, es gibt viele Arten. Und was Schönes ist es sowieso nicht. Man zeigt die Zähne, stoßweise ist es ... Wenn Lachen durch Musik dargestellt wird, sind es immer harte Staccati, oder tiefe stoßweise Töne. Sehr oft wird es dargestellt, und nie ist es singend, immer grotesk.

Mit einem Wort, es erfüllt die Kriterien von Kunst. Irritation, Abweichung vom Normalen, Konflikte als Grundlage ...

Nicht alles, was negative Wurzeln hat, ist etwas Schlechtes. Positiv und negativ ist ja nicht gut und schlecht.

Sie führen eine ganz besondere und schon sehr lange währende Ehe, so daß ich verführt bin, Sie nach dem Geheimnis Ihrer Ehe zu fragen.

Na ja, eigentlich sagt man bei der Eheschließung: bis der Tod euch scheidet. Etwas Besonderes ist es also nicht.

Heute ist es etwas Besonderes, wenn man das, was man sagt, auch lebt. Und es gibt ja auch die Ansicht, hinter jeder langen Ehe stehe eine dumme Geliebte. Allerdings kann ich mir das bei Ihnen nicht vorstellen. Ist das Geheimnis Ihrer Ehe vielleicht die Kunst, die Sie beide verbindet? Ihre Frau spielte von Anfang an im Concentus Musicus, den Sie leiten, und ich nehme an, Ihrer beider Antennen sind zueinander gerichtet wie bei den Delphinen, die ihre Partner nie verlassen und vor Trauer sterben können, wenn einem Teil etwas Tödliches zustößt.

Die Delphine sind wie wir, nicht wir wie die Delphine. Ja. Und ich denke auch nicht, daß meine Ehe nur aufgrund unserer künstlerischen Verbindung hält, obwohl die künstlerische Tätigkeit meiner Frau gewiß wichtig ist. Abgesehen davon ist die Kunst in jedem Fall, ob man sie zum Beruf hat oder nicht, eine Möglichkeit für jeden, seine menschliche Rundheit zu erlangen und weiterzukommen. Was nicht heißt, daß es einen unbedingt ruhiger, steter macht. Wir wissen ja, wie viele Schauspieler, Sänger, Dirigenten, Maler, Musiker ihre Partner wechseln. Ich glaube, wir sind gebaut dafür, mit einem Partner durchs Leben zu gehen, und nicht, für verschiedene Abschnitte jeweils einen anderen zu haben. Ich habe dasselbe bei meinen Eltern erlebt, bei meinen beiden Großeltern, und ich bin überhaupt nicht bereit, zu sagen, meine Ehe ist etwas Besonderes.

Sind Sie ein religiöser Mensch?
Ja.

Suchen Sie einen Gott oder haben Sie einen?
Religiös sein und eine bestimmte Religion zu haben, ist zweierlei. Ich meine, areligiös zu sein, ist eigentlich auch eine Art der Religiosität, wenn auch eine negative. Ich selbst bin in die christlich katholische Religion hineingewachsen, und ich bleibe in dieser Religion. Wäre ich ein Jude oder ein Moslem und in deren Religion hineingewachsen, würde ich bei jeweils dieser bleiben. Also, ich gehöre nicht zu denen, die nur eine Religion als die richtige bezeichnen, gehöre aber zu jenen, die den Verlust des Religiösen in unserem Abendland bedauern. Religiosität ist ein Teil des Denkens des Herzens.

Sie sind 1929 geboren, waren noch ein Bub, als Hitler in Österreich einmarschierte. Wie haben Sie die Nazizeit und den Antisemitismus erlebt?
Ich muß sagen, daß ich die körperliche Gewalttätigkeit der Nazis und das Niederbrennen von Synagogen nicht gesehen habe. Aber ich bin natürlich wie alle in der Schule vollkommen gegen die Juden indoktriniert worden. Das war beklemmend, obwohl wir nicht wußten, daß diese Theorie auch in die Tat umgesetzt wurde. So etwas war einfach unvorstellbar.

Ihre Familie war von Anfang an gegen die Nazis.
Aus religiösen Gründen. Die religiöse und die politische Ebene wurde zu Hause besprochen, nicht aber der Antisemitismus. Ich habe allerdings ein Erlebnis, das mir unvergeßlich ist. Ich war zwölf oder dreizehn und fand zu Hause

im Bücherschrank die *Kulturgeschichte der Neuzeit* von Egon Friedell und habe mich so sehr damit identifiziert, daß ich das Gefühl hatte, ich habe dieses Buch geschrieben. Als ich mit meinem Vater darüber reden wollte, blockte er plötzlich ab, was nicht seine Art war, sagte: »Friedell ist nur eine Art Journalist, und außerdem darfst du den gar nicht haben, und wenn du je diesen Namen in der Schule erwähnst, kommt morgen die Gestapo, und dann ist alles aus.« Er hatte eine panische Angst vor der Gestapo, sagte mir aber nicht, daß Friedell ein Jude ist. Er nahm das Buch, stellte es in den Bücherschrank zurück – über die Situation der Juden ist bei uns nie gesprochen worden.

Wie denken Sie heute darüber, was Menschen einander antun, wozu sie fähig sind?

Gehorsam und Pflicht wurden in einer Weise mißbraucht, daß es, ja, ... nein, ... ich habe keine Worte. Am Ende des Krieges war ich fünfzehn Jahre alt, und von meinem Jahrgang sind alle automatisch zur Waffen-SS gekommen. Ich wollte zur Marine, weil die SS und die SA schon damals etwas total Negatives für mich waren. Ich machte mir nicht nur übers Getötet-werden Gedanken, auch über das Töten, und, ob ich mich daran beteiligen muß oder nicht, ob ich gezwungen werden kann, auf jemanden zu schießen, und das hat mich alles ganz, ganz stark erschüttert. Wie gesagt: daß es sich um ein verbrecherisches Regime handelte, war mir klar, aber was die Juden betraf, war mir nichts klar.

Wie lange und in welchen Katastrophen kann Musik ein Trost sein?

Wir sollten nicht vergessen, daß die ganze Kunst mißbraucht werden kann. Sie läßt sich für und gegen etwas einsetzen, und das ist eine große Gefahr. Entstanden ist die Musik wahrscheinlich als Kriegsmusik. Die gleiche musikalische Äußerung soll Mut machen und gleichzeitig den Gegner ängstigen. Auf jeden Fall ist in der Musik von Anfang an eine agitatorische oder eine rhetorische

Funktion enthalten. Immer, wenn ich ein Musikstück höre, weiß ich, das ist eine Art von Trommel, die für etwas und gegen etwas ist. Auch das Schlaflied, das die Mutter ihrem Baby vorsummt, ist so etwas. Es ist gegen die Angst und für den Schlaf. Und genau wegen dieser Wirkung ist auch die Gefahr des Mißbrauchs sehr groß. Man kann Menschen mit Musik umdrehen. Und man weiß ja auch, daß die ärgsten Nazis dann sozusagen nach getaner Arbeit nach Hause kamen und ihren Kindern Bach-Choräle vorgespielt haben. Hitler hatte eine Vorstellung davon, was die Musik bewirken kann, was Architektur sein soll, alles aus Granit. Aber für die Salzburger Internationalen Festspiele damals, also das Fenster nach außen, schrieb er die große Heiterkeit vor. Die Säle mußten weiß sein und gold und rot, eben Rokoko, ganz im Gegensatz zu seinen sonstigen Vorlieben. Johann Strauß wurde gespielt, obwohl seine Frau jüdischer Herkunft war, was man natürlich unterdrückt hat ... Sie sehen, der totale Mißbrauch der Kunst und die Möglichkeiten dafür sind sehr groß.

Haben Sie sich manchmal mißbraucht gefühlt?
Als Musikstudent denkt man, die Musik ist eine heilige Kunst, mit der man dem Größten und Herrlichsten dient. Im Orchester, wo ich ja lange war, und wo man mit dem Alltag der Kunst zu tun hat, bemerkt man, daß es schon sehr schwarze Dinge gibt, und wenn jemand große Werke mit falschen Fingern aufführt, ich meine, ein Dirigent einem Werk weder moralisch noch sachlich gewachsen ist, dann fühle ich mich als Orchestermusiker mißbraucht.

Was ist für Sie das Charakteristikum des soeben beendeten Jahrhunderts?
Wahrscheinlich ist es der Historismus. Also ein merkwürdiges Abwenden von der Gegenwart zugunsten der Vergangenheit. – Andererseits aber auch die totale Auflösung, im Sinne von »Untergang des Abendlandes«. Die Auflösung der Tonalität in der Musik, die Auflösung des Gegenständlichen

in der Malerei, die Auflösung der Formen und Inhalte. Eigentlich haben sich alle etablierten Weltordnungen sowohl zum Heil als auch zum Unheil aufgelöst.

Haben Sie Visionen?
Schreckensvisionen. Ja, lauter negative Visionen.

Also müssen Sie lachen?
Ich lache gerne, aber das wäre jetzt zynisch. Und Zyniker bin ich nicht.

Haben Sie etwas, das Sie dem Negativen entgegensetzen können?
Eine unbegründete Hoffnung. Ich verstehe es selbst nicht. Ich sehe, wie das Schiff, in dem wir alle sitzen, in den Abgrund fährt, und ich habe die unbegründete Hoffnung, daß es nicht passiert.

Kunst ist ...

Gesprächspartner: Peter Rothenbühler
Erstveröffentlichung: Schweizer Illustrierte, 8. Mai 1995

*Was sofort auffällt, Sie sind einer der berühmtesten Musiker
der Welt. Vorbild einer ganzen Dirigentengeneration, absoluter
Star der europäischen Musikszene. Aber Sie gehören überhaupt
nicht zum Jet-set. Sie sind fast nie in den Medien ...*

Natürlich meide ich den Jet-set. Ich bin schon ein bißchen eifersüchtig auf meine Zeit, weil ich weiß, daß ich die
nur einmal habe.

*Alle Interviews mit Ihnen beginnen mit der Frage, wie Sie zu
Ihrer Rolle als Pionier der Wiederentdeckung der Barockmusik
gekommen sind, warum Sie diesen Weg zurück zu den hand-
schriftlichen Aufzeichnungen der Komponisten, zu den alten
Instrumenten gewählt haben. Ich will Sie nicht mit der gleichen
Frage behelligen. Aber hat Ihr revolutionärer Schritt auch eine
politische Komponente? Ist es die grundsätzliche Infragestellung des Etablierten?*

Aus der damaligen Sicht sicher nicht. Es sieht anders aus,
wenn ich das heute analytisch betrachte. Da sieht meine
Biographie für mich so aus wie diejenige eines andern Menschen. Heute sehe ich zum Beispiel die sehr starke politische Komponente der Kunst ganz generell. Ich weiß nicht,
wie sehr ich das damals schon gekannt hatte.

Aber Sie waren sicher schon als Kind ein kritischer Mensch?

Ja, ich war immer jemand, der sich Gedanken gemacht
hat über das, was ist und warum das so ist. Wenn jemand
sagt, es ist so, dann habe ich auch heute sogleich eine Opposition. Dann denke ich, es ist sicher nicht so. Und wenn ein
Mensch ein Wort immer wieder wiederholt, dann denke ich,

dieses Wort ist wahrscheinlich das Gegenteil von dem, was er meint.

Darum auch Ihr radikaler Bruch mit der Tradition der Interpretation barocker Musik?

Ich bin ja überhaupt nicht gegen die Tradition, ich will nur die Begründung dafür. Die Tradition selbst ist mir nicht genug. So habe ich auch die bekannte Barockmusik hinterfragt.

Wenn Sie sagen, Kunst ist politisch, woran denken Sie da? Inwiefern politisch?

Ich meine mit politisch einerseits ein Registrieren des Zustandes. Der Künstler ist ein Seismograph der geistigen Situation, und die ist nirgends so gut ablesbar wie in der Kunst. Wobei ich überhaupt keinen Unterschied mache zwischen den verschiedenen Künsten, die sehe ich da ziemlich gleichwertig. Der Künstler ist aber andererseits auch immer in Opposition. Selbst wenn er für etwas ist, wird er immer auch den Anti-Standpunkt einnehmen, um das Ganze zu sehen.

Sehen Sie denn auch in der heutigen Kunst diese politische Rolle?

Heute ist die Rolle der Kunst natürlich minimal. Es ist nur eine kleine Schicht, die in Konzerte gehen. Früher war das ja nicht so. Erstens gab es nicht die Trennung in Kunst für die Allgemeinheit und Kunst für die Elite.

Ist das nicht eine Idealvorstellung?

Nein, das ist sehr konkret. Da gab es in Wien im 17. Jahrhundert vielleicht dreißig Kirchen, wo jeden Sonntag in jeder Kirche ein Gottesdienst mit Orchester stattfand – und niemals in derselben Kirche dasselbe mehrmals! Es ging auch fast jeder Mensch in die Kirche. Die Kirchen waren voll. In den Messen wurden auch Violinkonzerte gespielt, Symphonien. Das war auch in Italien so. Und zwar wurde nur zeitgenössische Musik gespielt, die haben ja nichts Altes gespielt. Da konnten die Künstler wirklich noch etwas sagen.

Haben die Künstler dann wirklich auch eine Art Kommentar zur Aktualität geschrieben?

Wie sehr sich der Künstler seiner Rolle immer bewußt war, weiß ich nicht. Beethoven war es sicher, er war zugleich Agitator. Die Ur-Idee der Musik ist ja: Für und gegen. Wenn Sie die Kunst als Trommel sehen, haben Sie immer etwas, für das getrommelt wird, und etwas, gegen das getrommelt wird. Das krasse Beispiel ist die Kriegsmusik, die den Feind in Angst versetzen und gleichzeitig den eigenen Leuten Mut machen soll. Das ist eine der Wurzeln der Musik überhaupt. Die Musik hat ja Zugang zum menschlichen Innern wie nicht einmal die Sprache, weil sie Unaussprechbares ausdrückt, sie sickert direkt ein, während gegen die Sprache Barrieren möglich sind. Man kann sozusagen sofort durch Argumentation etwas abblocken, mit der Musik kann man das nicht.

Die Konzertbesucher von heute suchen die Erholung von der Arbeit, das reine Vergnügen. Ganz sicher nicht die Opposition, die Infragestellung.

Ja, das ist ganz gefährlich. Das ist die Schlußphase, wo die Musik als Schlagobers auf dem Leben betrachtet wird. Ich habe immer wieder erlebt, daß Leute in meine Konzerte kamen und sehr unzufrieden waren, weil ich ihnen nicht die Möglichkeit gab, abzuschalten, ich erlebe immer wieder Zuhörer, die aufgewühlt, in-Frage-gestellt oder erregt aus dem Konzertsaal gehen, obschon sie erwartet hatten, es im freundlichen Geplauder mit ihrem Nachbarn verlassen zu können. Für mich ist das ein ganz wichtiger Punkt überhaupt.

In welcher Richtung möchten Sie denn etwas verändern?

Wir haben heute eine rein materialistische und logische Denkweise, wenn man die Leute fragt, was sie brauchen, um glücklich zu sein, was für sie einen Sinn des Lebens ergibt, dann kommt man auf rein materielle Dinge, die überhaupt nichts beitragen zum wirklichen Wohlergehen. Das Bestreben der Menschen geht immer mehr in Richtung Badezimmer und Schnitzel, zur Befriedigung rein materieller Bedürfnisse, und damit ist der Unterschied zum Tier weg. Wenn die heutige Zeit eine Endzeit ist, dann braucht sie überhaupt keine Kunst mehr.

Es gibt ja auch Gegenbewegungen, die Suche nach dem Spirituellen, dem Religiösen nimmt doch zu. Gerade bei den Jungen.

Ja, nur ist es fraglich, ob das die Menschheit rettet oder ob das nur letzte Zuckungen sind. Aber: Auch der größte Pessimist kämpft an seinem Platz, als wäre er Optimist. Das ist ein merkwürdiges Phänomen.

Ist denn auch eine Operette wie die Belle Hélène *voller politischer Botschaften?*

Ja, ungeheuer.

Ist das nicht etwas einfach: Der König ist ein Trottel, die Frau hat Power ...

Ja, aber der König ist ja meistens ein Trottel. Der König muß ja nicht ein König sein, es kann ein Konzernchef sein, kurz, jemand, der via Erbe an einen Punkt gekommen ist, den er nicht bewältigt. Jede Figur ist so zeitlos. Sie können diese Gruppe von Menschen aus der *Belle Hélène* überall antreffen, in der Römerzeit wie im Mittelalter wie auch heute. So sind Menschen, die an der Macht sind, die an die Macht wollen, selbst in einem Familienkreis, wo es ja auch um Macht geht. Das Libretto ist wirklich gut, und jetzt kommt noch die Musik dazu, die noch einen zusätzlichen Text sagt. Es genügt eigentlich ein brillanter Kabarettist, der mit seinen Texten die Zustände geißelt und den Menschen einen Spiegel vor die Augen setzt. Nur, die Musik öffnet Türen des Gehirns, die nicht abgeblockt werden können wie in einem Gespräch, und die Musik sagt noch Subtexte.

Es kann beispielsweise jemand sagen: »Für mich kommt so etwas überhaupt nicht in Frage«, ganz dezidiert. Und die Musik wird sagen: »Natürlich wird er das tun, schon in fünf Minuten.« Das kann ich in der Sprache nicht machen, da muß ich mit den Augen zwinkern oder irgend etwas dazu machen, das ich mit der Sprache selbst nicht ausdrücken kann. Die Musik kann gleichzeitig vier oder fünf Sachen sagen.

Die Wahrheit ist also immer komplexer als man denkt ...
Wir sind gewöhnt, die Menschen zur »Wahrheit« zu zwingen, indem wir ihnen sagen, du mußt ja oder nein sagen, du darfst dir nicht widersprechen, sonst hast du einmal gelogen, da kriegen schon Kinder Schläge, wenn sie einmal das sagen und dann das Gegenteil. Daß beides stimmt, auf die Idee kommt man nicht.

Ich kann also durch Musikhören meine Gefühlswelt besser, tiefer ausloten?
Ja, und Sie lernen sich kennen, ohne dann punktuell darüber Rechenschaft ablegen zu müssen. Die Musik öffnet emotionelle Schleusen, die Sie nicht zuhalten können.

Eine ganz andere Frage: Es gibt die Behauptung von Historikern, die Geschichte habe mit dem Ende des Kalten Kriegs ein Ende gefunden. Ist bei der Musik die Geschichte nicht schon längst stehengeblieben? Oder ist die Tatsache, daß kaum noch bedeutende, allgemeinverständliche Musik geschaffen wird, ein Zeichen dafür, daß wir in einer armen Zeit leben?
Die Kunst ist ja nicht das Produkt des Künstlers allein. Sie ist auch das Produkt der Zeit. Das heißt: Wenn Mozart heute lebte, dann wäre damit die Musik nicht gerettet. Er würde nicht im heutigen Stil noch einmal die ganz großen Werke komponieren, ich glaube nicht, daß Mozart, wenn er heute lebte, etwas mit Musik machen würde. Er würde wahrscheinlich Computerprogramme machen, oder er würde Brücken bauen oder er würde sich töten, weil er hier

keinen Platz findet. Vielleicht könnte Hawking so etwas sein wie der Mozart unserer Zeit. Ein paar Generationen früher vielleicht der Einstein. Das wäre denkbar.

Sehen Sie denn in einer andern Kunst eine Avantgarde, die stimmig ist mit der Gesellschaft?

Am ehesten in der Dichtung, in der Schriftstellerei, weil das Wort das Vehikel für das logische Denken ist. Weil die Sprache der Apparat ist, mit dem wir denken, funktioniert die Sprache auch als Kunstmittel der Gegenwart. Ob sie aber wirklich funktioniert, ob sie nicht nur ein oberflächliches Erscheinungsbild ist, das würde ich dann ganz gerne noch untersuchen. Das mache ich dann vielleicht in der Pension ...

Wann gehen Sie in Pension?

Als Lehrer bin ich schon in Pension. Ich war bis vor einem Jahr an der Hochschule. Beim Dirigieren hängt es ein bißchen vom Funktionieren meiner musikalischen Organe ab. Solange ich gut hören kann und solange ich das Gefühl habe, ich kann etwas realisieren, was mir wichtig ist, solange mache ich es noch.

Sie sind als Revolutionär angetreten, heute sind Sie so unumstritten wie kein anderer Dirigent, die Fachleute überschlagen sich mit Komplimenten für Sie. Sie kriegen die höchsten Preise. Sie sind eigentlich total etabliert.

Gott sei Dank ist es nicht so ...

Aber Sie sind doch ganz stimmig mit der Zeit. Sie haben doch gemerkt, daß heute die Zeit absolut empfänglich ist für die Barockmusik, so wie Sie sie interpretieren ...

Ich bin stimmig mit der Zeit, ja, aber ich bin ein Reproduzent, ich bin kein Künstler, ich schaffe nichts.

Dann leben wir in der Zeit der Interpreten ...

Na ja, ich bin jedenfalls abhängig vom Künstler, der die Kunst schafft.

128

Komponieren Sie eigentlich?
  Nein.

Trauen Sie sich das nicht zu?
  Nein.

Sind Sie denn kein Künstler?
  Nein.

Was sind Sie denn?
  Ich bin eine Art Erklärer der Kunst, Interpret ist ein guter Ausdruck. Die Musik kann ja nicht nur gelesen werden, sie muß gespielt werden. Der Interpret ist in der Musik sehr wichtig, aber er soll sich nicht überschätzen. Nicht als den aufspielen, der das überhaupt gemacht hat.

Warum ist denn gerade unsere Zeit so empfänglich für die Musik des Barock, warum machen sich gerade heute so viele bedeutende Interpreten an die Wiederentdeckung dieser Musik?
  Es fällt vielleicht auf, daß gewisse sehr einfache rhythmische Strukturen in der Barockmusik viel stärker sind als in der Musik davor oder danach. Ob das vielleicht nur daran liegt, wie wir die Barockmusik spielen und die vielleicht damals gar nicht so gespielt wurde, das bleibt mal offen. Aber daß es da Übereinstimmungen gibt mit Rhythmen der zeitgenössischen Popmusik, der Maschinenwelt, das fällt schon auf. Angefangen mit der Nähmaschine, man hat ja sofort gesagt, die Sechzehntelnoten der Barockmusik hätten einen Nähmaschinencharakter.

Glauben Sie, daß die Barockmusik in einem künftigen Zeitalter wieder ganz anders gesehen werden kann als heute?

  Ja, auf jeden Fall, ich glaube, daß jede Zeit ihre eigene Sicht- und Denkweise hat und daß aus diesem riesigen Schatz von Kunst der Vergangenheit sich jede Gegenwart das heraussucht, was ihr am meisten zusagt. Ich glaube,

eine objektive Gesamtsicht, in der die Aussagen, die Schönheiten, die Inhalte der Kunst wirklich gesehen werden, gibt
es nicht. Ich glaube, ohne dem einen abwertenden Charakter zu geben, daß die Mode in der Beurteilung von Kunst,
auch in der Beurteilung von Gedanken eine so riesige Rolle
spielt, wie man sich das überhaupt nicht ausmalen kann.

*Sie sind sich also bewußt, daß man Ihre Platten in vierzig Jah-
ren ganz billig im Antiquariat finden wird und man sagen wird:
So darf man das heute nicht mehr spielen!*
Ich würde sagen, daß dies schon in zwanzig Jahren der
Fall sein wird!

Das wollten wir nicht beschwören ...
... und daß man sie in vierzig Jahren wieder zu Höchstprei-
sen ausgraben wird und sagen wird, so wie wir das heute
spielen, so hat er das schon vor vierzig Jahren gemacht.

*Wen hören Sie selbst eigentlich noch gerne von den alten
Dirigenten: Toscanini, Furtwängler, Klemperer?*
Für mich ist es sehr interessant, so Leute wie Weingart-
ner, Toscanini, Furtwängler zu hören, schade, daß es von
Arthur Nikisch keine Aufnahmen gibt.

Warum ist das sehr interessant für Sie?
Es stellt die Parameter, nach denen man heute etwas
gut findet, sehr in Frage. Rein objektiv gesehen, wenn ich
mir nach der heutigen Sicht gewisse Aufnahmen anhöre,
könnte man also vieles von diesen ganz tollen Sachen wirklich sehr schlecht finden. Die Orchester spielen überhaupt
nicht zusammen, es werden sehr viele falsche Töne gespielt.
Jetzt fragt man sich natürlich, ob die Werke komponiert
wurden, um so genau zusammengespielt zu werden, oder ob
durch die Genauigkeit, die wir heute anstreben, die Stücke
nicht total verfälscht werden. Die heute angestrebte Perfektion ist ein Ausdruck, den man früher überhaupt nicht
gebraucht hat. Perfekt finden wir heute etwas, wenn es ganz

genau in der richtigen Tonhöhe ist, im Tempo genau, und wenn alle Töne, die übereinanderstehen, ganz genau gleichzeitig erklingen. Vielleicht ist das in Wahrheit besonders unperfekt. Und vielleicht sind es ganz andere Dinge, die in einem feinen Bereich des Emotionalen sind und gar nichts mit diesen Parametern zu tun haben und viel wichtiger sind. Aber offenbar ist die Zeit vorbei, in der es viel wichtiger war, sich von der Musik bewegen, sich erschüttern, umdrehen, aufwühlen zu lassen.

Man geht also heute so etwas wie eine perfekte CD hören und nicht ein aufwühlendes Konzert?

Die Musiker verbessern ja auch ihre Instrumente immer so, daß sie möglichst weniger Fehler machen. Und es ist ganz eindeutig, daß der Preis für mehr Sicherheit fast immer weniger Schönheit ist.

Welche Töne prägen eigentlich die heutige Zeit? Was hören Sie in der Umwelt?

Ich betrete ein Hotelzimmer und ich höre brrrrschschsch. Dann rufe ich beim Portier an und sage, bei mir macht es brrrrschschsch. Wie soll ich das aushalten? Dann sagt er, das ist die Klimaanlage. Im Lift höre ich Musik, ich denk', ich werde verrückt, ich kann mir die Ohren nicht zustopfen. Also einen Raum, in dem es nicht irgendeinen Summton gibt, gibt es nicht.

Ist das schlimm?

Ja, das ist ganz schlimm. Weil die Leute gar nicht wissen, wie sie davon beschädigt werden. Die meisten hören es gar nicht.

Wenn sie früher eine Telefonklingel hörten, dann hörten sie, daß ein Hämmerchen auf eine Schale schlägt, das ist ein Geräusch, das akzeptiert man, weil es erklärbar ist. Digedigedigedigeding. Ich hab's nicht gerne, aber ich glaube nicht, daß es meine Seele zerstört. Aber diese komischen Töne, die heute aus dem Telefon herauskommen, für die ich keine

Klangerzeugung erkennen kann! Ich hör nur, daß da irgend etwas in meinen Eingeweiden klingt, ich versteh nicht, daß man so etwas akzeptiert. Es wird ja kaum noch etwas konstruiert, das nicht irgendein lästiges Geräusch macht. Das stört mich.

Leben wir denn in einer Zeit, wo die Ohren keinen großen Stellenwert haben?
Ich glaube, die Augen sind das moderne Sinnesorgan, die Ohren sind das urälteste und sie bewirken die tiefsten Veränderungen in einem Menschen. Also die Ohren sich zustopfen, ist ja sehr ungewöhnlich, die sind dauernd offen, und alles was tönt, kommt irgendwie im Innersten des Menschen an. Wegschauen kann ich leicht, aber weghören??

Wie reagieren Sie eigentlich auf die Musik, die man am Telefon hört, wenn man warten muß?
Ich reagiere nicht, weil ich nicht zum Telefon gehe. Ich habe noch nie am Telefon Musik gehört. Aber ich finde es ganz schlimm, wie man mit Musik belästigt wird. Beim Zahnarzt setze ich mich auf den Stuhl und höre plötzlich ein Klavierkonzert von Mozart; ich frage: Bitte, was soll das? Der Zahnarzt sagt: Wissen Sie, die Patienten sind viel ruhiger, wenn sie Musik hören, und wir haben gedacht, wenn Sie da sind, dann spielen wir etwas Klassisches.

Musik als reine Begleitung ist aber immer mehr Mode: Arbeiten mit Musik, Bügeln mit Musik ...
Wenn Musik zur reinen Begleitung gebraucht werden kann, ist es auch ein Zeichen dafür, daß diese Musik ganz schlecht gespielt wird, ich habe schon vor vierzig Jahren, als wir die ersten Stücke von Vivaldi gespielt und aufgenommen haben, gesagt: Falls dies im Radio gespielt wird, und ein Zuhörer kocht oder bügelt gerade, dann soll das Bügeleisen den Stoff durchbrennen. Erst dann ist die Musik gut gespielt! Wenn der ungeniert weiterbügelt, dann haben wir was falsch gemacht.

Jetzt haben Sie in Zürich gerade die Schubertoper Des Teufels
Lustschloß *uraufgeführt, Sie haben Zürich schon sehr viele
Opernereignisse beschert. Warum sind Sie eigentlich Zürich
treu geblieben? Die Opernhäuser der ganzen Welt reißen sich
doch um Sie?*

Ich bin ein treuer Mensch. Ich habe immer wieder dieselben Orchester, ich sage nie, das ist nicht mehr gut genug
für mich. Die Art und Weise, wie mich der damalige Direktor der Zürcher Oper, Dr. Helmut Drese, geholt hat, mit
dem Monteverdi-Zyklus, das war eine sehr gute Manager-
leistung. So entstand eine Beziehung zum Ort, wo ich so
was machen konnte. Und dann denke ich auch, man kann
nicht einfach immer überall nur die Rosinen picken gehen.

Zürich ist eine zweite Heimat geworden für Sie?

Ja, schon, ich bin viel mehr hier als anderswo.

Wissen Sie schon, was Sie im Jahre 1999 machen?

Ja, ich bin dann siebzig. Und ausgebucht.

*Sie wissen jetzt schon, daß Sie in vier Jahren nicht plötzlich
eine Woche frei nehmen und nach Italien fahren können?*

Ich weiß genau, in welcher Woche ich frei haben werde
und dann »spontan« nach Italien fahren kann ...

Ist das schlimm oder schön, so verplant zu sein?

Eher schlimm. Aber es ist wirklich nicht anders möglich,
ich kann als Solist sagen, ich möchte in zwei Wochen ein
Konzert machen, haben Sie einen Saal frei. Aber wenn ich
eine Oper machen will mit Sängern, da sind so viele Leute
dabei, die man frühzeitig fragen muß.

*Sie stammen aus einem alten Adelsgeschlecht. Waren da viele
Musiker dabei?*

Mein Vater war sehr musikalisch, mein Großvater angeblich auch, aber nicht ausübend, er hat viel gezeichnet. Es
hieß, er sei ein Bach-Kenner. Er war ein Privatier, wurde

von Jahrzehnt zu Jahrzehnt immer ärmer. Er hat mit einem ziemlich großen Gutsbesitz angefangen, und geendet hat er damit, daß ihm seine ehemalige Dienstbotin das Frühstücksgulasch bezahlt hat.

Sie sind also ein Graf ohne Schloß ...
Ja. Keine Schlösser, keine Wälder, nichts.

Auch keine Jagden ...
Ich habe ein einziges Mal in meinem Leben auf ein Murmeltier geschossen, und ich wäre so traurig gewesen, wenn ich es getroffen hätte.

Das Wissen um die Musik
ist größer geworden

Gespräch anläßlich der Aufführung der Beethoven-
Symphonien bei den Salzburger Festspielen 1994

Gesprächspartner: Manfred Wagner

*Erstveröffentlichung: »Goldene Klänge« – Festschrift zur Feier »125 Jahre
Musikvereinsgebäude in Wien«*

*Herr Harnoncourt, Sie sind einer der Väter der »Manier, auf
alten Instrumenten zu spielen«. Was war eigentlich für Sie der
Anlaß vor vierzig Jahren, das doch zu einem so revolutionären
Programm zu machen – nicht nur als Einzelliebhaberei, wie es
ja andere Musiker auch teilweise schon gemacht hatten, sondern tatsächlich damit die Musikszene zu verändern?*

Ich habe natürlich damals nicht ahnen können, was daraus wird. Wir waren eine kleine Gruppe junger Musiker,
die viel Kammermusik und auch Barockmusik gespielt
haben. Dabei haben wir entdeckt, daß diese Werke plötzlich eine ganz andere Dimension bekommen haben, wenn
wir die alten Werkzeuge dazu benutzten. Daraus entstand
ein Interesse an der Geschichte der Klangerzeugung und
der Zusammenhänge von Werk und dem entsprechenden
Gerät. Es hatte sich oft herausgestellt, daß vieles mit den
alten Instrumenten besser und einfacher geht. Bis dahin
waren ja kaum Musiker in der Lage, etwa einer Barockoboe
professionelle Klänge zu entlocken. Man wußte nicht, wie
eine alte Blockflöte – verglichen mit einer Kopie – wirklich klang oder eine unveränderte Geige aus dem 17. oder
18. Jahrhundert. Das Musizieren mit den alten Instrumenten brachte uns eine Vielfalt von Erkenntnissen.

*War das primär der Protest gegen die damalige Art der Auf-
führungspraxis? Woher wußten Sie eigentlich, daß alte Instrumente so eine ganz andere Klangfarbenpalette haben?*

Es war uns sehr bald klar, daß man eine Violinsonate von
Corelli mit Klavier als Continuo-Instrument nicht spielen

kann – da dröhnte einem eine Klangmasse entgegen, eine Balance mit der Geige war nicht herzustellen. Wir haben als Musiker empfunden, daß da irgendwas nicht in Ordnung sein kann. Wir haben sehr bald durch die Freundlichkeit des damaligen Direktors Zugang zu den Instrumenten des Kunsthistorischen Museums bekommen, und wir konnten immer wieder mit diesen Instrumenten spielen und dabei unglaubliche Erfahrungen machen. Als Resultat herausgekommen war vor allem: Es gibt im Instrumentenbau keine Verbesserungen. Normalerweise geht man ja davon aus, daß jede Generation neue Verbesserungen findet, es herrscht die Meinung, daß alles immer besser und besser wird.

So wie dieses Fortschrittsdenken in der Zivilisation ...

... wie man denkt, daß ein Badezimmer von Ludwig XIV. noch nicht denselben Komfort hätte wie ein Badezimmer von Vranitzky. Aber bei der Kunst ist das eben nicht so. Man hat nicht gesagt, daß Michelangelo nur eine Vorstufe von Rubens sei, oder daß Monteverdi oder Bach noch nicht so große Komponisten seien wie Beethoven oder Brahms, die dann erst die wahre Musik machten. Doch bei den Musikinstrumenten war das Fortschrittsdenken noch lange üblich. Wir haben bald erkannt: ein Instrument wird fast immer von einer ganz urigen, einfachen Klangerzeugungsidee her entwickelt – ein Kuhhorn, ein Kürbis als Schlaginstrument, ein Holzrohr – alles Dinge, die man in der Natur findet. Die maximale Klangmöglichkeit ist nach relativ kurzer Entwicklung erreicht. Ab diesem Moment kann man höchstens an der einen oder anderen Ecke etwas verbessern (etwa den Klang lauter machen), aber man muß zugleich eine Verschlechterung in Kauf nehmen, denn jede Verbesserung muß bezahlt werden. Die Frage ist dann immer – und das ist auch eine musikgeschichtliche Frage: Ist der Preis angemessen, oder ist er zu hoch? Aus heutiger Sicht ist er sicherlich meist zu hoch. Wenn man die heutigen Instrumente für Musik verwendet, die hundertfünfzig oder zweihundert Jahre alt ist, hat man sehr viel von ihren

Schönheiten und ihrer Klangqualität für rein spieltechnische Sicherheiten geopfert.

Können Sie das am Beispiel Beethoven vielleicht ein bißchen verdeutlichen? Das ist Musik, die mit unserem Instrumentarium schon ganz gut spielbar ist, aber siehe da, auch da gibt es Bereiche, wo mit den neueren Techniken etwas geopfert wird.
Ein konkretes Beispiel: Beethoven verwendet (außer im 4. Horn der Neunten Symphonie) Naturhörner; die kann man aber melodisch nicht in Oktaven führen, weil nur das 1. Horn eine Melodie ausführen kann. Beethoven führt aber trotzdem das 2. Horn sozusagen in Oktaven dazu und springt bei den fehlenden Tönen, die in der tieferen Lage eben nicht vorhanden sind, in die obere Lage, das heißt, es entstehen keine Oktaven, sondern abwechselnd Oktaven und Einklänge, und so hüpft das 2. Horn immer hin und her. Das ergibt für den Spieler des 2. Hornes eine eigenartige Stimmführung. In der Partitur sieht das sehr merkwürdig aus. In der Praxis wird das fast immer geändert, weil man ja die heutigen Ventilhörner ohne weiteres in Oktaven führen kann. Ich finde das falsch, denn die melodische Führung von zwei Naturhörnern bedingt eben diesen bunten Klang, und nur dann, wenn ich heute diesen bunten Klang schlecht finde, ihn ablehne und mittels Ventilhörnern verändere, die »fehlenden« Töne ausfülle, kann ich die Veränderung als Verbesserung bezeichnen. Aber ich bin überzeugt, daß Beethoven, wenn er für das 2. Horn ein Ventilhorn gehabt hätte, er nicht nur dort diese Oktaven geschrieben hätte, sondern die gesamte klangliche Konzeption eines Werkes anders aufgebaut hätte. Man kann nicht punktuell das sogenannte Unvermögen der alten Instrumente korrigieren, jeder Apparat hat Beschränkungen, auch die moderne Klaviatur ist nicht drei Meter lang, sondern eben nur so lang, wie sie ist. Jede Beschränkung, jedes spieltechnische, klangliche Problem ist eben auch eine Inspirationsquelle für den Komponisten. Ich bin ganz fest davon überzeugt, daß diese Schwierigkeiten, auch die Grenzen der Singstimme –

das kann man bei Beethoven ganz deutlich erkennen – ein wichtiger Bestandteil der Inspiration sind. Wahrscheinlich sind sie auch die einzige Möglichkeit für den Komponisten, das Scheitern in die Komposition einzubeziehen. Denn der Komponist will ja nicht eine konfliktfreie Marmelade vor uns ausbreiten, sondern er will menschliche Situationen mit all ihren Abgründen und mit ihrem Scheitern darstellen. Wenn dieses Scheitern sozusagen vom heutigen Aufführungspraktiker ausradiert wird, dann wird die Komposition verändert. Und da bin ich einfach dagegen.

Wie ist das eigentlich mit den Musikern? Wenn die Musiker so eine für sie ungewohnte Stimmführung spielen, gibt es da Probleme, oder gehen sie sofort darauf ein, wenn man ihnen das so erklärt, wie Sie es gerade getan haben?

Der Musiker muß wissen, warum er etwas machen soll, und er muß es verstehen und lieben. Ein Orchestermusiker ist gewöhnt, nicht nur das zu machen, was er selber wünscht, sondern sich von Dirigenten etwas sagen zu lassen. Ich habe die Erfahrung gemacht, daß er mit Freuden mitgeht. Die Musik ist schwer zu spielen, es gibt riskante Stellen, und der Musiker hat Angst davor, Fehler zu machen. Nun versucht man, die Instrumente zu verändern, um zu erreichen, daß diese Fehler weniger leicht passieren. Das heißt zum Beispiel bei einem Horn: man bewirkt, daß die Nachbartöne so weit voneinander entfernt sind, daß man nicht kieksen kann – man kiekst, wenn man den richtigen Ton nicht genau trifft, sondern in den Nachbarton abrutscht. Der Preis für Sicherheit ist aber die Tonschönheit. Und was ich so verhängnisvoll daran finde, ist, daß heute die Schönheit eines Klanges nicht besonders wichtig genommen wird. Eine Regel, für die ich keine einzige Ausnahme weiß: der Preis für Sicherheit ist Schönheit. Ich habe praktisch immer die Wahl: je schöner, desto weniger Sicherheit, je sicherer, desto weniger schön. Man reagiert heute übertrieben auf kleine Fehler. Wenn ein Musiker tausend schöne Töne in einem Konzert gespielt hat, zählen diese tausend Töne nichts, es zählt nur der eine Kiekser.

Woher, glauben Sie, kommt das?

Das kommt von einem unmenschlichen Perfektionsdenken. Man meint bei dem Wort »Perfektion«, daß etwas vollkommen fehlerfrei ist, und das ist das absolut Unmenschlichste, das es gibt. Ein erstklassiger Musiker wird immer so gut wie möglich spielen, aber wenn er perfekt spielte, wäre das unmenschlich, grauenvoll. Perfektes Musizieren ist nur von einer Maschine denkbar.

Ihrer These nach würde das bedeuten, daß das vollendetste Musikinstrument, der Computer, gleichzeitig auch ...

... das Schlimmste, das Allerärgste ist. Ich finde den Preis, Schönheit für Sicherheit zu opfern, immer zu hoch. Die Schönheit eines Tones oder einer Tonverbindung auf einem Naturhorn kann wundervoll sein: man kann Töne auf einem Naturhorn so verbinden, daß sie wirklich gebunden sind, weil nichts dazwischen ist. Auf einem Ventilhorn kann man das nur simulieren, es passiert dazwischen das Umschalten eines Ventiles, es wird der Luftstrom unterbrochen. Ähnliches gilt für die Fingersätze bei einer Geige: man kann schwierige Lagenwechsel vermeiden, indem man in hohen Lagen über die Saiten spielt, man wird weniger leicht danebengreifen, aber es wird die Schönheit, die Tonschönheit, die Qualität des Tones sehr leiden, weil in diesen Lagen die tiefen Saiten nicht so gut klingen.

Was die Hörner betrifft, haben Sie das ja für meine Begriffe so exemplarisch nachgewiesen, daß man es wirklich in den Aufnahmen der Mozart-Hornkonzerte als Schulmodell benutzen kann.

Ja, diese Aufnahmen sind schon sehr alt, über zwanzig Jahre. Wenn man denkt, daß man zu dieser Zeit diese Dinge wirklich schon erkennen konnte ...

Wir sind jetzt bei Beethoven und beim Horn geblieben: Was am Instrumentarium müßte noch anders sein?

Zum Beispiel die Trompeten, um bei den Blechbläsern zu bleiben. Bei Beethoven werden die Trompeten fast immer für Aufrufe, Signale, *all' armi*, auch zur Darstellung des Heros verwendet, das heißt, es gibt bestimmte Rhythmen und Motive, die der Trompete gehören: punktierte Rhythmen, Tonwiederholungen; diese verlangen von ihrer Klanggeste her einen schmetternden Klang. Die Naturtrompete, die doppelt so lang ist wie die entsprechende Ventiltrompete, schmettert auf Grund der langen Luftsäule bereits im Mezzoforte. Der Trompeter brauchte also gar nicht sehr laut zu spielen, diese trompetentypischen Figuren werden ganz deutlich über ein laut spielendes Orchester erkennbar. Die kurze moderne Ventiltrompete schmettert aber erst weit über dem Forte. Das heißt, wenn ich in der Dynamik richtig spiele, also im Mezzoforte, höre ich sie nicht, wenn ich sie im Gestus richtig spiele, schmetternd, ist sie viel zu laut. Ich habe also mit einer modernen Trompete keine Möglichkeit, einen der Komposition adäquaten Klang zu erzeugen. Es ist einfach unmöglich, das kann der beste Trompeter nicht, da muß man irgendwie künsteln, vielleicht noch etwas kürzer spielen, aber im Grunde ist es unmöglich. Ich muß also wählen: Ist die richtige Geste, der richtige Inhalt das Wichtigere, dann muß ich in Kauf nehmen, daß die Hörer nachher sagen, die Trompeter haben zu laut gespielt, oder sie spielen die richtige Lautstärke, dann entsteht ein unverbindlicher symphonischer Klang, in dem die wirkliche Aussage nicht mehr zur Geltung kommt.

Wie ist das eigentlich für den Musiker: Sie haben ja einmal die These vertreten, daß es für den Musiker – auch für den, der auf modernem Instrumentarium spielt – das Wichtigste ist, daß er die Problemstellung auf einem alten Instrument kennt. Ist es für ihn dann so eine Art von Schizophrenie, weil er eigentlich ja genau wissen müßte, er schafft es halt nicht als Trompeter, oder bringt das Bewußtsein dieser Klangvorstellung dann doch eine andere Art des Spielens hervor?

Das Bewußtsein bringt eine andere Art des Spielens hervor. Man kann nicht sagen, daß dasselbe für die Flöten und Oboen gilt, nicht einmal für die Hörner. Die Trompete ist hier eine Ausnahme ...

... und die Posaunen ohnehin ...

... die heutigen Posaunen sind einfach zu groß. Ab einem gewissen Zeitpunkt sind die Posaunen in der Mensur so vergrößert worden, daß selbst die Komponisten jener Zeit, wie zum Beispiel Wagner, unzufrieden waren. Er fand die neuen, großen Instrumente für seine Frühwerke ungeeignet und veränderte die Instrumentation. Heute spielt ein normales Orchester alles nur mit einer Art von Posaunen, nämlich mit jenen, die bereits nicht mehr für den frühen Wagner geeignet waren, auch die *Zauberflöte* oder die *Unvollendete*, wofür sie schon gar nicht geeignet sind. Trotzdem: Ich meine, es wäre ganz falsch, wenn man in einem modernen Orchester durch die Kenntnis der Effekte und der Klänge der alten Instrumente versuchte, diese zu imitieren. Jeder Musiker muß mit dem Instrument, mit dem er sich identifiziert, musizieren, auch dann, wenn es klanghistorisch ganz falsch wird. Denn bei einem unechten Musizieren, einem Musizieren, in das der Musiker nicht mehr sein Herzblut hineinlegen kann, sondern irgendwelche verstandesmäßige Imitationsüberlegungen, kommt ein Surrogat heraus.

Aber ist das nicht auch eine Ausbildungsfrage? Ich habe den Eindruck – zumindest auch durch das Medium Schallplatte und durch die vielen Ensembles, die sich jetzt auch mit Alter Musik beschäftigen –, daß das Wissen um Alte Musik doch eher gestiegen ist, auch beim Durchschnittsmusiker.

Das Wissen ist tatsächlich größer geworden, aber es führt sehr leicht zu Verbohrtheit und Dogmatismus. Nahezu jede Neuentdeckung in den Quellen – etwa über die Spieltechnik der Instrumente oder über die Artikulation – wird zu einer Glaubensfrage: wer das nicht so oder so macht, gehört nicht dazu; nach fünf Jahren gibt es dann wieder allerneueste Errungenschaften, wie in der Mode. Es kommt also hier viel Dogmatisches hinein, aber im großen und ganzen ist das Wissen gestiegen und auch der Respekt. Man findet heute nicht mehr, daß die historischen Instrumente nur so primitive Frühstadien sind, sondern es gibt viele Musiker, die mit diesen Instrumenten sehr gut umgehen können und damit wirklich lebendige Musik machen.

Gibt es für Sie eine Erklärung, warum in dieser Vielfalt der historischen Aufführungspraktiken die Engländer doch so viele starke und auch überzeugende Gruppen hervorbringen, doch mehr als beispielsweise die Italiener ...?
... nein, dieser Meinung bin ich nicht ganz. Die Engländer waren zwar die Allerersten – eine Society for Ancient Music hat es schon Anfang des 18. Jahrhunderts gegeben –, vielleicht weil sie selbst sehr wenig interessante Musik produziert haben. Sie haben immer sehr gute Orchester gehabt: schon Mendelssohn und Weber waren von ihrer Brillanz begeistert. Aber in den fünfziger und sechziger Jahren des 20. Jahrhunderts, als wir schon weltweit mit historischen Instrumenten konzertiert haben, gab es in England kaum Interesse. Wir haben dort auch fast nie gespielt, das hat damals offenbar niemanden interessiert. Plötzlich – und das kam wie eine Explosion – ist eine Riesenwelle des Interesses, nahezu ein Modewahn, dort ausgebrochen; Italien war da viel später dran. Vielleicht hat das mit der nördlicheren, etwas rationalistischeren Denkweise der Engländer zu tun, wo das Dogmatische und das rein Technokratische für meinen Geschmack ein bißchen zu sehr im Vordergrund steht. Die Vermittlung der Inhalte und des Emotionalen, die für mich das Wichtigste ist, rückt dort ein wenig zur Seite. Es wird gerne darauf hingewiesen, daß die Besetzung genau so sei wie bei der Uraufführung, daß dieses »richtig« und jenes »falsch« sei, wobei man aber nicht beachtet, daß weder die Räume noch die Menschen heute die der Uraufführung sind. Die Musik vieler Generationen hat ja auch unsere Ohren verändert. – Es gibt jetzt sehr gute

italienische Gruppen, aber sie haben einen ganz anderen Zugang zur Musik. In Italien steht der emotionale Ansatz vor dem historisierenden. Die Italiener sind viel weniger dogmatisch als die Menschen nördlich der Alpen.

Das ist wie in der Architektur und in der Bildenden Kunst, wo es eigentlich diese Restaurierungswut, die ja auch im nördlicheren Teil Europas viel stärker ist, gar nicht gibt, und man sehr viel selbstverständlicher – auch von heutiger Sicht aus – mit sehr altem Material umgehen kann.

Das mediterrane Denken ist eben anders als das im Norden. Es war wohl schon immer so, daß es eine große, neiderfüllte Sehnsucht des Nordmenschen in Richtung Süden gab – ich weiß ja selbst nicht, was ich bin; mit einer sehnsüchtigen Zehe versuche ich, jenseits der Alpen zu leben ... Manche Engländer haben im 17. Jahrhundert ihre Namen verändert, damit sie italienisch klingen: der Komponist John Cooper hat sich Coperario genannt.

Bei uns gab es auch mährische und böhmische Komponisten, die sich italienische Namen zugelegt haben ...

... weil einfach in Wien die Italiener den Ton angegeben haben. Aber in England wollte man ja selbst Italiener sein, man wollte italienische Musik komponieren, es gab die Sehnsucht, selbst ein mediterraner Mensch zu sein.

Diese kulturhistorische Frage bringt mich auch auf die kulturhistorische Dimension von Alter Musik heute überhaupt: Es ist doch wahrscheinlich so, daß das Hören – trotz negativer Außeneinflüsse, bei dem der Lautstärkepegel im Gegensatz zu früher bei uns ja schätzungsweise um 15 dB angehoben ist – durch die Alte Musik qualifizierter geworden ist – oder würden Sie dem nicht zustimmen? Daß man besser, differenzierter hört ...

... als vor dreißig, vierzig Jahren? Ja, das glaube ich. Wodurch? Diese Strömungen sind ja sehr schwer zu begründen, zum Beispiel könnte ich sagen: Was ich gemacht habe, hat eine große Sache ausgelöst, man könnte aber auch sagen: Das lag so in der Luft; hätte ich es nicht gemacht, hätten es andere gemacht ...

... aber es wurde gemacht ...

... und die Verbreiung des Klanges, ein auffallendes Merkmal des Musikmachens der Jahrhundertmitte, hatte wahrscheinlich modische Gründe: daß nicht die Struktur, nicht die Transparenz, sondern der Klang selbst oder eine Art von übereinander gepappten Klängen das eigentliche Ereignis ist. Eine Generation von Musikliebhabern fühlt sich wohl in einem klanglichen Schlammbad, die Klangideen der Dirigenten, der Orchester verschieben sich ...

... aber war das nicht auch ein Ergebnis der Wagner'schen Klangphilosophie?

Nur zum Teil. Ich glaube, daß die Wagner'sche Klangphilosophie, wie er sie selbst vertreten hat – zumindest kann ich das an Hand der Sänger, die er gewählt hat, erkennen –, überhaupt nicht dem entspricht, was eine Generation später aus den Wagner'schen Kompositionen entstanden ist. Ich würde vermuten, daß die Wagner'schen Werke, die für uns heute typisch für diese Verdickung sind, in der Idee Wagners wesentlich transparenter waren.

Eine Möglichkeit wäre auch noch – darauf haben Sie mich mit diesem Bedauern über die Trennung des Zusammenhalts zwischen ›ernster‹ Musik und Unterhaltungsmusik gebracht –, daß das qualifiziertere Hören auch eine Antwort auf diesen Klangbrei der Unterhaltungsmusik ist, der uns ja seit dem Krieg im wesentlichen doch auch stark bedrückt?

Ja, wenn es dieselben Menschen sind, dann wäre das eine Antwort auf Ihre Frage.

Gibt es denn heute überhaupt Menschen, die sich der Unterhaltungsmusik entziehen können? Meine Erfahrung ist, daß es einem normalen Leben gar nicht möglich ist, nicht das mitzu-

bekommen – in Ansätzen, und die Ansätze genügen ja immer fürs Ganze, weil die Identität ohnehin sehr stark ist –, was läuft, sei es im Kaffeehaus, im Kaufhaus, im Autoradio, auf der Straße, im Film – Film ist ja heute das Transportmedium schlechthin, auch mit einem viel stärkeren Druck, als wir zugeben können –, es wird uns ja über den Bildschirm frei Haus geliefert.

Ich habe das Gefühl, daß Sie recht haben mit dem, was Sie sagen, aber ich glaube zugleich, daß ich da nicht der Richtige für die Antwort bin, denn an mir geht das ziemlich vorbei.

Sie haben damals in »Musik als Klangrede« sehr deutlich und für meine Begriffe sehr früh diese Problematik angesprochen, die mit dieser doch heute fast vollständigen Trennung entstanden ist …

… ja, diese Problematik bleibt, und ich finde das auch jetzt noch. Ich habe vor kurzem Quincy Jones kennengelernt und einiges, was er gemacht hat; er war ja auch ein großer Anreger, nicht nur selbst Komponist oder Produzent, da habe ich die sehr viel größere Nähe der sogenannten Unterhaltungs- und der ›ernsten‹ Musik in ihren höchstqualifizierten Bereichen gesehen, und das sind die Bereiche, die mich interessieren. Dort, wo es um Schund geht, das wird ja auch in Massen produziert, dort stinkt es für mich so, daß ich den Kontakt vermeide.

Aber das ist der gleiche Schund, den es zweifellos auch auf dem E-Musik-Sektor gegeben hat.

Ja.

Glauben Sie eigentlich, daß dieses Trennungsmodell von ›ernster‹ und Unterhaltungsmusik noch einmal aufgehoben werden kann? Daß es noch einmal eine einheitliche oder regional einheitliche Musiksprache geben können wird, wie es ja bis zur Wagner-Zeit der Fall war?

Regional glaube ich nicht, ich glaube, daß das auf jeden Fall Amerika einschließen würde, unbedingt, und es wäre ein Traum – ich kann Ihnen gar nicht sagen, wie glücklich ich wäre, wenn das passieren würde, aber es ist ein Traum mit einem Schatten von Möglichkeit. Ich bin sonst wirklich Pessimist, aber hier kann ich mir vorstellen, daß das funktionieren würde, daß wir in zwanzig Jahren plötzlich nicht mehr wissen, wo die U- und wo die E-Musik ist.

Für mich wäre eine begründete These zweifellos die Filmmusik. Wenn man jetzt die großen Filme anschaut – »Philadelphia«, »Das Geisterhaus« –, sind das alles Melodramen, im Stil von Bellini'schen Opern gemacht, das heißt, hier gibt es einen sehr starken Kunstfaktor mit viel Analogie – Bruce Springsteen singt quasi die Ouvertüre, der Mittelpunkt ist tatsächlich eine Arie der Callas aus André Chénier –, es gibt in diesem Genre, ohne daß es Oper oder Kunst heißt, die Sehnsucht, von der Sie gesprochen haben.

In diesem Feld hat auch Quincy Jones eine große Rolle gespielt. Aber hier bin ich kein adäquater Gesprächspartner mangels genauer Kenntnis, doch ich habe das Gefühl, da spielt sich was ab, die Verästelungen reichen von hüben nach drüben, und wenn das so verschmölze, wie es einmal verschmolzen war, wäre das die Erfüllung eines Lebenstraumes.

Aber es steht fest, daß die Beschäftigung mit Alter Musik aus dieser Rolle des Rückwärtsgewandten herausgetreten ist. Das ist, glaube ich, auch ein Verdienst Ihrer Arbeit, daß heute immer mehr Menschen die Beschäftigung mit Alter Musik und alten Instrumenten als etwas Modernes, etwas Zeitgemäßes betrachten.

Bei mir war es absolut nie rückwärtsgewandt. Die Gesinnung des Rückwärtsgewandten ist mir fremd, die hatte ich selbst nie.

Aber diese Tendenz scheint auch allgemein zurückgegangen zu sein.

Richtig, ja, das ist schön.

Wenn man so will: die Dogmatismen, die Sie angesprochen haben, scheinen weniger zu werden.

Hoffen wir das.

Die Abgründe und das Schöne

Gesprächspartnerin: Brigitte Franke
Erstveröffentlichung: Berliner Wochenpost, 5. Jänner 1995

Musik kann Genuß verschaffen oder Erschütterung hervor-
rufen. Welche Erfahrung will der heutige Konzertbesucher
machen?

Daß Musik den Menschen wirklich in seiner Grundhaltung erschüttern, verändern, seine natürlichen Gefühle so
verstärken kann, daß er alles vergißt, das ist möglich. Und
das ist immer wieder auch politisch eingesetzt worden.
Wenn man Musik als Trommel sehen würde, gibt es immer
wieder jemanden, für den getrommelt wird, und jemanden,
der dagegen trommelt. Es gibt Entwicklungen und Tendenzen, die Musik so zu benützen. Ich sehe in der abendländischen Kunst immer sehr starke oppositionelle Ströme.
Es gibt jetzt natürlich auch die Möglichkeit, und dafür ist
gerade die Musik sehr gut geeignet, nur das Schlürfbare, das
Angenehme herauszufiltern, alles andere möglichst zu unter-
drücken und dem Zuhörer eine Art von süßer Marmelade in
die Ohren zu träufeln. Aber die Kunst selbst hat Schrecken
nie ausgespart. Heute müssen die Abgründe genauso heraus
wie das Schöne, sonst verfälschen wir die Kunst.

Sind wir zu Konsumbanausen verkommen, die Musik wirklich
nur noch schlürfend aufnehmen können?

Wir benutzen die Kultur, um den Menschen wieder Kraft
zu geben. Das ist eine ganz gefährliche Sache. Ich kann
mich sehr gut an die Nazizeit erinnern, die hatten auch
so einen Kulturverein mit dem verdächtigen Namen *Kraft*
durch Freude. Heute suggeriert man uns, Kunst zu konsu-
mieren, in welcher Weise auch immer. Und diese Kultur-

konsumation hat eigentlich nur einen Zweck: unsere ins Durcheinander gekommenen Bausteine wieder zu ordnen, damit wir dann gut schlafen und am Morgen wieder ordentlich arbeiten können. Und das ist meiner Meinung nach der überhaupt ärgste Mißbrauch von Kunst und Kultur. Denn sie sollen nicht nur oberflächlich den Lack wieder darüber setzen und in Ordnung bringen, sondern sie wollen dem Menschen zeigen, was er wirklich ist. Die Kultur ist ein großer Spiegel, um Menschen immer wieder zur Selbsterkenntnis zu bringen. Und das reicht von den schwärzesten Abgründen bis zu den größten und schönsten Höhen.

Wagen wir es nicht mehr, uns auf die Höhen und Tiefen der Musik einzulassen?
Ich würde das auf gar keinen Fall nur auf die Musik beschränken. Wir haben Angst. Angst vor den Abgründen, und wir haben Angst vor den Höhen. Diese Angst zu mindern, dafür ist die Kunst da. In der Musik kann man das sehr deutlich sehen. Aber ich halte es für sehr, sehr wichtig, daß es keine Beschränkung gibt, und man das Schreckliche, das man ja im Spiegel sieht, auch sehen muß. Es kann sowenig ausgeklammert werden wie das Wunderbare. Ich finde, die Kunst duldet diese Art Beschränkung nicht.

Sie erwecken die musikalische Sprache wieder zum Leben, die früher von Komponisten und Musikern verstanden wurde. Wie sollen aber wir, die Zuhörer, eine Sprache verstehen, die wir nie gelernt haben?
Ja, das ist ein echtes Problem. Ich glaube, das musikalische Sprachverständnis der Entstehungszeit ist verloren. Der Fachmann kann sich damit beschäftigen, aber auch ich, wenn ich mich mit der musikalischen Rhetorik, mit der musikalischen Sprache beschäftige. Doch das wirkliche Denken von damals ist nicht rekonstruierbar, und das will ich auch gar nicht. Ich bin ein Mensch von heute, und die Frage, die Sie mir stellen, ist eigentlich: *Was wollte die Kunst damals ausdrücken und auch bewirken, und warum soll sie*

heute noch so wirken wie zu ihrer Entstehungszeit? Wir haben ja auch unsere eigene Kunst, die jetzt entstehende. Also was ist es, das es notwendig macht, daß eine Oper von Mozart heute aufgeführt wird? Oder eine Symphonie von Beethoven? Nur die Tatsache, daß es schöne Musik ist oder eine gut komponierte Oper oder vielleicht eine besser komponierte Oper im Vergleich zu manchen anderen, genügt für mich nicht. Das wäre ein rein musealer Aspekt. Es muß einen Grund geben: die Notwendigkeit von Kunst, das setze ich voraus. Das ist für mich, vereinfachend gesprochen, der einzige Angelpunkt, der überhaupt Menschenwürde ermöglicht.

Sie sprechen oft davon, daß uns das phantastische Denken abhanden gekommen ist – eine Voraussetzung, um Musik, um Kunst zu verstehen. Ist der Prozeß umkehrbar?
So »zack« bestimmt nicht. Es ist eine ganz schwierige, langsame Sache. Phantastisches Denken war in unserem Schulsystem jahrhundertelang ein Teil der Erziehung. Phantastisches Denken, also im Sinn von Rhetorik, von Musik, also von allen musischen Fächern. Wobei Musik jetzt für alles Musische steht, gar nicht unbedingt für die Musik selbst. Und es war jedem Menschen, der zu einem gebildeten Menschen geformt wurde und sich geformt hat, klar, daß Logik nur *eine* Art des Denkens ist. Und daß es noch ein anderes Denken gibt, das alogisch ist, das nicht von einem Gedanken zum anderen geht, sondern wie eine Hypothese über die folgenden Gedanken springt, in dem die Frage nach Wahrheit einen ganz anderen Stellenwert hat. Für mich ist Wahrheit ein ganz wichtiger Punkt, aber nur in der Musik existent. Die Sprache der Logik gibt es nicht in der Kunst, weil die Kunst, im Gegensatz zur Sprache, viele Dinge zugleich sagen kann. Es ist nicht das »Computerdenken«, es folgt dem Phantastischen. *Les raisons du cœur* hat es der Naturwissenschaftler Pascal genannt. Das finde ich wunderbar ausgedrückt und kann treffender nicht gesagt werden.

Ist es überhaupt möglich, die Musik einer anderen Zeit nachzu-
vollziehen, zu verstehen?

Ich glaube, jede Zeit versteht sich wieder anders und neu. Richtig verstanden wurde die Musik sicher in ihrer Zeit. Also ich glaube nicht an das Verkannte: Ich glaube, daß die Voraussetzungen, um ein Werk zu verstehen, in der Lebenszeit des Künstlers gegeben sind. Man kann sicherlich ein Werk wie *Così fan tutte* oder eine Symphonie von Beethoven im Sinne der Entstehungszeit heute nicht verstehen. Aber man kann diejenigen Facetten der Werke, die für die heutige Zeit relevant sind, ganz stark auf sich wirken lassen.

Glauben Sie, daß man in hundert Jahren noch Mozart, Beet-
hoven oder Schubert spielen wird?

Die Gefahr ist wirklich sehr groß, daß die Kultur von uns abbröckelt, und daß wir als Wesen wieder scharfe intellektuelle Raubtiere werden. Die Vorstellung, menschliche Wesen ohne Kunst und ohne Moral, nur der Logik folgend ... Ein gräßlicheres Wesen kann ich mir überhaupt nicht vorstellen. Ich bin von Natur aus eher pessimistisch, aber wenn der Mensch – in dem Sinn, in dem ich Menschen nur bezeichnen kann – weiter existiert, was ja unsere einzige Hoffnung sein muß, dann wird es natürlich Mozart, Schubert und Aischylos und Shakespeare und Michelangelo immer geben.

Stehen Sie nicht manchmal unter Erwartungsdruck, alles
anders machen zu müssen als die anderen Dirigenten?

Ich stehe nicht unter dem Erwartungsdruck, aber mit Schmunzeln bemerke ich manchmal so nebenbei, wie ich etwas anders mache als die anderen, oder als es eben gerade üblich ist. Das »Andersmachen« wird oft mit begieriger Freude aufgenommen, man erwartet es von mir, aber man haut mich auch dafür. Und dann kann es natürlich passieren, daß die Erwartungen nicht erfüllt werden. Dann klingt plötzlich etwas so, wie es die anderen auch machen. Und dann sind alle maßlos enttäuscht. Und dann heißt es: Wir sind doch hierhergekommen, um etwas anderes zu hören, etwas gegen den Strich Gebürstetes, und jetzt ist die Katze wieder ganz glatt gestrichen. Was ist denn los mit ihm? Hat er seine Zähne verloren? Also die Dinge sind schon eher Schmunzelgut, denn die Frage, ob irgend jemand etwas so macht, und ich mache es anders, taucht in meinen Überlegungen nicht auf.

Ihre Konzerte lösen beim Publikum entweder totale Begeisterung oder Vereisung aus. Teilt sich die Stimmung eigentlich mit, während Sie dirigieren?

Es ist mir bewußt, daß das Publikum mitinterpretiert. Das heißt, daß eine Aufführung, mit einem anderen Orchester, in einem anderen Saal, mit einem anderen Publikum, auf jeden Fall immer wieder anders ausfällt. Weil irgendein Dialog zwischen den Musikern, mir, dem Komponisten und dem Publikum auch im Konzert stattfindet. Es entsteht eine sehr feine Elektrizität, die man nicht stören soll, und der man nachgibt. Aber wie das genau stattfindet und wie das funktioniert, kann ich nicht definieren. Für mich ist die intellektuelle Arbeit weit weg, ich bin total im Musizieren. Ich mache in einem Konzert nichts bewußt, das findet in den Proben statt. Es ist mir wichtig, daß sich die Musiker der Musik hingeben, und da kommen vom Publikum Einflüsse in jeder Richtung, die schieben und zerren und wirken an der Interpretation mit.

Sie überraschen nicht nur durch Ihre Aufführungspraxis, sondern auch durch die sehr unterschiedliche Programmfolge. Jetzt haben Sie sich der Operette gewidmet. Mit dem Zigeunerbaron *und der* Belle Hélène *haben Sie in Wien und Zürich große Erfolge gefeiert. Ist die musikalische Auswahl nicht ein bißchen exotisch?*

Die Beschäftigung mit Musik von Offenbach oder von Johann Strauß ist für mich so alt wie mein musikalisches Denken. Mein Vater hat Offenbach am Klavier gespielt, ich kann mich nicht erinnern, ob er auch Johann Strauß gespielt hat, aber sehr viel von Lehár und fast alles von

Gershwin. Die Unterlagen dafür hat ihm sein Bruder aus Amerika geschickt, druckfrisch sozusagen. Er war vielleicht der erste in Europa, der die Auszüge bekommen hat. Das heißt, ich habe in den dreißiger Jahren einen großen Teil der Werke von Gershwin von meinem Vater gehört. Zur gleichen Zeit haben wir Klavierkammermusik gemacht, von Mozart, das war für uns sehr alt, fast exotisch. Natürlich haben wir auch Sachen von Hindemith und Bartók gespielt, aber diese Werke wurden von meinem Vater nicht wirklich ernstgenommen. Mit meinem Entschluß, Berufsmusiker zu werden, war mir völlig klar, daß ich Musiker bin, ohne irgendeine historische Einschränkung. Ich beschäftige mich mit der ganzen Musik. Ich habe innerhalb ganz kurzer Zeit die *Matthäus-Passion* aufgeführt, den *Zigeunerbaron* und die *Belle Hélène*. Das ist sicherlich sehr extrem verschieden. Aber es entspricht total meinem Kunstverständnis. Und wenn ich außerhalb Wiens ein Werk von Strauß einstudiere, dann verlange ich als erstes, daß es musikalisch genauso ernstgenommen werden muß wie eine Symphonie von Beethoven.

Wann sind Sie mit dem Ergebnis eines Konzerts zufrieden?
Zufrieden, zufrieden. Ich bin nicht so blöd, nicht zu wissen, daß es keine Vollkommenheit geben kann. Das Wort Zufriedenheit kenne ich überhaupt nicht. Aber irgendeine Art Glück, irgend so etwas, das gibt es schon, immer wieder.

Können Sie das Glücksgefühl näher beschreiben?
Wenn der gewisse Funke überspringt, wenn ein Dialog stattfindet, wenn man fühlt, daß ein Musiker seine Rolle versteht, so daß es plötzlich hell wird in seiner Arbeit, und daß das plötzlich im Saal auf Resonanz stößt. So etwas gibt es, es passiert immer wieder.

Welche Bedeutung hat Intuition für Sie?
Die größte, das ist das zweite Standbein. Das erste Standbein ist das Wissen, das Fachwissen, das Können. Das zweite ist das Empfinden jenseits des Wissens. Und ein Musiker, der

nur mit Intuition arbeitet, ohne Wissen, kann große Leistungen vollbringen, kann wunderbar sein, aber es können sich Fehler einschleichen. Verschiedene Dinge muß man einfach wissen, um sie richtig machen zu können. Trotzdem kann dieser Musiker zu sehr eigenartigen und schönen Ergebnissen kommen. Wer nur Wissen hat und keine Intuition – das gibt es leider ziemlich oft –, der soll etwas anderes machen. Das ist der Musik nicht würdig. Die Ergebnisse stimmen zwar alle, die Balance, alles ist richtig, aber was herauskommt, ist nicht Musik, es ist Kälte. Ein Musiker ohne Intuition sollte aufhören zu musizieren. Mit dem Wissen allein sollte man nicht auf dem Podium stehen. Es gehört in die Proben und in die Vorbereitungszeit, danach, während der Aufführung, muß es verschwinden, sonst wird es keine gute Interpretation.

Würden Sie aufhören zu dirigieren, wenn das Publikum nur noch kulinarisch genießt?

Nein. Denn dann bin ich schuld. Und ich will ja, daß mir das Publikum folgt. Nein, ich höre dann auf, wenn meine Ohren nicht mehr gut funktionieren oder wenn ich aus irgendeinem Grund keine Lust mehr habe.

Der beste Vater
Gespräch anläßlich der styriarte 2012

Gesprächspartner: Daniel Ender

Erstveröffentlichung: Der Standard – styriarte Spezial, Juni 2012

Das Thema »Familie«, mit dem sich die styriarte heuer beschäftigt, ist nicht unbedingt ein musikalisches, hat aber natürlich Auswirkungen auf alle Lebensbereiche. Welche Rolle spielte der familiäre Hintergrund für Ihren Weg?

Musik hat vor allem in der väterlichen Familie eine Riesenrolle gespielt. Erst kürzlich habe ich erfahren, daß mein Urgroßvater für den Wiener Verlag Doblinger Walzer und Polkas für Klavier komponiert hat, als man mich gefragt hat, ob das ein Verwandter von mir sei. Mein Großvater konnte keine Noten lesen, hat aber angeblich so gut Klavier gespielt, daß man ihn für einen Bach-Kenner gehalten hat. Und auch mein Vater und alle seine Geschwister waren sehr musikalisch.

Daß Ihr Vater auf Sie einen prägenden Einfluß ausübte, weiß man spätestens seit Ihrer Produktion von Porgy and Bess *– Sie hörten Gershwins Melodien zuerst von ihm. Warum wurde er kein professioneller Musiker?*

Mein Vater hat, seit er sieben Jahre alt war, keinen Tag ohne Musik verbracht. Er hat schon als Kind Opern geschrieben und blieb bis zu seinem Tod ein passionierter Komponist. Daß er das nicht ausüben konnte, lag in der Familie. Musiker zu sein, war aber immer sein größter Wunsch. Ich habe erst vor kurzem seine Tagebücher bekommen. Er hat viel von Franz Lehár gehalten, der ja Marinekapellmeister war, und dachte, wenn er zur Marine ginge, könne er doch noch Komponist werden. Als er im Krieg auf einem Unterseeboot war, hat er sich eine Gitarre besorgt und damit komponiert, weil er sonst nicht hätte leben können. Und auch in der Korrespondenz mit seinen Geschwistern ging es immer um Musik.

Haben Sie selbst sich dann von Ihrem Elternhaus abgesichert gefühlt, um Ihre eigenen künstlerischen Wege zu gehen?

Absicherung gab es keine, aber mein Vater war für mich eine sehr wichtige Inspirationsquelle. Meine Geschwister haben alle musiziert, aber außer meinem älteren Bruder hat niemand Musik als Hauptsache betrieben. Er wurde im Krieg schwer verwundet und ist trotzdem Berufsmusiker geworden, immerhin Hauptkorrepetitor an der Grazer Musikhochschule. Mein eigener Entschluß für die Musik ist spontan gefallen, mit siebzehn, achtzehn Jahren. Zunächst hatte ich den Plan, bildender Künstler zu werden, später hatte ich ein Marionettentheater gemacht. Ich habe Musik aber immer sehr wichtig gefunden. Ich wollte nie Solist werden, sondern Orchester- und Kammermusiker. Und über Musik und die Kulturgeschichte nachzudenken – das hat mich grenzenlos interessiert.

1953 fiel dann bei Ihnen die Gründung des Concentus Musicus mit der Hochzeit mit Alice Hoffelner und der Gründung Ihrer eigenen Familie zusammen ...

Damals haben alle gemeint, daß die Concentus-Gründung der reine Wahnsinn sei. Ich habe genau die richtige Frau dafür gefunden, und wir haben jeden Groschen in das Ensemble, in Instrumente usw. investiert. Wir hatten bei unserer Wohnung das Glück, daß darüber und darunter niemand gewohnt hat. So konnten wir im größten Zimmer, das sieben mal sieben Meter groß war, die *Brandenburgischen Konzerte* in voller Besetzung proben. Wir konnten Tag und Nacht spielen, haben niemanden gestört, und auch uns hat niemand gestört. Das war ein einmaliger Zufall.

Bald waren dann auch Kinder da. Gab es zwischen Familie und Beruf auch Spannungen?

Eigentlich kaum. Die Kinder haben im Nebenzimmer gespielt, und natürlich durften sie nicht stören. Alle Mitwirkenden durften aber auch ihre Kinder mitbringen, und es war immer jemand für sie da. Unser Sohn Franzi hat dann später einmal gemeint, daß für ihn die Musikinstrumente wie Geschwister waren. Allerdings wurden unsere Kinder in der Schule ausgelacht, weil sie keine Markenkleidung trugen, sondern irgendwelche Sachen, die ihre Tanten gestrickt und genäht hatten. Und wir hatten weder Zeitung noch Radio oder Fernsehen – auch das war für die anderen Schulkinder lächerlich.

Hatten Sie je Angst, ein übermächtiger Vater zu sein?

Nie. Ich war mir ja überhaupt nicht sicher, ob das, was ich mache, ankommt, auch wenn ich davon überzeugt war, daß es notwendig und richtig war. Es war für mich dann jedes Mal wie ein Wunder, wenn wir ins Schwarze getroffen haben und Erfolg hatten. Ich kann mir schon vorstellen, daß mich die Kinder manchmal als sehr dominierend erlebt haben, aber ich selbst empfand das nicht so.

Sie haben allerdings schon damals eine enorme fachliche Autorität ausgestrahlt.

Sie dürfen nicht vergessen: Als die Kinder noch Kinder waren, war ich Orchestermusiker. Da spielt man keine dominierende Rolle, sondern muß schauen, daß man nicht rausfliegt – vor allem, wenn man von klein auf gewohnt ist, aus der Reihe zu tanzen. Bei mir hatte die HJ zum lebenslangen Gefühl geführt, daß ich nicht mit anderen mitmarschieren darf, sondern anders sein muß. Daher war das Orchesterspiel, das mir sicher viel bedeutet hat, auch immer eine Belastung.

Bei der styriarte schlüpfen Sie in die Rolle von Leopold Mozart. Wie sehen Sie den Vater von Wolfgang, dem viele sehr kritisch gegenüberstehen?

Na ja, ich schlüpfe nicht in seine Rolle, sondern lese einfach seine Briefe, was ich ja auch schon auf Schallplatte gemacht habe. Die Rolle von Leopold gegenüber Wolfgang gehört meiner Meinung nach zu den größten Mißverständnissen in der Musikgeschichte. Er ist eine Figur, die ich total bewundere, nicht nur deswegen, weil er ein toller Pädagoge war. Seine Violinschule wurde nie übertroffen. Er hat seinem Sohn eine gründliche, jede Sparte umfassende Bildung persönlich vermittelt – Wolfgang war ja nie in einer Schule und hatte nie einen anderen Lehrer, war aber in allen Künsten und Wissenschaften erstklassig gebildet. Ab dem Moment, da Leopold merkte, daß da ein Wunder im Entstehen ist, hat er seine gesamte Energie und Liebe darauf verwendet, für Wolfgang das Beste zu erreichen. Ich kann mir überhaupt keinen besseren Vater denken.

Sie musizieren diesen Sommer in Graz geistliche Werke von Mozart sowie auch von Dvořák. Wie sehen Sie den Zusammenhang zwischen Glaube und Familie?

Das ist eine sehr schwierige Frage. Natürlich hat ein gläubiger Mensch, unabhängig davon, welcher Religion er angehört, grundsätzlich eine andere Einstellung zur Familie, und in unserem Kulturkreis waren Familie und Religion seit vielen Jahrhunderten eng verquickt. Wie es ohne Religion wäre, werden wir vielleicht in zwei Generationen wissen, weil sich die Religiosität gerade sehr verändert. Ich stehe öfter vor der Situation, mit Chören und Orchestern zu arbeiten, wo die meisten überhaupt keine Beziehung mehr zu den Inhalten der Stücke haben. Und dann muß ich eine Versammlung von Atheisten dazu bringen, für die Dauer der Aufführung mit voller Überzeugung zu einer großen Familie von Gläubigen zu werden.

Der mißbrauchte Heimatbegriff
Gespräch anläßlich der styriarte 2010

Gesprächspartner: Daniel Ender

Erstveröffentlichung: Der Standard, 2./3. Juni 2010

Herr Harnoncourt, der Begriff der Heimat, dem sich die styriarte in diesem Sommer widmet, ist ja aufgrund der Geschichte des 20. Jahrhunderts nicht ganz unproblematisch. Wie stehen Sie zu diesem Begriff?

Es ist ja so, daß ich nicht der bin, der die Mottos des Festivals macht. Heimat ist aber seit Menschengedenken ein vorhandenes Phänomen. Ich hab' einmal im Grimm'schen Wörterbuch nachgeschaut, und es ist dasselbe Wort wie Hemd. Hemad. Da hab' ich gedacht, das hat was für sich. Man sagt Heimathaus. Heimat – daß das ein Land ist mit Grenzen, darauf würde man zuletzt kommen. Aber in vielen österreichisch-bajuwarischen Ländern nennt man das Stück Land, auf dem man aufgewachsen ist, das Hoamatl. Das ist ein Acker und eine kleine Keusche, die draufsteht, also ein Ort, wo man sich wohl fühlt, wo man sich eins fühlt mit der Landschaft, mit den Menschen, die einen umgeben. Das kann überall sein.

Daß der Begriff in einer Generation – eigentlich sogar noch kürzer – wahnsinnig beschädigt wurde, darf aber nicht dazu führen, daß man ihn komplett auslöscht. Ich gebe Ihnen ein Beispiel: Heute noch schreibt man ja gern von der »Lodenfraktion«. Jemand, der gerne Loden trägt, weil sie wasserdicht und praktisch sind, fühlt sich beleidigt. Man nimmt Merkmale, karikiert sie und drückt sie dann Leuten auf, auf die sie überhaupt nicht passen. Genauso ist es auch mit dem Heimatbegriff: Die Verbindung von einem Menschen zu einer Landschaft oder zu einer politischen Gemeinschaft ist etwas Unleugbares. Man darf wertvolle

158

Begriffe nicht einfach wegwerfen und, weil etwas mißbraucht wurde, die Sache selbst besudeln.

*Nur wurde diese Sache eben besonders oft für andere Zwecke
benutzt.*

Die Benutzung der Heimat als Besinnung auf das Eigene,
das im Allgemeinen aufzugehen droht, finden wir schon
in der griechischen Antike. Das Vereinende und das Tren-
nende sind immer schon sehr wichtig gewesen. Ich merke
das auch hier, wo ich wohne*: Zehn Kilometer entfernt
gibt es ein Tal, von dem man sagt, da seien die Leute völlig anders. Die reden anders, die darf man nicht heiraten ...
Solche Dinge finden Sie also schon im allerkleinsten Rahmen. Auf der anderen Seite: wenn Sie in Australien eine
Polka spielen, weinen alle Tschechen im Publikum, und
wenn Sie irgendwo auf der Welt einen Walzer spielen, die
Österreicher.

*Sehen Sie also eine enge Verbindung des Heimatbegriffs mit
jenem der Identität?*

Ja, Heimat zeigt sich immer wieder im Auftauchen einer
zusammenhängenden Identität. Was lange Zeit ein zusam-
mengehörendes Ganzes war, hat auch einen Heimataspekt,
dazu müssen Sie sich nur das Telefonbuch von Wien ansehen. Als ich vor acht Jahren das Proms-Konzert im Kon-
zerthaus mit Dvořák und Smetana dirigiert habe, habe
ich dafür eine Tanzgruppe aus Tschechien eingeladen und
gesagt, wie die tschechischen Namen der Leute im Saal auf
Deutsch heißen. Und das halbe Publikum hat sich über
diese enge Beziehung wahnsinnig amüsiert.

Auch persönlich habe ich diesen Hintergrund sehr stark:
Mein Vater hat Deutsch gesprochen, aber genauso Tschechisch, meine Mutter natürlich gleichfalls Deutsch, aber
genauso Ungarisch. Sie konnte einen Wutanfall bekommen,

---

*   Anm.: in Oberösterreich

wenn sie einen falsch gespielten Csárdás im Radio gehört hat, oder wenn ich ihr erzählt habe, wie ich einen Csárdás dirigierte. Oder schauen Sie nur in die Steiermark: Da hat die Hälfte der Orte slawische Namen. Oder in Istrien: Da haben ganze Landstriche italienische Namen, und dann tauchen plötzlich kroatische Namen auf. Gerade im Alt-österreichischen finden Sie diese Spuren überall.

Teil II

Es gibt nur Wenige …

Gesprächspartner: Gerhard Perché
Erstveröffentlichung: Opernwelt-Jahrbuch, 1999
Original-Titel: Lebenstheater Musik

Herr Harnoncourt, Sie haben 1985, im Jubiläumsjahr für Händel, gesagt: »Wenn die gehäuften Händel-Aufführungen nur eine exotische Wanderung in einem sogenannten Jubiläumsjahr gewesen sein sollten, dann ist mein grundsätzlicher Einwand gegen Jubiläen wieder einmal bestätigt.« Besteht dieser grundsätzliche Einwand immer noch?

Absolut – wenn nur eine exotische Wanderung dabei herauskäme und sonst nichts. Dieses voyeuristische Herumschnüffeln, und dann hat man's wieder hinter sich – damit kann ich überhaupt nichts anfangen. Wenn es kein Aufwekken, kein Aufmerksam-Machen ist, das weiterführt, dann ist das alles ja völlig belanglos.

Hat das »Händel-Jahr« ein solches »Aufwecken« gebracht, hat es Ohr und Auge für das Werk dieses Komponisten geöffnet?

Ich fürchte: nein. Aber es war auch nicht zu erwarten. Man hat ja nicht mal geschafft, wirklich auf die Breite des Werks Händels aufmerksam zu machen; etwa den Leuten auf größerer Basis bewußtzumachen, daß er nicht nur den *Messias*, die *Wassermusik*, den *Julius Cäsar* und vielleicht noch die *Alcina* geschrieben hat. Man hätte doch darauf hinweisen müssen, wie ungeheuer breit das Schaffen dieses Mannes war, wie außerordentlich voll von ganz wichtigen musikalischen Äußerungen; daß es in seiner Frühzeit eine Konfrontation gegeben hat mit den großen Exponenten der italienischen und der französischen Musik, später mit der englischen. Und daß dies alles nicht nur musikhistorisch interessant war, sondern das musikalische Gefühl und

Leben seiner Zeit entscheidend verändert hat. Das ist überhaupt nicht klar geworden. Vielleicht haben wir, die Musiker, einiges davon aufgegriffen und Impulse für eine intensivere Beschäftigung bekommen. Aber Entscheidendes, in großem Maßstab, ist nicht geblieben.

... und Händels Bühnenwerke besetzen in den Spielplänen wohl noch immer die Position einer gewissen Rarität – trotz der Versuche einiger Regisseure, zuletzt etwa Robert Carsen in Paris mit Alcina, *durch eine optische Verlegung nahe an die Jetztzeit klarzumachen, wie modern der Komponist und daß er auch ein Mann unseres Jahrhunderts ist.*

Das fällt bei Händel relativ leicht, weil seine Ironie gegenüber dem »Heldentum« ganz stark ausgeprägt ist – ein sehr gut in unsere Zeit passender Zug. Daß aber seine Werke deswegen Teil des ständigen Opernrepertoires geworden wären, kann man nicht behaupten. Nicht einmal seine besten.

Halten Sie solche Aktualisierungen für legitim, obwohl sie zweifellos nicht den Tatbestand einer »Werktreue«, wie diese landläufig verstanden wird, erfüllen? Sie haben ja selbst mit verschiedenen Regisseuren, welche die Werke auf solche Weise »auffalteten«, zusammengearbeitet.

Wenn man mit heutigen Mitteln überzeugend an die Substanz eines Stückes kommen kann, ohne es zu parodieren und die Substanz zu verletzen, dann auf jeden Fall. Bei der Oper muß die Partitur, also Musik plus Text, der Ausgangspunkt sein. Wenn das berücksichtigt wird und dabei eine in diesem Sinne stimmige Aufführung herauskommt, ist mir jedes Mittel recht, da können dann auch Ironisierungen, Brechungen vorkommen. Ein Werk darf freilich nicht erst durch Aktualisierung aufführbar werden, man muß an das Stück und seine Aktualität glauben. Dann ist mir jedes Mittel recht, das zum Werkverständnis beiträgt.

Im Zusammenhang mit Ihren Interpretationen von Händel-Opern (und nicht nur von solchen) fällt mir auf, daß Sie im

Unterschied zu manch anderem Dirigenten dieser Musik stets
auf Sänger mit stimmlicher Persönlichkeit, individuellem
Timbre, schöner Farbe zurückgriffen. Unter anderem waren
Sie einer der ersten, die in der Oper mit Cecilia Bartoli arbeite-
ten – eine kreative Verbindung. Kaum je haben Sie sich etwa
ausdrücklich auf »Spezialisten« des Barockgesangs beschränkt.

Spezialisten betrachte ich mit einigem Mißtrauen – sowohl auf vokalem als auch auf instrumentalem Gebiet. Um ein guter Musiker, ein guter Interpret zu werden, muß man mit den Problemen des Lebens vertraut sein, weil es um diese nicht nur in der Oper, sondern auch beispielsweise in einer Violinsonate geht. Wenn ich nur Musik des 17. Jahrhunderts spiele, verliere ich den Kontakt zu dem, was sonst künstlerisch noch geschah und geschieht. Das Blickfeld wird eng, was man dann auch den Interpretationen anhört. Ich erkenne Spezialisten immer daran, daß ihre Aussagen ein bißchen weniger Substanz haben als die von breiter interessierten Musikern.

Man könnte natürlich sagen, daß etwa die Sänger zu Händels Zeit auch Spezialisten waren; dabei handelte es sich aber um ein ganz anderes Spezialistentum. Man hat fast ausschließlich Gegenwartsmusik gesungen; jene der Vergangenheit war für die ausübenden Musiker nicht wirklich existent, höchstens als Vorstufe. Sie standen also voll im Leben, wie aus ihren Biographien sehr plastisch hervorgeht.

Und es ist in diesem Zusammenhang schwer vorstellbar, daß
etwa die als »Teufelin« verschriene Händel-Diva Francesca
Cuzzoni jenem Damenstift-Stil huldigte, den gewisse auf
Barockmusik spezialisierte Dirigenten ihren Sängerinnen
heute abverlangen?

Ich würde es so sehen: die Stimme, das Instrument, ist seit langer Zeit dasselbe; die Benützung dieses Instrumentes jedoch ist modebedingt. Ich bin ganz sicher, daß man beispielsweise Verdi und Wagner zur Zeit Verdis und Wagners völlig anders gesungen hat als heute; wirklich anders.

Aber nicht, weil die Kehlköpfe anders waren, sondern weil man die Stimmen anders eingesetzt hat. Man kann das an der Dauer der Karrieren erkennen, und daran, was die Sänger nach ihren Verdi- und Wagner-Laufbahnen noch singen konnten. Mit Sicherheit kann man sagen, daß ein Sänger nach einer Verdi-Wagner-Karriere heute Mozart nicht mehr wirklich richtig singen kann.

Dies hängt natürlich auch mit dem Orchesterspiel zusammen, das ja sehr anders geworden ist. Ich bin der Meinung, daß die Orchester heute im Forte-Bereich viel lauter sind als früher und daß sie diesen Forte-Bereich auch auf den Mezzoforte- und den Piano-Bereich ausdehnen. Das heißt, es wird effektiv zu laut gespielt. Aber auch das ist eine Modeerscheinung.

Ich bevorzuge Sänger, die intelligent genug sind, die Anforderungen eines Werks so zu verstehen, wie man es heute sehen kann, wie ich es sehen kann – im Zusammenhang mit den Aussagen, die der Orchestersatz bietet. Die Musik, die ich aufführe, ob im Konzert oder in der Oper, hat ja immer einen Satz, der weit über die Begleitung hinausgeht, der eigene Subtexte bietet – nicht verbale eben, sondern musikalische; solche, die den Gesang kommentieren. Das muß der Sänger wissen: er muß sozusagen in Dialog mit den Instrumenten treten können. Mich interessieren jene Sänger, die dazu imstande sind.

Wenn jemand sich zu sehr auf eine bestimmte Periode spezialisiert, verliert er häufig die Perspektive, die ihn befähigt, einen solchen Dialog souverän zu führen. Ganz wichtig finde ich die Breite einer musikalischen Beschäftigung – mit allen jenen Epochen, die heute zur Diskussion gestellt werden, wenn möglich auch mit der zeitgenössischen.

Schon in unserem seinerzeitigen Gespräch über Händel hatten Sie festgehalten, daß es eigentlich keines Spezialistentums etwa für die Barockoper bedürfe, sondern daß diese Kenntnisse Teil einer generellen Musikerausbildung sein sollten.

Richtig. Meiner Meinung nach müßten die Musiker prinzipiell so ausgebildet werden, daß sie schon während ihres

Studiums auch die stilistischen Grundregeln der Musik aller in Frage kommenden Epochen lernen. Jeder Kapellmeister, der Händel, Mozart etc. dirigiert, müßte mit den stilistischen Gegebenheiten der jeweiligen Zeit von vornherein so vertraut sein, daß er keine grundsätzlichen Fehler macht. So sollte es möglich sein, daß ein entsprechend ausgebildeter Dirigent einem normalen Orchester in normaler Probenzeit die entsprechenden Kenntnisse – Auf- und Abstriche, Vibrato, Stricharten etc. – vermittelt. Dies freilich müßte bereits auf der Hochschule vermittelt werden, was in der Praxis leider nur selten der Fall ist.

Sie haben sich Ihren Ruf zunächst als Interpret der Renaissance- und Barockmusik erworben; dennoch wird in dem biographischen Harnoncourt-Buch »Vom Denken des Herzens« wiederholt vom »romantischen Kern« Ihres Wesens gesprochen. In Ihrer Beschäftigung mit der Romantik, vor allem der deutschen, seien Sie, so die Autorin Monika Mertl, in den letzten Jahren »am Ziel angekommen«. Haben Sie tatsächlich in der romantischen Musik, wie es im Buche heißt, die Ihnen »adäquateste akustische Ausdrucksmöglichkeit gefunden«?

Ich möchte zuerst klarstellen, daß der Begriff »Romantik« für mich zwei Bedeutungen hat: Einmal die einer bestimmten Periode und einer bestimmten Art der Auseinandersetzung mit Kunst und mit der geistigen Situation; sie geht, könnte man sagen, aus von *Wilhelm Meister* und von *Werther* und endet mit Robert Schumanns *Genoveva*. Das ist das eine.

Dann gibt es etwas anderes – und hier folge ich der Äußerung von Schumann, der sagt, Musik als solche sei eine romantische Kunst; das nicht Greifbare des in Musik Ausgedrückten hat stets etwas Romantisches an sich. Insofern war die romantische Komponente bei mir seit je stark ausgeprägt, auch als Bach-, Monteverdi-, meinetwegen Gabrieli- und Josquin-Interpret, und was immer ich in meinem Leben gemacht habe und noch machen werde. Manche nennen es »emotionale Komponente«, aber sie geht wesentlich weiter.

Daß sich freilich mit der Interpretation von Musik aus der Periode der Romantik ein gewisser Kreis geschlossen hat, könnte ich unterschreiben ...

... da Sie ja durch eine Aufnahme Furtwänglers von Beethovens »Siebenter« überhaupt erst dahingehend beeinflußt wurden, sich endgültig für den Beruf des Musikers zu entscheiden ...
Daß es Furtwängler war, wurde mir zunächst gar nicht so bewußt. Ich war krank damals, dadurch wahrscheinlich übersensibel, und ich habe im Radio eine Aufführung der »Siebenten« von Beethoven gehört. Später, als ich sah, welche Bedeutung dieses Erlebnis für mich bekam, habe ich mir überlegt, wer diese Aufführung dirigiert hatte, und bin draufgekommen, daß es Furtwängler war. Aber meine zentrale Heimat als siebzehnjähriger Cellist und Amateur-Kammermusiker war natürlich die Romantik; den Schritt Richtung Brahms empfand ich damals schon als »Ausbruch« daraus.

Ich möchte überdies betonen, daß ich auch in jenen Zeiten, als ich mich vorrangig mit sogenannter »Alter Musik« befaßte, nie aufgehört habe, Schubert und Beethoven zu spielen. Es gab nie ein Vakuum in dieser Richtung; jene Periode war immer präsent. Ich bin insofern »nach Hause« gekommen, als ich diese Musik dann auch als verantwortlicher Interpret wieder gemacht habe.

Noch vor drei Jahrzehnten hätte man Ihre Annäherung an die Epoche der Romantik über Mittelalter, Renaissance, Barock, Wiener Klassik als Zugang quasi durch die Hintertür bezeichnet. Nicht zuletzt durch Ihr Wirken wird dies inzwischen aber als historisch richtiger Weg betrachtet.
... ich glaube, ja.

Ihrer Biographie meine ich freilich entnehmen zu können, daß es eher durch Zufall zur Beschäftigung mit jener Musik kam.
Ich weiß nicht, ob man es Zufall nennen kann. Daß ich mit dieser Musik zu tun haben würde, war mir immer

klar. Ich spielte Bachs Cellosonaten schon lange vor meiner intensiven Beschäftigung mit der Barockmusik, aber ich empfand sie nie als »historisch«, nicht als »alt«. Die übrige Musik aus dieser Zeit war für mich damals einfach langweilig, was mir als allgemein an Kunst Interessiertem überhaupt nicht ins Weltbild paßte. Ich war beispielsweise überwältigt von der leidenschaftlichen Architektur, Malerei, Bildhauerei des barocken Italien und hab' mir gedacht, die italienische Musik jener Zeit müßte dieses Gefühl doch adäquat vermitteln. Was in den damaligen Interpretationen aber keineswegs geschah. Insofern habe ich mich verpflichtet gefühlt, der Sache auf den Grund zu gehen – und bin auf ungeheuer Aufregendes gestoßen.

Optisches und Akustisches gehört für Sie im Sinne der künstlerischen Mitteilung zusammen. Sie haben einmal geäußert, daß auch beispielsweise ein Vivaldi-Konzert eine theatralische Aktion sei. Sehen Sie beim Dirigieren von Symphonien und Konzerten Szenen vor sich, theatralische Bilder?

Ich würde es eher Geschichten nennen. Schon als Kind war eine Mozart-Violinsonate für mich ein Bühnenstück. Ich habe den Verlauf einer Oper herausgehört, ohne noch von »Klangrede« und Ähnlichem etwas zu ahnen; völlig instinktiv.

Dies alles sind ja sprachähnliche Aussagen. Für mich zeigt jede Kunst starke Verwandtschaft mit der Sprache. Auch ein Gemälde hat diese Sprachverwandtschaft – durch die Art, wie ein Maler mich durch das Bild führt. Ich glotze ja nicht wie mit Blitzlicht auf das gesamte Bild, sondern meine Augen werden durch die Kunst dieses Malers einen bestimmten Weg geleitet; dieser Weg erfolgt in einer bestimmten Zeit, und in dieser Zeit passiert die dramatische Auseinandersetzung mit dem Bildinhalt. Das ist für mich ein sehr sprachverwandter Vorgang. Noch größere Verwandtschaft zur Sprache zeigt dieser Vorgang in der Architektur, wo ich etwa auch Rhythmik erkennen kann.

In der Musik werden sogar Mittel der menschlichen Sprache benützt, die Kommas, Semikolons, Rufzeichen, Fragezeichen. Es war allen Komponisten mindestens seit 1600 klar, daß ohne Kenntnis der Rhetorik, also ohne die Kunst, Sprache zu behandeln und zu verwenden, jedes Komponieren unmöglich ist. Die in allen Schulwerken des 17. und 18. Jahrhunderts so bezeichnete Lehre von den Einschnitten war das »Vokabelheft«, um Sprache richtig zu benützen.

Wenn Sie mir eine Frage stellen, und ich antworte Ihnen mit völlig gleichmäßigen Silben, dann können Sie gar nicht verstehen, was ich sage, weil ich die Sprache falsch benütze. Wenn ich in der Musik die Lehre von den Einschnitten nicht verwende, sondern einfach die Noten herunterspiele – auch wenn ich's noch so genau mache –, folge ich nicht der musikalischen Grammatik. Und das ist falsch.

Obwohl mancher, der das Richtige, Stimmige nicht kennt, vielleicht auch, und gerade deshalb, das Falsche schön finden mag.

Das will ich nicht bestreiten, man hat es sich angewöhnt. Leider. Doch ist das Sprachliche in der Musik für mich einer der wichtigsten Bestandteile der musikalischen Interpretation – allerdings ohne den logischen Ablauf der Inhalte; musikalische Inhalte werden völlig anders vermittelt, sozusagen als Osmose, direkt durch die Haut, in die Emotion. Heute würde man sagen: »in den Bauch«; ich persönlich nenne das sehr ungern so, weil ich den Bauch in diesem Sinne nicht für das richtige Organ halte, sondern eher das Herz.

Ich bin völlig davon überzeugt, daß absolute Musik sich keineswegs im rein Formalen erfüllt, sondern eben sprachähnlich einen Vorgang erzählt.

Sie haben dies einmal die »geheimen Programme« der absoluten Musik genannt. Ist Musik also a priori Programm – etwa gar im Sinne von Richard Strauss?

Nicht in der Art der symphonischen Dichtungen von Strauss, wenn Sie das meinen. Aber ich kann sehr gut ver-

stehen, daß ein Komponist sich selbst eine Inspirationsquelle schafft, indem er eine Geschichte schreibt – und
dann dieser Inspirationsquelle entlang komponiert, um sie
schließlich zu vernichten. Haydn ist zum Beispiel so verfah-
ren. Er sagte selbst, daß er zu jeder seiner Symphonien eine
Geschichte erfunden habe, nur für sich selbst.

*Strauss stellte sich ja auch als Interpret konkrete Bilder vor –
etwa bei Beethovens »Dritter« Szenen eines Heldenlebens.*

Das war durchaus nichts Ungewöhnliches; zu Lebzeiten
Beethovens zum Beispiel haben das alle Musiker gemacht.
Und, was heute nicht mehr denkbar wäre: die – vielleicht
auch unbewußte – Kenntnis der Rhetorik war noch so
deutlich vorhanden, daß die Bilder, die sich die verschiedensten Interpreten in den verschiedensten Teilen Europas
zu Beethovens Symphonien machten, beinahe identisch
schienen. Immer wieder wird der Finalsatz von Beethovens
»Siebenter« als großes Saufgelage dargestellt; und es gab
keinen Musiker, der sagte – wie es später Hanslick tat –,
eine Symphonie bestehe nur aus Akkordfolgen, musikalischen Bewegungen und sonst nichts, Musik sei einfach nur
Musik. Jedem war zur Zeit Haydns, Mozarts, Beethovens
klar, daß gewisse außermusikalische Vorgänge beschrieben
werden. Es geht aber gar nicht darum, daß wir wissen, um
welche Vorgänge es sich dabei genau handelt, sondern wir
sollen einfach davon bewegt, in Erregung versetzt werden.

Der Streit zwischen absoluter Musik und Programm-
musik entstand erst später und ist ein völliges Mißverständnis. Auch Brahms – der ja mit Hanslick scheinbar
eklatant auf der Seite der »absoluten« Musik stand – mußte
zugeben, bei seinen symphonischen Werken immer wieder
auf Bilder, die ihm zuflogen, zurückgegriffen zu haben.

Bei Beethoven war's sogar so, daß er überlegte, ob er nicht
die erzählerischen Inhalte seiner Klaviersonaten in den
Druckausgaben, etwa in den Satzüberschriften, festhalten
sollte. Und er war ganz knapp davor, dies wirklich zu tun.
Es gibt ein paar Sonaten, wo das Programm bekannt wurde;

er hat dabei auch auf große Vorbilder aus anderen Kunstgattungen zurückgegriffen. Wenn er zum Beispiel gefragt wurde: »Warum komponierst du den *Macbeth* nicht?«, antwortete er: »Lies diese oder jene Sonate nach, dann wirst du sehen, daß ich's längst gemacht habe.« Es war also eine damals allen Musikern bekannte Art des schöpferischen Akts und auch der nachschöpferischen Interpretation.

Irgendwo lag dann auch Walt Disney mit seinem Musikfilm Fantasia *nicht ganz falsch.*

Also, mir hat der Streifen damals gut gefallen. Ich glaube jedoch nicht, daß man so etwas jeder Musik antun darf. In diesem einen, besonderen Fall war's beinahe kongenial, aber es ist nicht übertragbar.

Ich bin zum Beispiel dagegen, Werke, die dafür nicht gemacht sind, zu vertanzen. Man hört zwar, wie wir vorhin gesagt haben, auch mit den Augen, etwa in der Bildenden Kunst, umgekehrt kann aber die Verbindung von Musik mit etwas Sichtbarem sehr gefährlich sein, weil das Auge als Organ viel »moderner« ist als das Ohr. Das Urorgan des Menschen ist das Ohr; die Augen hingegen okkupieren sofort, was man erlebt. So wird einem bei einem solchen Vorgang, beispielsweise einem Ballett nach einem Stück »absoluter Musik«, eine Interpretation aufgezwungen, die Phantasie wird eingeengt. Darin liegt die Gefahr.

Das Stichwort »Ohr« quasi als Aufhänger benutzend, möchte ich jetzt zu einem anderen Punkt kommen: Wenn man etwa Ihre Schumann-Aufnahmen und die einige Jahre später entstandenen eines Kollegen, dessen Schallplattenfirma behauptet, er habe Schumann neu entdeckt, anhört, stellt man doch die eine oder andere deutliche Parallele fest. Hat dieser Kollege nun ein besonders scharfes Ohr, oder muß man, wenn man von bestimmten Voraussetzungen ausgeht, einfach zu gleichen Ergebnissen kommen?

Im Grunde gehen wir alle ja von den gleichen Voraussetzungen aus: uns steht eine begrenzte Zahl der wichtigsten

Quellen für die Interpretation zur Verfügung, die jeder wirklich gut gebildete Musiker, der sich dafür interessiert, auch kennt. Die Ausbildungslage sollte also für alle gleich sein.

Nun gibt es unterschiedliche Temperamente und auch unterschiedliche Meinungen über das, was wünschenswert ist. Für mich stellt sich die Frage bei jedem Werk: Ist sein Inhalt so wichtig, daß er zu jeder Zeit vermittelt werden muß, oder handelt es sich um ein hübsches, wenn auch gut gemachtes Stück, das aber im Verlaufe der Zeit seine Bedeutung verloren hat?

Es gibt gewisse Künstler, deren Werke haben so wichtige Aussagen, daß wir darauf überhaupt nicht verzichten können, jene Monteverdis, Bachs, Mozarts und noch einiger anderer. Ich finde nun, daß nur alte Werke von solcher Bedeutung überhaupt heute unbedingt gespielt werden müssen; das Restliche ist eine Frage von akademischem Interesse, eigentlich bloß dazu da, um uns zu bilden, aber nicht als notwendiger Bestandteil unseres Seins.

Nun bestehen aber die meisten der Darbietungen »ernster« Musik, Oper und Konzert, wohl zu zwei Dritteln eher aus »Bildungsprogrammen«, auch und gerade im historischen Bereich.

Eben dort, wo das Wissen um historische Aufführungsbedingungen und -gebräuche einen sehr großen Stellenwert hat, ist es, finde ich, sehr gefährlich, über die eigentlichen Inhalte hinwegzusehen und nur dieses historische Wissen, so korrekt es auch ist, zu vermitteln. Man macht letzteres damit zum Inhalt selbst; das ist eine große Gefahr gerade im Bereich der Spezialisten. Deshalb möchte ich mich selbst nicht als solcher bezeichnen lassen, weil es mir, wenn auch mit den Mitteln des Spezialisten, letztlich immer um Inhalte geht. Wenn ich diese Inhalte vermitteln kann, ist es mir schon wieder egal, ob dies hundertprozentig korrekt passiert. Auch in spieltechnischer Hinsicht. Es ist ja häufig so – selbst bei Spitzenorchestern, nicht bei den ganz großen, aber auch bei sehr berühmten –, daß man findet, das Interpretationsziel sei erreicht, wenn das Vertikale perfekt ausgeführt wird, wenn man also auch bei schnellen Tempi sehr gut zusammen ist und alle genau gleich intonieren. Darüber hinaus sei gar nichts mehr wünschenswert. Für mich ist damit überhaupt nichts erreicht.

Ich finde, daß übergenaues Zusammenspiel auch eine Gefahr bedeuten kann, und daß die Interpretation auf einem ganz hohen Niveau erst dann wirklich gut ist, wenn's schon wieder nicht mehr ganz zusammen ist; wenn also die Phantasie des Einzelmusikers wieder erkennbar wird. Wenn das Orchester sich nicht als ein auf seine Weise der Perfektion nahekommendes Instrument darstellt, sondern als eine Gruppe von Menschen, die ihr ganzes Herz, ihre ganze Leidenschaft einbringen und solchermaßen nicht die Form, sondern Inhalte vermitteln.

Mit letzteren hatten Sie ja, wie Sie einmal äußerten, etwa bei Beethoven zunächst große Schwierigkeiten.

Sicher, als junger Musiker war ich zeitweise der Meinung, Beethovens Musik sei oberflächlich, äußerlich, auch zu »autobiographisch«. Schon damals interessierten mich die Geschichten, die die Stücke erzählen – nicht aber *eine* anscheinend immer gleiche Geschichte. Und letzteres empfand ich in meiner Jugend bei Beethoven.

Es ist ja nicht ganz zulässig, verschiedene Komponisten miteinander zu vergleichen, aber ich stellte mir damals ständig vor, was gewesen wäre, wenn Mozart während des Wiener Kongresses – als noch immer relativ junger Mensch – gelebt und Beethoven bei der Komposition der *Eroica* über die Schulter geschaut hätte. Das war für mich als Musikstudent ein sehr starkes Bild. Im Vergleich Mozart/Beethoven befand ich mich immer auf Mozarts Seite; Beethoven hielt ich für so unendlich viel banaler. Erst später entdeckte ich, daß ich da zwei Dinge in einen Topf geworfen habe, die überhaupt nicht vergleichbar sind. Daß Beethoven nämlich von einem völlig anderen Ausgangspunkt herkommt; daß er ein politischer Komponist ist, daß in seinem Werk das Agitatorische eine große Rolle spielt. Es war mein Fehler, mit dem falschen Maßstab an Beethoven herangegangen zu sein. Ich glaubte, ich hätte den Maßstab für die Musik an sich, dabei hatte ich ihn nur für Mozart.

Hat Ihre in den letzten Jahren vollzogene Annäherung an Bruckner etwas mit der religiösen Tradition Ihrer Erziehung zu tun?

Überhaupt nichts. Es wundert mich selbst sehr, aber ich kann Bruckners Religiosität in seiner Musik einfach nicht erkennen. Ich hatte die Auseinandersetzung mit diesem Komponisten von mir selbst auch eigentlich nicht erwartet. Sicher war ich mir bei Mendelssohn, Schumann, Brahms; auch Johann Strauß war für mich zweifelsfrei. Bruckners Werk habe ich in Wellen erlebt. Als junger Mensch war es eine große Leidenschaft; später verstand ich nicht mehr, wieso mir das vorher so imponieren konnte, und ich konnte alle negativen Urteile, die es über Bruckner gibt, nachvollziehen. Mit zunehmendem Alter habe ich mein Urteil dann wieder revidiert, aber daß ich einmal Bruckner aufführen würde, dachte ich lange nicht. Es war ein naturgegebener Prozeß, der aus der Beschäftigung mit Brahms erwuchs. Während dieser Arbeit entstand vollkommen unerwartet neben den Brahms-Partituren eine Art »Astralleib« Bruckners, und ich bin jetzt sehr dankbar dafür.

Ich weiß heute, daß Bruckner als Mensch etwas ganz anderes darstellt denn als Künstler. Ich habe das Gefühl, Bruckner, der Komponist, ist so etwas wie der Griffel einer Titanenhand, die mit ihm schreibt – er kommt mir vor wie Mondgestein, das auf die Erde fällt und loslegt. Ich kann nicht erkennen, wo er herkommt – er erfindet immer wieder neue Formen für seine symphonischen Werke –, und er hat im Grunde auch keine Nachfolger, wenn man nicht Mahler als solchen ansieht, was ich eigentlich nicht empfinde.

Bruckners Religiosität kann ja gut aus seinen biographischen Daten, die in dieser Beziehung sehr komplett sind, nachvollzogen werden. Zugleich aber war er von den Werken Wagners fasziniert, von dessen Harmoniefolgen, die für Bruckner so etwas wie die Todsünde gewesen sein müssen. Ich sehe ihn nach jeder Wagner-Ekstase sofort beichten! Diese Musik hat ihn wohl an einem Nerv getroffen, dessen Existenz er in seiner Art der Religiosität sich gar nicht zugestehen durfte. Und dann begab er sich als Komponist genau dorthin ... Der »Musikant Gottes«?!

Ich möchte hinzufügen, daß mich das Biographische eines Künstlers nur aus Voyeurismus interessiert. Ich finde, daß man Biographie und Werk nie zur Deckung bringen sollte. Man kann auch bei Mozart nicht sagen, das ist diese und jene Sonate, da hatte er gerade einen Konflikt mit seiner Frau – so etwas finde ich absolut unzulässig. Mozart war ein Profi; er hat einen musikalischen Spaß komponiert, wenn er traurig war; das Erstere hat doch mit dem Letzteren nichts zu tun. Natürlich sind die Geschichten, von denen ich oben sprach, von der Persönlichkeit des jeweiligen Komponisten geprägt, von seinen Wünschen, Vorstellungen, Ideen – aber beispielsweise im Falle von Mozart oder Schubert keineswegs unmittelbar von deren Autobiographie. Mit den Komponisten, die autobiographisch komponieren, kann ich nichts anfangen, da steigt in mir Widerwillen hoch.

Als Sie kürzlich in Graz zur styriarte in einem nach dem Motto nach Ingeborg Bachmann »Erklär' mir, Liebe« konzipierten Konzert erstmals öffentlich Werke von Richard Wagner dirigierten, neben der Tannhäuser-*Ouvertüre und der* Venusberg-Musik *das Vorspiel und den* Liebestod *aus* Tristan, *sprachen Sie in einem Fernsehinterview davon, daß Sie sich mit Wagners Musik nicht wirklich identifizieren könnten.*

Da haben Sie mich mißverstanden. Ich werde sehr oft angefragt, Wagner-Opern zu machen; in diesem Zusammenhang habe ich häufig gesagt, daß ich es trotz mehrerer Anläufe dazu einfach innerlich nicht schaffe. Interessant wären für mich die *Meistersinger* oder *Tristan*. Die *Meistersinger* schlagen mich nach dem, oder besser, *im* ersten Akt zurück; *Tristan* wäre nun irgendwie denkbar.

Dies sind ja keine Urteile über das Werk; es würde ein totales Mißverständnis bedeuten, zu glauben, daß ich damit zum Ausdruck bringen wollte, ob ich Wagners Opern schätze oder nicht. Nur schien es mir bis jetzt von innen heraus unmöglich, Wagner zu dirigieren – und es ist ja auch nicht so, daß es unbedingt von mir gemacht werden muß. Wagner wird von vielen Kollegen sehr gut betreut.

In Graz war mir allerdings jener Kontext wichtig, in dem ich die Wagner-Stücke aufführte: zusammen mit Mendelssohns *Melusine* und Schumanns *Requiem für Mignon*. Auf dem Programm befanden sich die Namen von drei Komponisten, die in der gleichen Ecke Deutschlands zur selben Zeit geboren wurden, also praktisch gleich alt sind, und deren hier aufgeführte Werke alle um das Thema »bürgerliche Liebe« bzw. »Wahnsinnsliebe« kreisen, wobei dies Metaphern für »logisch«-einfältiges bzw. phantastisch-künstlerisches Denken sind. Dabei war für mich natürlich interessant, herauszufinden: Was macht ein Mendelssohn, der die *Melusine* komponierte und *Tannhäuser* dirigierte, aus dieser Konstellation? Ich habe ja erst im Zusammenhang mit der Vorbereitung dieses Konzerts erfahren, daß Mendelssohn den *Tannhäuser* dirigiert und sich auch darüber geäußert hat. Gleich nach seiner *Melusine* die Ouvertüre und das Bacchanal des *Tannhäuser* zu bringen, halte ich für ungeheuer interessant. Da darf dann auch an keiner Note zu merken sein, daß ich den *Tannhäuser* als Gesamtwerk nicht aufführen würde.

Und danach Schumanns *Requiem für Mignon* und als Abschluß das Vorspiel und den *Liebestod* aus *Tristan*; da stehe ich vollkommen dahinter, das ist ein Bündel ganz großer Werke großer Meister.

Ich kann aber nun nicht behaupten, ich dirigiere ab jetzt Wagner – ich würde Wagner erst dann wirklich dirigiert haben, wenn ich eine ganze Oper von ihm gemacht hätte.

Wenn ich hingegen an die symphonischen Dichtungen denke, die Antonin Dvořák am Ende seines Lebens geschrieben hat, fühle ich mich innerlich weit mehr angesprochen. Und davon ausgehend, läuft mein Denken ganz woanders hin; an jener Generation interessiert mich dann Janáček viel mehr, auch Alban Berg, Strawinsky und Bartók.

Gibt es hinsichtlich dieser Komponisten konkrete Pläne?

Ich weiß noch nicht. Wenn Sie zu mir in die Wohnung kommen, dann werden Sie feststellen, daß auf den Pulten Partituren von Bartók und von Strawinsky liegen, an denen ich immer wieder stehe und brüte. Das kann plötzlich ausbrechen. Jedenfalls besteht da eine sehr große innere Beteiligung.

Ich habe zwei wichtige Werke von Alban Berg dirigiert, das Violinkonzert in Wien und *Der Wein* in Amsterdam; diese Aufführungen zähle ich zu meinen schönsten Konzerterinnerungen. Und das zweite Violinkonzert von Bartók gehört zum Ergreifendsten, das ich kenne.

Nicht allgemein bekannt ist vielleicht, daß ich ein Werk Berios uraufgeführt habe – er komponierte *Rendering* für das Concertgebouw Orchester; die Erstversion, bei der der dritte Satz noch fehlte, habe ich in Amsterdam uraufgeführt und in einigen europäischen Metropolen dirigiert. Berio war damals bei den Proben dabei; ich dirigierte zum ersten Male eine solche Partitur, und er war sehr überrascht hinsichtlich der Art, wie ich mich dem Werk annäherte.

Sie sagen in der Vorrede zu »Musik als Klangrede«, daß es heute nur Sinn habe, Musik zu machen, wenn man daran glauben könne, daß es weitergehe. Wird es Ihrer Meinung nach wieder eine Situation geben, in der man Musik nicht nur als »Muzak« mißversteht, sondern als wesentlichen und kreativen Teil des geistigen Lebens? Glauben Sie, daß sich all dies in absehbarer Zeit in Ihrem Sinne ändern kann?

Im Sinne der Menschheit. Es ist eine elementare Seinsfrage; wenn wir überleben wollen, muß es sich einfach ändern. Ich habe das Gefühl, daß wir noch nicht an jenem Punkt sind, wo wir zugrunde gehen, und daher wird es sich auch ändern. Doch der Pessimist sagt dem Optimisten: du Trottel ...

Kunst, Musik ist ja mehr und mehr zur Fremdsprache geworden. Diese Entwicklung begann bereits mit der Französischen Revolution. Schon damals stellte man sich auf den Standpunkt, Musik müsse so beschaffen sein, daß jemand, der noch nie in seinem Leben einen Ton gehört hat, ein Hirte von einer menschenfernen Alm etwa, sofort vor Rührung weint. Das ist ein ungeheurer Irrtum. Alle musikalischen Systeme sind doch künstlich. In jeder Kultur existiert Musik; es gibt auf dem ganzen Globus keine Menschengruppe, die nicht Musik macht. Doch überall sind die Systeme verschieden, sie sind nicht kompatibel. Wie soll der Hirte jetzt das »Richtige« erkennen, von dem er dann auch gerührt sein darf? Von mongolischer, indischer, afrikanischer oder europäischer Musik? Das ist absolut unmöglich. Eine Sprache kann man nur sprechen, wenn man sie gelernt hat.

Nun gibt es den populistischen Standpunkt, jeder sei Künstler, das heißt, jede auch noch so kleine »kreative« Äußerung, Kritzeleien auf dem Notizblock während eines Meetings etwa, oder Graffiti jeder Art an Häusern, Eisenbahnwagen etc. sei Kunst.

Das unterschreibe ich nicht. Die Sprache der Kunst beinhaltet, daß die Werke sozusagen in einen Rahmen gestellt werden, sodaß das, was sie uns erzählen, überhaupt allgemein wahrgenommen werden kann. Das betrifft nicht nur die Musik, es gibt auch eine je nach Kultur verbindliche Bildersprache; wenn wir über die Architektur reden, wenn wir die Türschnallen hier anschauen, ist das in einem bestimmten Kontext sprachlich gemeint. Alles gehört zusammen. Aber diese Sprache muß, wie gesagt, auch erlernt werden, zumindest in ihren Grundbegriffen. Schule des Hörens, des Sehens.

Wenn jeder sein eigener Künstler ist und seine eigene Sprache spricht, wird das Verstehen schwer. Es ergibt ein babylonisches Sprachgewirr. Man müßte in diesem Falle Kunst völlig neu definieren und eine ganz neue gemeinsame Sprache erfinden.

Monteverdis L'incoronazione di Poppea – Drama zwischen Macht und Moral

Gespräch anläßlich der Aufführung von Monteverdis »L'incoronazione di Poppea« bei den Salzburger Festspielen 1993

Gesprächspartner: Wolfgang Schaufler

Erstveröffentlichung: Salzburger Nachrichten, Festspielbeilage, Juli 1993

Herr Harnoncourt, vergleicht man die Flut der Veröffentlichungen, die 1991 das Mozart-Jahr begleiteten, mit der nun Monteverdi gezollten Aufmerksamkeit, so fällt auf, daß letzterer weit weniger beachtet wird. Was ist der Grund dafür? Allein die größere zeitliche Distanz?

Ich glaube schon. Im Musikleben hat sich die vorbarocke Musik überhaupt nicht etabliert. Das gilt nicht nur für Monteverdi. Auch im 19. Jahrhundert ist alles, was zwischen Bach und Mozart war, untergegangen. Man hat Bach durch seine Riesenhaftigkeit, durch die Bearbeitungen und vor allem durch das Engagement Mendelssohns im Bewußtsein behalten. Und Mozart hatte auch nicht den heutigen Stellenwert. Ich habe einen Brief von Brahms gelesen, in dem er schreibt, er habe »ein hübsches Stück von Mozart« entdeckt. Das war die *Sinfonia concertante* für Bratsche und Violine. Und Brahms sagt, man könne das Stück nicht aufführen. Für den Kenner freilich sei es ein interessantes Werk. Um 1870 hat man die Mozart-Opern in mehr oder weniger verballhornter Form gebracht, ebenso das *Requiem* oder die *Jupiter-Symphonie*. Aber die Frage nach der Bedeutung Mozarts wurde weder gestellt noch beantwortet. Aber selbst an derartigen Umständen gemessen, hat Monteverdi überhaupt nicht existiert. Seine Werke waren kaum zugänglich. Wer hätte sich für *Madrigalbücher* interessieren sollen? Die Kirchenmusik des 19. Jahrhunderts war durch Palestrina bestimmt. Und Monteverdi stand da ästhetisch auf einer ganz anderen Seite.

Wie sind Sie denn auf Monteverdi aufmerksam geworden?

Ich habe als Berufsmusiker nicht einmal den Namen Monteverdi kennengelernt. Es ist mir gelungen, eine sehr stark musikalisch bestimmte Jugend zu verbringen, ohne auch nur auf den Namen Monteverdi gestoßen zu sein, obwohl ich in dieser Zeit sehr viel Barockmusik gemacht habe. 1954 habe ich seinen Namen zum ersten Mal gehört. Ich war schon zwei Jahre bei den Wiener Symphonikern, habe schon den Concentus Musicus gehabt, als Hindemith in Wien den *Orfeo* aufführen wollte. Egon Seefehlner, der damalige Generalsekretär des Konzerthauses, hat mich gefragt, ob ich die Instrumente und Musiker für dieses Projekt beistellen könnte. Ich habe das mit großer Freude gemacht und war dann so überwältigt von dieser Musik, daß ich mich geradezu fanatisch auf den mir bis dahin völlig unbekannten Monteverdi gestürzt habe. Von da an gab es eine selbständige Auseinandersetzung, und ich habe mich mit Leuten in Verbindung gesetzt, die sich schon damit befaßt haben.

Bis dahin aber war er einfach nicht vorhanden. Auch nicht bei den Kollegen, die diese Aufführung initiierten. Als Karajan dann etwas später die *Poppea* in der Staatsoper dirigierte, war mir das schon geläufig, und ich wußte, was man tun mußte.

Dennoch kann man nicht sagen, daß nur Monteverdi durch den Rost gefallen wäre. Man hat von niemandem aus dieser Zeit etwas gewußt. Mit Ausnahme freilich von einigen wenigen Musikwissenschaftlern, aber von da ist nie etwas in das Bewußtsein des Musikers oder Musikliebhabers vorgedrungen. Ich glaube, ich bin da ein guter Beweis dafür, weil ich mich für alles sehr interessiert habe. Auch in den drei Jahren, in denen ich bei Professor Mertin an der Hochschule studiert habe, ist der Name Monteverdi nie gefallen.

Hat es eigentlich Schwierigkeiten bei der Entzifferung des Notenmaterials gegeben?

Schwierigkeiten gab es eigentlich keine. Das Notenmaterial des *Orfeo* ist gedruckt, da gibt es zwei Drucke, und die sind für mich sehr aufschlußreich. Man hat eigentlich alles daraus erfahren können. Dann gibt es einen Widmungsdruck an den Papst von der *Marienvesper*, von dem habe ich unheimlich viel gelernt. Dann verschiedene Manuskriptquellen und kleinere Autographen von *Ulisse* und *L'incoronazione di Poppea*. Die einzige vollständige Quelle des *Ulisse* liegt in Wien, die habe ich genau studiert. Damals hat man noch das Original vorgelegt bekommen. Und was bezeichnend ist, es hatten bis dahin nur zwölf Leute das Material einsehen wollen. Natürlich habe ich auch die Briefe studiert!

Ähnlich wie bei Shakespeare gibt es auch in der Monteverdi-Diskussion die These, an der Entstehung der großen Werke seien mehrere Personen beteiligt gewesen.

Wir haben heute einen sonderbaren Geniekult und meinen, wenn jemand anderer als der Autor an einem Werk mitarbeitet, dann ist das Ergebnis nicht mehr »sauber«. Aber man hatte ja früher eine völlig andere Einstellung zum Thema Plagiat und zur Autorschaft.

Erfinden und Finden ist eine ähnliche Sache. Händel zum Beispiel hatte eine riesige Kartei von musikalischen Ideen. Wenn Ideen von Telemann oder Bach oder einem Italiener in einem Werk besser gepaßt haben als der eigene Einfall, dann hat er sie genommen. Er hat dabei keine Sekunde daran gedacht, zu stehlen. Heute jubelt jeder Musikwissenschaftler, wenn er so etwas findet. Das ist ein ganz falscher geistiger Zugang. Monteverdi hat eine große Zahl von Schülern gehabt, und seine Arbeitsweise war ähnlich.

In diesem Zusammenhang ist freilich auch die Frage des Stils nicht unbedeutend.

In dieser Generation hat die meiner Meinung nach überhaupt größte Revolution der gesamten Musikgeschichte stattgefunden. Größer noch als jene der zweiten Wiener Schule. Kurz vor 1600, als die Motette und das Madrigal eine musikalisch unglaubliche Höhe erreicht hatten, fand man, daß dies keine Musik sei, weil man den Text, der durch die vielen Imitationen nicht zugleich gesprochen wird, nicht verstehen könne. Ein weiterer Einwand war, daß die Griechen eine andere Musik hatten, und die waren ja damals ein uneingeschränktes Vorbild. Nun sagte man, daß die mehrstimmige hochentwickelte Musik schlecht sei und keine Qualität habe. Das ist unglaublich radikal. Eine so hohe und – wenn man an Gesualdo denkt – fast überreife Kunst wegzuwerfen, und dann eine Stimme mit ein paar jämmerlichen Akkorden zur wahren Musik zu erklären! Das bedurfte schon eines Monteverdi, der in beiden Stilen virtuos war. Eine solche Neuerungswelle, wie sie sich zwischen 1580 und 1640 abgespielt hat, gibt es in der abendländischen Musik kein zweites Mal. Das liegt zwischen *Orfeo* und *Poppea*.

Es fällt auch auf, daß die typischen Figuren der gesamten Operngeschichte in Poppea *schon vorkommen.*
Das sind Total-Figuren. Es kommen auch alle Figuren von Shakespeare darin vor. Aber es gibt keine einzige Oper, in der alle zusammen wieder vorkommen. Zwischen der *Poppea* und *Figaro* sehe ich keine vergleichbare Größe, da ist Gleichwertiges nicht zu finden. Hier ist jeder einzelne Parameter, der eine Oper ausmacht, in Vollkommenheit vorhanden.

Was kann uns Poppea *heute sagen?*
Ich halte dieses Werk für ein ganz modernes Stück, das bis heute nichts an Aktualität verloren hat. Die Faszination des menschlichen Charakters, der nur selten das Gute als Antriebsweise seiner Handlungen hat, und die Korruption des menschlichen Charakters durch übermäßige Intelligenz wie bei Seneca – das sind zeitlose Themen.
Außer Damigella gibt es in dem Stück keine Person, die einen unzweifelhaften Charakter hat. Es werden urmenschliche Eigenschaften und die Folgen daraus unglaublich raffiniert geschildert. Wie Poppea ihre Ausstrahlung als Frau

benützt, um ein ganz bestimmtes Ziel zu erreichen! Amor schießt seine Pfeile immer genau dahin, wo sie am meisten Aufregung und Unheil anrichten.

Die Frage, was ein Mensch darf, wo die Grenzen zwischen Moral und Sünde sind, ist nicht nur historisch relevant. Man könnte dem Stück eine pessimistische Grundhaltung unterstellen. Aber ich sehe das überhaupt nicht so. In *Poppea* kann man sich groß in den Spiegel schauen. Für mich ist das mit Mozarts *g-Moll-Symphonie* vergleichbar; wenn ich die gehört habe, habe ich in die Abgründe der menschlichen Seele geschaut. Das kann man verbal gar nicht ausdrücken. Ähnlich ist es bei *Poppea*.

Monteverdi hat sehr dramaturgisch gedacht. Allein die Art, wie der Text montiert ist! Diesem unglaublich modernen Libretto hat er durch die Komposition eine neue, noch tiefere Dimension gegeben. Es entstehen ganz neue Zusammenhänge. Monteverdi folgt dabei einerseits den Regeln des neuen Stils, aber zugleich geht er weit über diese Regeln hinaus, weil er als überragende Größe diese nicht nur spielerisch beherrscht, sondern auch schon wieder ablehnt. Das Genie wird immer dort interessant, wo es die Regeln übertritt. Regeln sind wichtig, weil man eine Übertretung nur durch deren Existenz spüren kann. Diese Elemente machen *Poppea* für mich zu einer zeitlosen Oper.

Wie stellt man jenen Zustand überhaupt wieder her, daß wir frei sind für solche Erfahrungen? Ist das überhaupt möglich?

Ich glaube nicht, daß es möglich ist. Wir wissen einerseits zuviel, andererseits aber wissen wir überhaupt nichts. Wir haben den großen Kunstwerken gegenüber eine enorme Arroganz entwickelt, haben aber überhaupt nicht das Format dazu. Unser Quasi-Wissen und unsere vermeintliche Überlegenheit bekommen wir nicht weg. Allein die Naivität könnte helfen, daß wir einmal unsere gar so großen Gehirnwindungen abschalten und vergessen, bis wir spüren, daß da etwas ist, das wesentlich mehr weiß als wir, ein Wissen des Herzens und der Phantasie.

Das ist die Sprache der Kunst. Ich habe das Vertrauen, daß die Antennen des Gefühls angesprochen werden können. Und ich erlebe das auch immer wieder, daß es riskante künstlerische Ereignisse gibt, bei denen man plötzlich auf alle kritische Voreingenommenheit verzichtet, weil sie ganz einfach wirken. Darauf hoffe ich.

Bei *Poppea* muß man den Unterschied zwischen Werk und Aufführung verstehen. Ich muß mir da die Frage stellen, wie sehr ich der Zeit verpflichtet bin, wie die Aufführung für uns wesentlich sein kann, wie ich eine Sprache finden kann, die das Werk dem heutigen Hörer verständlich macht. Das ist ein ganz komplizierter, großer Fragenkomplex, der auch die Frage einschließt, wie weit ein Interpret verpflichtet ist, den Anweisungen des Komponisten zu folgen. Worin bestand etwa die Verpflichtung von Mozart, wenn er Bach interpretierte? An diesen Überlegungen zur künstlerischen Moral entscheidet sich die Frage, was ein Interpret soll. Ob er, wie es Strawinsky einmal gesagt hat, »nur an der Schnur ziehen darf, und die Glocke läutet«. Das wäre sehr einfach; und es gibt immer noch Anhänger dieser Überzeugung. Meiner Meinung nach gibt es da keine eindeutige Lösung. Ich kann immer nur für den Augenblick entscheiden. Eine ein für allemal festgelegte Interpretation wäre ja auch kunstwidrig. Das ist eine ganz heikle Sache. Die für den entsprechenden Augenblick der Aufführung gefundene Lösung kann ich aber, nach Abwägung aller Faktoren, nicht mehr in Frage stellen. Aber die Entscheidung fällt nicht immer leicht.

Was sind nun die Leitlinien darin?

Ich versuche das Werk aus der Zeit zu verstehen. Ich versuche, die formale Anlage zu verstehen, die ursprünglichen aufführungspraktischen Bedingungen zu erfahren und ihren Sinn zu verstehen, was allerdings nur bis zu einem gewissen Grad möglich ist. Und dann kommt die wichtige Frage, ob ich mit der vermeintlich originalen Interpretation dem heutigen Hörer überhaupt etwas mitteile. Der hat ja ein ganz anderes Reizschwellen-Kostüm. Was früher neu und sensationell war, wirkt heute ganz anders.

Der Verlust der Unschuld ist absolut unwiederbringlich.

Sprechendes Singen, Singendes Sprechen, Singen: aus vielen theoretischen Äußerungen der Zeit weiß man, daß diese drei Formen der Angelpunkt des Sologesangs waren. Was damals wirklich geschehen ist, kann man nicht rekonstruieren. Es fehlt das Wissen, das man für so selbstverständlich gehalten hat, daß es nicht aufgeschrieben wurde. Ich schließe mich nicht der Meinung an, daß man aus dem überlieferten Material bereits auf die damaligen Aufführungen schließen kann. Eher kann man aus dem, was die nachfolgende Generation gemacht hat, Rückschlüsse gewinnen.

Mein Resultat: Die Notation von Gesangstimme und Baß, der vielleicht sogar beziffert ist, ist das Werk. Das gilt so bis Mozart. Was dazwischen ist, wird ausgefüllt – Instrumentieren hat man damals noch nicht gesagt. Diese Arbeitsweise ist in der Generation Monteverdis erfunden worden. Gesanglinie und Baß: das also ist das Werk.

Alles weitere, was damit passiert, ist die Ausführung. Was die Harmonien betrifft, gibt es ein ziemlich gut bekanntes Regelgebäude, welche Harmonien unter welchen Umständen gespielt werden müssen, wobei die dramatischen Faktoren meist wichtiger sind als die rein musikalischen.

Man kann eine Monteverdi-Oper also auch bloß mit einem Cembalo aufführen?

Theoretisch ja. Man weiß aber, daß diese Opern mit sehr großen Besetzungen aufgeführt worden sind. Da ist ein großes Fragezeichen über jeder Entscheidung, das aber kleiner wird, wenn ich mir die Gesangsarten ansehe. Es wird über das *recitar cantando* gesagt, daß man es sehr einfach begleiten soll. Caccini sagt sehr genau, auf welchen Worten Dissonanzen gemacht werden müssen, welche Instrumente dafür geeignet sind, daß eine Laute hier besser ist als das Cembalo, daß im Baß möglichst wenig Rhythmen und kaum Gegenstimmen sein sollen. In *cantar recitando* wird der Baß wichtiger. Das heißt für mich, daß da ein Instrument mitspielen muß, ein Cello, ein Fagott oder etwa eine Posaune. Im *cantare* ist die Melodik der Singstimme wieder anders.

Die Cantare-Stellen sind damals schon als *belcanto* bezeichnet worden; das sind Stellen, die immer im Dreiertakt stehen, was einen festen Rhythmus verlangt. Und da bin ich der Meinung, daß die Instrumente, die die Ritornelli spielen, auch den Gesang begleiten sollen.

Wenn man ein oder zwei Generationen nach Monteverdi anschaut, so gibt es in Venedig sehr viele Partituren, die genau an den Cantare-Stellen leere Zeilen haben. Manchmal sind die ersten zwei, drei Takte für Violinen oder Bläser notiert. Das sagt mir so gut wie sicher, daß die Instrumentation Sache der Aufführung und nicht des Werkes war.

Das Werk war also komplett mit den Außenstimmen. Wie sehr dann improvisiert wurde, wissen wir nicht. Es wird immer wieder vom improvisierten Kontrapunkt mehrerer Musiker gesprochen. Das ist vom Wissensstand heutiger Musiker her aber sehr schwer vorstellbar. Kurz nach Monteverdis Tod wollte man den *Ulisse* wieder aufführen. Man hat dann aber gesagt, eine Aufführung sei unmöglich, weil der einzige, der wußte, wie das Stück aufzuführen sei, ja gestorben war. Ich kann mir das nur so erklären, daß nur Monteverdi wußte, wie die verschiedenen Unterlagen zu ordnen waren. Ich kenne diese Probleme aus der Erfahrung langjähriger Praxis.

Gibt es Unterschiede zu der Lösung, die Sie für Zürich erarbeitet haben, und der für Salzburg? Sie haben hier ja einen wesentlich größeren Raum zur Verfügung.

Ich setze mich mit meiner früheren Lösung nicht auseinander. Ich höre mir die Aufnahme nicht an, aber ich benütze natürlich die Unterlagen, die ich damals erarbeitet habe. Im Vergleich zu früher habe ich neue Erkenntnisse. Auch der Zugang zu den Quellen ist heute besser. Ich weiß heute viel mehr über die venezianische oder die neapolitanische Quelle. Ich werte also anders. Dazu habe ich noch einige Libretti.

Vielleicht bin ich auch etwas reifer als früher, vielleicht habe ich eine weniger harte Meinung gegenüber anderen Einstellungen, vielleicht bin ich weniger dogmatisch als früher.

Für mich ist das alles sehr schwer nachvollziehbar, weil ich die Vergangenheit nicht so sehr mit der Gegenwart vergleiche. Ich habe das Gefühl, daß ich jetzt in vielen Interpretationen natürlicher und flexibler bin. Vielleicht gilt das auch für Monteverdi.

Ein Unterschied zu früher betrifft freilich die Sänger und auch die Raumsituation. Zum Glück hat das Große Festspielhaus jetzt eine sehr intime Akustik. Ich habe mich mit dieser Akustik sehr beschäftigt, und auch bei der Aufführung des *Mozart-Requiems* im Jänner 1991 und bei der *Missa Solemnis* im letzten Sommer noch Verbesserungen sehr intensiv gesucht. Diese Adaptionen wirken sich auch heute aus. Ich stehe dazu, daß man dieses wichtige Stück hier spielen soll, daß man es mit Sängern besetzen soll, die den Raum bewältigen können, daß man das Continuo den Umständen anpaßt. Das ist natürlich ein Experiment, ich hoffe, daß es auch gelingen wird.

Inwiefern beeinflussen die Inhalte die Instrumentation?

Durch die Art, wie die Worte in Musik gesetzt werden, entsteht ein zweiter Text, der unter Umständen das Gegenteil dessen bedeutet, was die Worte sagen. Das ist vom Komponisten eindeutig festgelegt. Ich kann daraus erkennen, was er will.

Ottavia sagt etwa zu Ottone: »Bring die Poppea um, oder ich zeige dich an, daß du mich vergewaltigen wolltest! Dann wirst du sofort aufgehängt.« Das ist eine klassische Erpressung, wie man sie morgens in der Zeitung lesen kann. Ottavia sagt den Namen Poppea so leise, daß ihn Ottone erst beim dritten Mal versteht. Ottone wiederholt dann: »Poppea!« Aber Monteverdi hat das Wort so gesetzt, daß man sofort weiß, in welcher Beziehung er zu ihr steht. Das ist hochgradige Psychologie. Jede Figur demaskiert sich andauernd in der Musik.

L'incoronazione di Poppea wurde immer wieder zum Vorwurf gemacht, daß darin die Moral zu kurz komme. Teilen Sie diese Ansicht?

Das würde ich nie zum Vorwurf machen. Moral kann sehr stark in der Negation wirken. Wenn man die Katastrophe der Amoral zeigt, ohne eine daraus resultierende Bestrafung, dann kann der Schock viel größer sein. Ich kann durch das Aufzeigen der Amoral nicht die Position des Komponisten zu diesem Thema beweisen.

Die große Kunst besteht ja darin, daß er überhaupt nicht sagt, welche Wirkung er erzielen will, aber trotzdem den Menschen verändert. Es gibt viele sogenannte Bekehrungsstücke, auch im 17. Jahrhundert. Die großen Werke sagen darüber aber nichts. Der Komponist weiß allerdings um die Wirkung des Werkes.

Was ist *Così fan tutte* alles vorgeworfen worden! Was das für ein Machwerk sei, moralische Wertung, etc. Es ist meine feste Überzeugung, daß große Komponisten eine künstlerische Moral haben. Die wirkt vielleicht ganz unbewußt. Ich glaube, man soll da nicht zuviel heruminterpretieren, sondern auf die Wirkung warten.

Bei *Poppea* habe ich eine Instrumentation gesucht, die meinem persönlichen Geschmack entspricht, die stilistisch passend ist und zugleich die Klangsymbolik der heutigen Assoziationswelt so erfüllt, daß der Hörer ohne historische Vorbildung das Werk verstehen kann. Das ist mir das Wichtigste. Ich würde sogar, um ein Werk verständlich zu machen, historische Fehler in Kauf nehmen. Etwas richtig zu machen, ist mir nicht so wichtig wie die Vermittlung der Wahrheit eines Werkes.

Über Bach kann man nicht lachen

Gesprächspartner: Lucas Wiegelmann
Erstveröffentlichung: Die Welt Online, 25. Dezember 2011

Herr Harnoncourt, warum sollten wir heute noch
das Weihnachtsoratorium *hören?*

Es gibt ja nicht »das« *Weihnachtsoratorium.* Über eine
einzige Arie könnte ein Philosoph heute ein ganzes Buch
schreiben.

Dann nehmen Sie Ihre Lieblingsarie aus dem Weihnachtsoratorium.

Ich kann kein Lieblingsstück haben. Bach ist für mich als
Künstler, vielleicht als einziger, immer am besten. Das ist
mir vollkommen unbegreiflich. Er steht unter irgendeiner
Dusche von Eingebung. Es gibt kein Wort dafür – vielleicht
Vollkommenheit in allem.

Dann versuchen wir es mit der ersten Nummer des Weih-
nachtsoratoriums, *»Jauchzet, frohlocket«. Warum sollten wir*
das heute noch hören?

Weil Sie nach diesem Chor sagen werden: Was mir
sonst im Leben das Wichtigste ist, ist gar nicht so wichtig.
»Jauchzende Freude« ist ein barocker Begriff. Heute würde
niemand mehr sagen, er habe jauchzende Freude empfunden, als er zum Beispiel einen Geschäftserfolg hatte. Der
kennt diese Freude von damals gar nicht, der denkt schon
wieder an die nächste Million. Musik handelt vom Unsagbaren. In diesen jauchzenden Dreiklangsfiguren sind ganz
viele Elemente der Freude und des Froh-sein-müssens, die
mit den Worten »Jauchzet, frohlocket« allein nicht ausgedrückt werden können.

Wieviel Spiritualität steckt in Bachs Musik?

Wenn er den Streit zwischen Phoebus und Pan komponiert, ist von Religion keine Rede. Aber wohl von tiefster geistiger Aussage. Dann gibt es wieder Kantaten, die sind purste Religion. Bach war bereit, jeden Bereich des menschlichen Empfindens darzustellen. In den weltlichen Kantaten oder in den *Brandenburgischen Konzerten* oder in den *Solosuiten* – es gibt ja kaum eine Sparte in der Musik, die Bach nicht berührt hat. Wenn der sächsische Kurfürst in Dresden ihn als Hofkomponist angenommen hätte, hätte er auch katholische Kirchenmusik geschrieben. Und Opern.

Warum kam es nicht dazu?

Der eine schreibt das und der andere jenes, und ich glaube keins von beidem. Ich glaube keinem Biographen und auch keinem Historiker. Ich weiß nicht mal, ob Cäsar je in Gallien war. Ich weiß nur: Wenn Bach nach Dresden gegangen wäre, gäbe es eine Oper von ihm – vielleicht. Mehr kann man nicht wissen.

Ihre Arbeit besteht seit Jahrzehnten darin, die Aufführungspraxis der Barockzeit aus alten Handschriften zu rekonstruieren. Nun sagen Sie: die Quellen lassen uns im Stich, wir können nichts Genaues über Bach sagen?

Die Quellen lassen uns am wenigsten im Stich. Die Ausleger der Quellen lassen uns im Stich.

Zu denen gehören Sie auch.

Ja, aber ich lege nur für mich aus. Ich gehe nicht mit dem Zeigestock herum und sage: Du mußt es auch so machen. Wenn Sie einen beliebigen Band einer der großen Bach-Gesamtausgaben des 20. Jahrhunderts aufschlagen, steht auf jeder Seite unten: Hier ist das so und so zu spielen, dort so und so. Gerade bei einer der Kantaten, die ich jetzt in Wien gemacht habe, steht ein Sternchen in den Noten, und als Legende etwas nach dem Motto: »Bis hierher reicht die Artikulationsvorschrift Bachs, ab hier ist sie zu ergänzen nach Vorschlag des Herausgebers.« Solche unsinnigen Kommentare kann ich überhaupt nicht akzeptieren. Erst einmal müßte das, was Bach bis dahin geschrieben hat, ausgelegt werden.

Warum ist das so schwierig?

Man kann die Musik nicht einfach so spielen, wie Bach sie da hingeschrieben hat. Die Notenschrift kann ja weder die Tonhöhe noch die Tondauer noch das Tempo darstellen. Oder nehmen Sie die Artikulation: Bach hat bei den meisten seiner Werke überhaupt keine Artikulation in die Noten geschrieben. Bei einigen aber schon. Wenn man jetzt sagt: Ich muß mich an die Quellen halten, dann spiele ich das eine ohne Artikulation und das andere mit. Aber das ergibt überhaupt keinen Sinn, weil es musikalisch dieselbe Sprache ist. Meine Hypothese ist: Bach hat viel mit Studenten und Schülern gearbeitet. Er artikuliert für die, die nicht wissen, wie sie spielen sollen. Und die, die es wissen, würde er beleidigen, wenn er denen Artikulationsvorschriften in die Noten malt.

Spielen Sie privat noch manchmal die Cello-Suiten von Bach?

Nein, ich spiele gar nicht mehr. Es gab einen Tag, 1986 war das, da habe ich gesagt: Das, was ich tun will, erfordert eine Lebensweise, die das Cellospielen nicht mehr erlaubt. Ich wollte nicht schlechter spielen, dann lieber gar nicht. Aber davor habe ich die Bach-Suiten immer gespielt. Schon mit dreizehn. Immer wenn ein emotionales Ereignis mich erschüttert hat, habe ich mich ins finstere Zimmer gesetzt und Bach gespielt.

Eine Ihrer wichtigsten Thesen ist die der »Klangrede«. Es gibt rhetorische Figuren in der Musik, die eine symbolische Bedeutung haben. Gebildete Menschen des Barock kannten sie, wir haben sie heute verlernt. Was erzählt Ihnen eine Cellosuite von Bach?

Die Musik ist eine Sprache. Sie folgt den Regeln der Rhetorik. Es gibt Listen von musikalischen Figuren, die haben dieselben Namen wie die rhetorischen Figuren und werden von den Komponisten so angewandt. Aber ich kann nicht sagen: Da hat mir Bach erzählt, wie seine Großmutter Krebs gehabt hat und Schmerzen und so. Er erzählt vielleicht so unsagbar glückhafte Dinge, daß der Zuhörer vor Freude Tränen vergießen muß oder aus tiefster Verzweiflung. Diese Dinge sind nicht in Worte zu fassen, aber für den Komponisten sind sie konkretisierbar in Tönen.

Aber das ist doch genau diese Art von emotionaler Überwältigung, die Sie nicht mögen. Sie bedauern in Ihren Texten, daß die Konzertgänger die Musik nur schön fänden, aber eigentlich gar keine Ahnung von der Theorie hätten. Man könne Bach nicht hören, ohne auch etwas über Musik zu wissen.

Ja, bei Bach stimmt das ja auch. Die Musiksprache hat gewisse Grundvokabeln. Ich muß sie vielleicht nicht benennen können. Ich muß nicht wissen, daß an einer bestimmten Stelle ein verminderter Septakkord steht. Aber wenn ich einen verminderten Septakkord höre, muß es mir weh tun. Wenn das spurlos an mir vorübergeht, als wäre es ein gewöhnlicher D-Dur-Dreiklang, dann kann ich nur oberflächlich an der Glasur der Musik schlecken. Diese Art von oberflächlichem Genuß ist sehr verdächtig. Der Zuhörer soll sich schon ein bißchen anstrengen.

Gucken Sie deshalb immer so böse auf Ihren Plattencovern?

Ich grinse nicht, wenn ein Fotograf mich darum bittet. Aber ist Nicht-grinsen böse? Ich bin wirklich nicht böse, aber wenn ich keinen Anlaß sehe zu lachen, warum soll ich lachen? Ich interessiere mich schon lange für das Lachen. Mit dreiundzwanzig Jahren habe ich einen Preis ausgeschrieben: Gesucht wird jemand, der über etwas Schönes lachen kann und der weder ein Baby noch ein Wahnsinniger ist. Ist bis heute nicht gelungen.

Mißtrauen Sie dem Lachen?

Nein, Lachen ist etwas Tolles und auch sicher gesund. Aber ich habe vieles gelesen, was die griechischen Philosophen über das Lachen geschrieben haben. Lachen gründet immer auf einer Diskrepanz. Das Lachen der Sarah im Alten Testament ist für mich der Prototyp des Lachens. Sarah ist neunzig Jahre alt, und ihr wird gesagt: »Du kriegst ein Kind«, und sie fängt an zu lachen. Weil es so absurd ist. Man lacht über Absurditäten. Über das *Weihnachtsoratorium* kann niemand lachen.

Ist zum Beispiel ein Bach-Klingelton fürs Handy ein Sakrileg?

Mir tut es weh. Es muß jeder wissen, warum er es macht. Wenn Ihnen das irgendwas gibt und Sie dann beim Telefonieren freundlicher sind, mag es erträglich sein. Aber für mich käme es nicht in Frage. Oder Musik im Lift – unerträglich. Ich gehe im Hotel nicht gern zu Fuß in den achten Stock. Aber wenn im Lift Musik läuft, bitte ich an der Rezeption, sie abzustellen. Ich kann auch nicht essen zu Musik. Wenn in einem Restaurant Musik oder gar Bach läuft, gehe ich sofort wieder.

Wie wichtig sind biographische Erkenntnisse über einen Komponisten?

Sie sind fast immer überflüssig. Bei praktischen Fragen kann die Biographie manchmal helfen. Um zu wissen, wann Bach ein Cembalo hatte, ob er selbst die Noten geschrieben hat oder diktiert hat. Sonst ist die Biographie nutzlos. Wenn ich sage, daß Bachs Musik manchmal hocherotisch ist, wird mir manchmal geantwortet: Klar, Bach hatte ja auch einundzwanzig Kinder. Was hat das damit zu tun? Man kann auch gar keine Kinder haben und ein Lustmolch sein.

Spielt es eine Rolle, ob Bach religiös war?

Ob er religiös war, kann ich nicht beantworten. Ich kann mir nicht vorstellen, daß er es nicht war. Es wird auch immer gesagt, Beethoven sei nicht religiös gewesen. Schauen Sie, was er an die Seite der Fünften Symphonie geschrieben hat! Lauter tief gläubige Bitten an Gott, ihm zu helfen. Ich kann mir nicht vorstellen, daß Bachs Aussagen ohne persönliche Religiosität möglich sind.

Bachs Bibel ist ja zum Glück erhalten, und er hat viele persönliche Anmerkungen hineingeschrieben.

Er muß ein eifriger Leser gewesen sein. Er hat ja fast immer mit seinen Textdichtern gemeinsam an den Libretti gearbeitet.

Durchleben Sie die religiösen Werke Bachs gar nicht spirituell?

Ich kann die religiöse Aussage ja nicht negieren. Aber wollen Sie von mir verlangen, daß ich nach einer Arie wie »Ich freue mich auf meinen Tod, ach, hätt' er sich schon eingefunden« vors nächste Auto springe? Das kann ja nicht der Zweck der Kantate sein.

Bei Ihrem jüngsten Bach-Konzert in Wien lautete ein Text: »Alles, alles, was wir sehen, das muß fallen und vergehen. Wer Gott fürcht', wird ewig stehen.« Würden Sie das denn unterschreiben?

Was man für das Wichtigste hält – ist vielleicht wirklich nichts. Darüber sollte der Mensch nachdenken. Er muß dazu nicht mal religiös sein. Sterben wird er auch, und was er für wichtig hält, ist das nicht letztlich nur Rauch und Nebel?

Totaler Musenkuß

Gesprächspartner: Peter Schneeberger

Erstveröffentlichung: Profil, 17. April 2000

Bach komponierte über tausend Werke. Wie geht das?
Es gibt Komponisten, die wesentlich mehr geschrieben haben. Georg Philipp Telemann etwa schuf über zweitausend Kantaten. Dagegen nimmt sich Bachs Œuvre ja richtig bescheiden aus. Dennoch stand Bach in einem Regen von Inspiration, der niemals schwächer geworden ist. Das Wunder Bach begründet sich nicht in der Quantität, sondern in der Qualität seiner Musik.

Der Kantor hat keine einzige Kantate in den Sand gesetzt?
Nein, die wäre dann nicht von ihm. Das muß man sich einmal vorstellen: Fünf Jahre lang schrieb der Mann jeden Montag eine Kirchenkantate, probte sie am darauffolgenden Samstag und führte sie noch am Sonntag auf. Die Wahrscheinlichkeit, diese Kantate jemals wieder verwenden zu können, war gleich null. Dennoch hat Bach selbst die abseitigen Aspekte dieser Gebrauchskompositionen so ausgeführt, als müßten sie vor der Ewigkeit bestehen. Diese künstlerische Moral beeindruckt mich nachhaltig.

Wie stark entzieht sich Bachs komplexes Spätwerk dem heutigen Konzertbetrieb: daß man hineingeht und konsumiert?
Das funktioniert bei einem wirklich großen Komponisten ohnedies nicht. Es ist notwendig, das benützte musikalische Grundvokabular zu kennen. Man sollte fühlen, wie sich ein Quartsextakkord auflöst. Ohne das kann ich nicht einmal eine Salzburger Mozart-Symphonie oder einen guten Jazz ordentlich hören. Die letzten Feinheiten

der Kanon- und Fugentechniken, wie sie im *Musikalischen Opfer* oder der *Kunst der Fuge* vorkommen, kann man freilich nur anhand der Noten erkennen.

Viele schrecken vor Bach zurück, weil sie nach zwei Stunden intellektuell erschöpft sind.

Aber überhaupt nicht! Erstens ist es keine Schande für einen Künstler, intelligent zu sein. Zweitens schrieb Bach Musik, die jemandem, der das Vokabular kennt, absolut unter die Haut geht. Wenn ich Bach gehört habe, bin ich nicht derselbe Mensch wie davor. Intellekt und Emotion halten sich hier wie bei aller großen Kunst die Waage. Prinzipiell gilt: Eine völlig intellektfreie Kunst kann überzeugen, sogar ergreifen. Das Gegenteil hingegen taugt überhaupt nichts: Das sind leblose Kopfgeburten.

Bach schrieb seine Musik auch für den Kopf: Architektur, Symbolik und Symmetrie spielten bei ihm eine große Rolle.

Natürlich setzte Bach Zahlen für Buchstaben ein, hinterließ in den Kompositionen seinen Namen oder wandte sich in den Violinsonaten durch geschickte Zitate liebend an seine Frau, wodurch man wieder Rückschlüsse auf Bachs Biographie ziehen kann. Das ist faszinierend. Aber das wirklich Tolle daran ist, daß man diese Spielereien nicht merkt, daß es trotzdem umwerfende Musik bleibt.

Ist Bach Musik für Kenner?

Musik überhaupt ist für Kenner. Und es sollte jeder ein Kenner sein.

Was unterscheidet Bach von seinen Zeitgenossen?

Der totale Musenkuß. Lange Zeit konnte man frühe und späte Werke nicht voneinander unterscheiden, weil alles gleich gut war. Bach beherrschte außerdem sämtliche kompositorischen Raffinessen seiner Zeit. Er hat die reichste Harmonik, die Melodien sind besser als bei allen anderen, Instrumentation und Architektonik sind perfekt. Diese totale Art von Begnadung kenne ich sonst nur von Mozart. Gleichzeitig war Bach in seinem Alltag so absolut alltäglich: Er mußte sich um eine große Familie kümmern, trank gerne ein Glas Bier und hatte mit seinen Chefs Probleme. Dieses Spannungsverhältnis zwischen Kunst und Mensch finde ich rührend.

Bach war tief im Glauben verwurzelt: Erschwert das am Ende des 20. Jahrhunderts die Verständlichkeit seiner Musik?
Ich gehe davon aus, daß Komponisten wie Bach, Mozart und Bruckner religiöse Menschen waren. Aber das tut nichts zur Sache. Wichtig ist, daß Bach religiöse Werke schrieb, die nicht von ihrem textlichen Inhalt abzulösen sind. Den ästhetischen Zugang, sich nur an der musikalischen Kunstfertigkeit zu delektieren, finde ich unbrauchbar. Ich käme mir verlogen vor.

Muß man gläubig sein, um Bach lieben zu dürfen?
Ich glaube nicht, daß unsere Zeit so total säkularisiert ist: Das Bedürfnis der Menschen nach Halt, Zuspruch und Richtschnur hat sich nur von den offiziellen Konfessionen zu verschiedenen Ersatzreligionen hin verschoben. Ich kann jedem Konzertgeher versprechen: Wer Bach hört, wird in Bachs Welt aufgehen. Zumindest jene zwei Stunden lang, die es dauert.

Bach ist also so modern wie vor gut zweihundertfünfzig Jahren?
Er ist so modern wie Euripides, Shakespeare oder Michelangelo. Diese Großmeister sprechen Dinge an, die uns bis heute in Verzweiflung stürzen können oder ein Hochgefühl erzeugen, daß uns ganz schwindlig wird. Wer etwas über Tod, Liebe, Verzweiflung oder auch Zärtlichkeit lernen will, wird bei Bach Antworten finden, die nichts von ihrer Aktualität verloren haben.

Bach im Humus der Zeiten

Gespräch anläßlich der 250. Wiederkehr des Todes
von J. S. Bach im Jahr 2000

Gesprächspartnerin: Dagmar Zurek

*Bei der Fülle des Angebots von Tonträgern zum Bach-Jahr –
warum sind Ihre Aufnahmen besser als die anderer?*

Das ist eine schwere Frage für mich. Denn es gehört
zu meinen Prinzipien, nicht über das zu sprechen, was
andere betrifft. Wenn ich meine eigenen Aufnahmen als
die besten bezeichne, würde dies ja bedeuten, alles andere
sei weniger gut. Das sind Entscheidungen, die die Nachwelt trifft – mir selbst käme eine solche Aussage zu markt-
schreierisch vor. Natürlich bemüht sich jeder, solch einem
gewaltigen Thema, wie es das Gesamtwerk Bach darstellt,
wirklich gerecht zu werden. Vergleiche liegen mir überhaupt nicht. Ich versuche einfach, den Anforderungen
gerecht zu werden, die das Werk Bachs an uns als Musiker
stellt.

*Wenn Sie Ihre früheren Aufnahmen der Solo-Suiten oder der
Bachkantaten hören und diese mit Ihren letzten Einspielungen
vergleichen – gibt es da Dinge, die Sie heute anders machen
würden?*

Ich spiele heute nicht mehr Cello. Damit hörte ich vor
vierzehn Jahren auf. An jenem Tag, als ich feststellte, daß
ich einfach nicht mehr genug Zeit zum Üben habe, was ja
Voraussetzung dafür ist, als Cellist wirklich überzeugend zu
sein. Die Veränderung meiner Bach-Sicht entsteht in der
Interpretation. Das hat natürlich mit dem geistigen Wachs-
tum, mit dem ›Durch's-Leben-gehen‹ zu tun! Und auch da
ist es so, wenn ich mir alte Aufnahmen anhöre, finde ich
das ganz natürlich.

Ich bin in meiner Interpretationsweise nach vorne gerichtet und würde mich nur wundern, wenn es darin keine Veränderung gegeben hätte. Ich denke, solange man aktiv ist und an der Kunst arbeitet – und Bach ist allergrößte Kunst! –, ist es völlig klar, daß man in seinen verschiedenen eigenen Lebensabschnitten zu verschiedenartigen Sichtweisen kommt. Und daß man etwas sieht, was man früher nicht erkannt hat. Hören Sie die frühen Aufnahmen der Kantaten an oder meine Beschäftigung mit den Solo-Suiten: die stehen auf dem Boden dessen, was man als Musiker bisher gehört hat: Es hat sich Hindemith mit Bach beschäftigt; sehr romantisch arbeitende Musiker haben sich mit Bach auseinandergesetzt. Ich habe mit Hindemith, mit Paul Sacher Musik in Wien gemacht. Es gab eine gewisse Art von Objektivität, auf die jeder Musiker, wenn er Werke aufführt, auf seine Weise reagiert hat. Eine Veränderung in der Interpretation hat nicht nur mit meiner persönlichen Entwicklung und der dadurch gewonnenen neuen Sicht auf Bach zu tun, sondern auch mit der Art, wie man selbst im Humus der Zeit steht. Und man müßte sich doch wundern, wenn es bei einem Menschen keine Entwicklung gäbe! Ich würde sagen, die Entwicklung von Interpretationen kann man nicht sehen als einen Übergang von etwas Schlechtem zu einem immer Besseren. Wenn ich mir z. B. eine alte Schallplatte anhöre, dann bemerke ich, daß vieles sehr befremdend ist, sowohl interpretationsmäßig als auch im Klang. Wenn man so etwas anderen Leuten vorspielt, geht das manchmal soweit, daß sie lachen. Und wenn man solche Interpretationen genau untersucht, bemerkt man, daß in dieser ganz anderen Sichtweise die Mode eine große Rolle spielt. Darum erlaube ich mir keine Kritik daran. Denn ich bin dann nicht mehr in der Lage, zu sagen, daß man es früher schlecht gemacht habe, und jetzt wissen wir, wie es richtig gemacht wird. Ich finde, daß jede Interpretation jeweils eine andere Seite eines Werks beleuchtet. Wer weiß, in fünfzig Jahren werden die Leute vielleicht über die Dinge lachen, die wir heute machen. Das ist einfach ein Erfahrungsdenken mit der Begründung, daß man zu allen Zeiten blind seiner eigenen Mode folgt und dem, was früher gemacht wurde, keinen wirklichen Respekt entgegenbringt. So etwas Ähnliches kann einem auch mit den eigenen Interpretationen passieren. Natürlich sind Sachen, die ich in den sechziger und siebziger Jahren aufgenommen habe, fixierte Interpretationen aus einer ganz anderen Zeit. Aber von dem Gesichtspunkt aus, daß sie aus einer ganz anderen Zeit stammen, finde ich sie richtig. Auch wenn ich heute vieles anders machen würde.

Was denken Sie, spricht einen Menschen, der bisher noch keinen Zugang zur sogenannten Klassik hatte, am ehesten an Bachs Musik an: die Motorik oder die eher meditativen Momente seiner Musik?

Diese Ur-Motorik, deren Wurzeln Jahrtausende zurückliegen, spricht jeden an. Kein Wunder also, daß sich die Motorik der Barockmusik und gerade die Bachs in jeder Gattung von Musik aller Völker wiederfindet. Selbst in der Jazz-Musik. Jedoch würde ich das nicht überbewerten. Von der Melodik in den Werken Bachs wird dagegen sehr selten geredet. Bach gehörte zu den größten Erfindern von Melodien. Viele dieser Melodien Bachs sind so eingängig und so einfach, daß sie auch Menschen, die gar nicht musikgebildet sind, so sehr anrühren, daß sie sie im Gedächtnis behalten. Aber trotzdem würde ich sagen, um zu einem wirklichen Verständnis dieser Musik zu kommen, ist die normale Grundbildung, die früher jeder Mensch gehabt hat, schon sehr wertvoll. Ich bedaure sehr, daß man so etwas – eine Schulbildung, die auch Musik impliziert – heute nicht mehr als wichtig empfindet.

Empfinden Sie Bachs Kirchenmusik im frömmigkeitsgeschichtlichen Sinne als kirchliche Gebrauchsmusik? Oder war Bach ein frommer Mensch, der nur für Gott gelebt hat?

Jeder Mensch sagt doch: Bruckner war fromm – das weiß man eben. Er hat in seinen Kalender geschrieben, wie lange er täglich gebetet hat. Aber ich persönlich kann nichts von seiner Frömmigkeit in seinen Symphonien erkennen. Es wird immer wieder behauptet, Bruckner sei der Musikant Gottes; Bach nennt man den fünften Evangelisten. Aber daneben gibt es auch diesen Bach, der eine Bewerbung schrieb, um Hofkomponist in Dresden zu werden – an einem katholischen Hof. Und was hätte er dort komponiert? Opern und keinen weiteren Kantatenjahrgang! Ich vermute, daß Bach privat ein sehr frommer Mensch war. Es ist eine Vermutung! Wenn ich ihm das ins Gesicht sagte, würde er vielleicht lachen – und sagen: ich war überhaupt nicht fromm! Einen Zusammenhang zwischen seiner Frömmigkeit und seiner Musik kann ich nicht erkennen. Allerdings hat er natürlich die Teile der Bibel, die zu den großen Kirchenfesten traditionell eingesetzt wurden, in- und auswendig gekannt.

Bach war nun mal der größte Komponist seiner Zeit. Seine »professionelle« Frömmigkeit ist so hoch ausgeprägt, daß sie Rückschlüsse auf seine private zuläßt. Aber dies alles entzieht sich unserer Kenntnis. Wann immer über eines Komponisten Biographie und Werk gesprochen wird, ob über Bruckners Kompositionen, oder über die von Mozart, die er schrieb, als seine Mutter starb – von Bach gibt es immerhin solche Kompositionen wie die *Kaffee-Kantate*, die *Bauernkantate* oder das verrückte *Quodlibet* –, fragt man sich, war Bach so frivol? Oder war MAN damals so frivol, auch wenn man sehr fromm war? Das entzieht sich einfach unserer Kenntnis! Ich stehe einfach nur staunend und bewundernd davor.

Wie wird Bachs Musik diesen Rummel des Bach-Jahres überstehen? Werden die Menschen danach seine Musik noch hören mögen?

Es ist heute nun einmal so, daß man Anlässe sucht – das hat viel mit kaufmännischem Interesse zu tun. Irgendwelche Jahrestage spielen immer eine große Rolle. Das ist eine Zeiterscheinung. Ich glaube, daß Bach das alles spielend übersteht und sich seine Musik nicht so in diesen Rummel ziehen läßt. Weder das Wesen Bachs noch die Musik Bachs wären dafür geeignet, im Gegensatz zu der von Mozart, wo der Rummel beim letzten Mozart-Jahr schon wegen seiner schillernden Person recht gefährlich wurde. Damals habe ich gedacht, jetzt täte mal ein bißchen Mozart-Abstinenz gut. Im Bach-Jahr sehe ich da keine Gefahr. Die Person Bachs in seiner Gradlinigkeit und Würde hat nichts »Rummelhaftes« an sich.

Haydn gehört zu den ganz Großen

Gespräch anläßlich der Aufführung von Haydns
Orlando Paladino im Theater an der Wien

Gesprächspartnerin: Elisabeth Hirschmann-Altzinger

Erstveröffentlichung: Bühne 11/2007

Warum werden Haydns Opern so selten gespielt?

Als Musiker kann ich mir das nicht erklären, es ist ein
schweres Versäumnis. Ständig werden minderwertige
Stücke gespielt, ein Wahnsinn, wenn man daran denkt, was
für tolle Opern von Haydn vorhanden sind; ich habe einige
aufgeführt, und ich werde nicht damit aufhören, solange
ich Musik machen kann. Die Opernhäuser wollen ja immer
etwas Besonderes, aber bevor sie Haydn machen, spielen
sie doch lieber *Così fan tutte*. Mozart ist ein Genie, aber
Haydn ist auch großartig. Es ist ähnlich mit den Orchester-
stücken, wir musizieren ja oft Haydn-Symphonien. Und da
schreiben dann die Kritiker: Das ist tolle Musik. Aber es
wird doch wieder eine Eintagsfliege bleiben.

*Die Konkurrenz – Mozart auf der einen Seite, Gluck auf der
anderen – ist jedenfalls gewaltig.*

Also zwischen Haydn und Gluck finde ich einen turmho-
hen Qualitätsunterschied. Haydn und Mozart befinden sich
in Augenhöhe – im Symphonischen und im Opernschaffen,
wobei Haydns Opern grundsätzlich anders sind. Haydn ist
besonders experimentierend, das hat wahrscheinlich damit
zu tun, daß er so isoliert war; das ist ja sein Spezifikum,
daß er nicht in einem musikalischen Zentrum in ständiger
Konkurrenz mit den anderen großen Komponisten gelebt
hat, sondern als Kapellmeister der Familie Esterházy in
Eisenstadt und Esterháza – und dort war er der Einzige.
Manchmal hat er irgendwelche italienischen Opern auf-
gemascherlt durch eigene Einschübe – gut, das haben sie

überall gemacht. Aber im übrigen waren seine Kompositionen grundlegend »original«, wie er selber gesagt hat; er ist sicher der originellste Komponist.

Zu Haydns Lebzeiten wurden seine Opern europaweit aufgeführt, nach seinem Tod vergessen.

Wenn man sich das 19. Jahrhundert anschaut, gibt es nur wenige Komponisten, die durchgehend gespielt wurden, weil damals die zeitgenössische Produktion noch so wichtig war, daß nur bestimmte historische Werke aufgeführt wurden – die Beethoven-Symphonien zum Beispiel, deren Romantisierung kein Problem war. Von den Opern hat man *Don Giovanni* und *Die Zauberflöte* gespielt, auch den *Titus* hat man romantisch gefunden, *Così fan tutte* überhaupt nicht. Haydn ist völlig weg gewesen, auch seine Symphonien. Erst im 20. Jahrhundert ist das Historische wichtiger geworden als das Zeitgenössische. Noch zur Zeit von Brahms, Dvořák und Bruckner war jede Uraufführung interessanter als die Wiederaufführung einer Beethoven-Symphonie. Am Ende des 19. Jahrhunderts waren die neuen Opern von Wagner wichtiger als die Wiederholung einer Mozart- oder Rossini-Oper. Schritt für Schritt hat es sich dann so entwickelt, daß es heute umgekehrt ist.

Wieso interessiert uns Neue Musik so wenig?

Das ist ein kompliziertes philosophisches Thema und hat meiner Meinung nach mit der Reformation zu tun. Die Wurzeln dieser Entwicklung gehen zurück in die Zeit um 1500, damals ist der Geschäftsgeist in die Religion gekommen, und Länder wie Holland oder die Schweiz sind Kaufmannsländer geworden. Das alles beeinflußt die Rolle der Kunst. – Über die Frage, warum und wann man in die Geschichte zurückschaut oder nach vorn, könnte man jetzt stundenlang philosophieren, aber wesentlich scheint mir eines: Die Kunst hat eine Aufgabe, von der sich kein ernsthafter Künstler befreien kann – sie spiegelt die geistige Situation der Gegenwart. Sobald Wünsche dazukommen wie: die Kunst soll den Leuten gefallen, wird es sofort Mist, ist es keine Kunst mehr. Der wirkliche Künstler ist ein Seismograph seiner Zeit.

Haydn war ein Neuerer. Sind spektakuläre Erfindungen nicht eher Sache von Kleinmeistern?
Haydn macht Sachen, die noch nie vorher gemacht worden sind, auf seine Erfindungen greifen dann die anderen Komponisten zurück. Bei den zwei ganz, ganz Großen, Mozart und Bach, kann ich solche Neuerungen nicht finden, aber ich glaube, wenn man über Größe und Besonderheit der Genies in der Musik spricht, muß man die beiden weglassen, sonst kommt man ins Torkeln. Haydn ist ein Erfinder und gehört zu den ganz Großen. Ihm daraus einen Strick drehen, weil er besonders originell war – das darf man nicht.

Sie haben Haydns Orlando Paladino *im Musikverein und bei der styriarte konzertant dirigiert …*
… und in beiden Aufführungen sind Regisseure gesessen, die sind aufgesprungen und haben gesagt: »Das muß auf die Bühne!« Wir machen – nach *L'anima del filosofo* – jetzt zum zweiten Mal eine Haydn-Oper im Theater an der Wien. Ich kann mich nicht erinnern, daß je ein Werk von Haydn an der Staatsoper aufgeführt worden ist, das finde ich sehr schade. Es gibt jede Menge wertvoller Stücke von Haydn in jedem Genre, weder die Volksoper noch die Staatsoper macht etwas. Ein unbestreitbares Meisterwerk ist *Armida*, die ich bei der styriarte und im Musikverein dirigiert habe; *L'anima del filosofo* ist ein ganz großer Wurf, da behilft man sich mit der Ausrede, es wäre inkomplett, was nicht stimmt, *L'isola disabitata* ist ein unglaublich kühnes Stück, die erste durchkomponierte Oper, wo es keine Secco-Rezitative gibt. Toll sind auch Haydns frühere Buffe wie *L'infedeltà delusa* – die habe ich konzertant in Kopenhagen und Wien dirigiert – oder *Il mondo della luna*, die wir 2009 im Theater an der Wien machen. Jedesmal, wenn etwas Witziges gewollt wird, denke ich sofort an Haydns komische Opern.

Ich habe schon in den 1950er Jahren erkannt, welche Qualität Haydns Musik hat. In den allerersten Konzerten des Concentus, 1958, haben wir schon Haydn gemacht. Ich habe mir nach dem Instrument, das die Gesellschaft der Musikfreunde in Wien besitzt, ein Baryton, zugleich Gambe und Gitarre, bauen lassen und darauf jahrzehntelang die tollen Baryton-Werke von Haydn gespielt. Außer von uns sind die in Wien nie aufgeführt worden. Fürst Nikolaus Esterházy war leidenschaftlicher Baryton-Spieler, und Haydn war vertraglich verpflichtet, soundso viele Werke für Baryton zu schreiben; er selbst hat mit dem Fürsten Stücke für zwei Barytone aufgeführt. Es gibt 162 Trios für Baryton und zwei andere Streichinstrumente, ich habe bestimmt fünfzig oder sechzig davon gespielt.

Für seine Sänger hat Haydn wahnsinnige Partien geschrieben, für die Tenöre so hohe Töne wie kein anderer Komponist seiner Zeit – das ist damals sicherlich falsettiert worden, seine Baßpartien gehen oft hinunter bis zum E und hinauf bis zum a'. Haydn-Opern sind wirklich schwer zu besetzen.

Ist das Witzige wesentlich in Haydns Musik?

Absolut, ich kenne keine Haydn-Symphonie, die nicht irgendwo einen Witz hat. Und zwar Witz nicht nur im Sinn von geistvoll, sondern auch komisch. Daß bei einem Menuett die Tänzer auf die Nase fallen, ist selbstverständlich. Bei Haydn lauert in jeder Symphonie eine Gemeinheit oder ein Schalk. Je pathetischer ein Stück anfängt, desto sicherer kann man sein, daß es ins Gegenteil umschlägt.

Was muß ein idealer Opernregisseur können?

Er muß originär musikalisch sein, er muß verstehen, was die Musik ausmacht. Für Martin Kušej zum Beispiel, mit dem ich *Don Giovanni*, *Titus* und *Zauberflöte* gemacht habe, ist die Sprache der Musik ein wichtiger Faktor; er versteht, was eine Instrumentation oder eine Dissonanz bedeutet. Mozarts Musik erzählt so viel mehr als Schikaneders Text.

Das ist in allen großen Opern so. Wenn ein Regisseur nur das Textbuch inszeniert, liegt er völlig falsch.

Häufig sind die Libretti ja von minderer Qualität.

Es ist auffallend, wie schwierig es für die Komponisten ist, ein gutes Libretto zu finden. Der Einzige, der große literarische Texte für seine Opern verwendet hat, ist Verdi, aber sonst ist es keinesfalls so, daß große Literatur sich am besten zur ›Veroperung‹ eignet. Das ist beim Lied ganz ähnlich; die Gleichung: Je toller der Text, um so toller das Lied, stimmt nicht. Vielmehr inspiriert ein ganz bestimmter Text den Komponisten zum Höchsten; die allergrößten Schubert-Lieder sind vom Schober geschrieben oder vom Müller; wenn die gleichen Inhalte von Goethe wären, hätte Schubert sie gar nicht komponieren können. Beethovens verzweifelte Suche nach einem Libretto für eine zweite Oper ist auch ein interessanter Fall. Er war vom Textbuch des *Fidelio* begeistert, und dann hat ihm Grillparzer eine *Melusine* geschrieben: Ich habe mir das angeschaut, das wäre ein tolles Libretto, aber es war dem Beethoven zu literarisch. Aus Mitleid hat Mendelssohn dann die *Melusinen-Ouvertüre* nach Grillparzers Libretto komponiert.

da Pontes Libretti für Mozarts Opern …

… sind keine große Literatur. Aber er war der ideale Librettist für Mozart, das war offenbar seine Bestimmung auf der Welt. Auch Monteverdi hatte einen Librettisten, der ein untermittelmäßiger Dichter war, aber super Libretti geschrieben hat. Das ist der Witz: Der große Dichter schreibt keine guten Libretti; große dramatische Dichtung bringt keine Libretti hervor, sondern Theaterstücke.

Sie werden auch in den nächsten Jahren Opern im Theater an der Wien dirigieren.

Das Theater an der Wien ist ein ideales Haus – für Mozart, Haydn, Beethoven, auch für Strawinsky – mit einer wunderschönen, aber hundsgemeinen Akustik, die einem nichts durchgehen läßt. Durch das Material, durch die Größe und Form kann man einen großartigen Klang erzielen – aber man hört alles. Das finde ich toll. Fast alle wichtigen Kompositionen von Beethoven sind dort uraufgeführt worden, weil das Haus so klingt, wie er es wollte.

2008 werden Sie Ihr spätes Strawinsky-Debüt im Theater an der Wien geben, mit The Rake's Progress *in Martin Kušejs Regie.*

Gerade in der Phase von *The Rake's Progress* hat sich Strawinsky mit alten Formen und Klängen befaßt. Ich habe mich immer für ihn interessiert, aber ich bin kein Massenproduzent, ich brauche viel Zeit, um ein Stück zu verstehen, dann erst dirigiere ich es. Ich hätte gern einige von Strawinskys Orchesterwerken gemacht, aber das ist sich nicht ausgegangen. Es wird mir auch leid tun, zu sterben, ohne eine Oper von Alban Berg aufgeführt zu haben.

Lauter Wölfe und Bestien

Gespräch anläßlich der Aufführung von Haydns
Orlando Paladino im Theater an der Wien,
November 2007

Gesprächspartner: Peter Schneeberger

Erstveröffentlichung: Profil, 5. November 2007

*2009 jährt sich Joseph Haydns Todestag zum 200. Mal. Warum
ist Haydn nicht annähernd so berühmt wie Mozart?*

Es gibt verschiedene Flüssigkeiten von Genialität, aber
wir alle sind in unserem Talent viel zu winzig, um bewerten
zu können, welche davon hochwertiger ist. Zwei Komponisten, die außer Konkurrenz stehen, weil sie in ihrer Genialität unbegreiflich bleiben, sind Mozart und Bach. Dennoch
empfinde ich es als unglaubliche Gemeinheit, zu sagen,
Beethoven, Brahms, Dvořák, Schubert oder Haydn seien
weniger wertvoll.

Worin unterscheiden sich Mozart und Haydn?

Die beiden sind komplett unterschiedlich. Haydn hat
dreißig Jahre am Land gelebt und die Einsamkeit zwangs-
läufig dazu benutzt, originell zu werden. Anders als Mozart
steckte er nicht im Getriebe und mußte nicht ständig
beweisen, etwa besser als Salieri zu sein. Das schafft Freiheit. Haydn konnte experimentieren, ohne daß ihm sofort
jemand gesagt hätte, das sei ein Blödsinn. Er hat den Quar-
tettsatz entwickelt, die Symphonie befördert und noch
hunderte andere Erfindungen hinterlassen, die den Fort-
gang der Musik auf Jahrzehnte bestimmt haben.

Was könnte das Haydn-Jahr 2009 leisten?

In diesem Fall ergibt so ein Jahr tatsächlich Sinn und
könnte dabei helfen, Mißverständnisse auszuräumen. Zum
Mozart-Jahr sind einem ja nur ironische Kommentare eingefallen.

Fürs Mozart-Jahr stellte die Stadt Wien dreißig Millionen Euro
zur Verfügung – für Haydn gibt es nur ein paar hunderttausend
Euro.

Das ist typisch, denn es geht der Politik meist nur um
Vermarktung und nicht um Inhalt. Die Person Mozarts
kann sich wirklich jeder auf der Zunge zergehen lassen. Die
Begeisterung für Haydn fällt schwerer: Er hat nur Musik
geliefert und nicht sich selbst.

Haydn wird dafür bestraft, daß er in stabilen und vergleichs-
weise banalen Verhältnissen lebte?

Das ist auf jeden Fall so. Mozart entspricht viel eher dem
Künstlerbegriff des 19. Jahrhunderts, der noch immer in
unseren Köpfen herumgeistert. Die Geschichte vom Wunderkind und dem angeblich verarmten Künstler, der auch
noch armselig stirbt, eignete sich hervorragend dazu, sie
literarisch von allen Seiten zu beschreiben. Das paßt als
romantisches Genie. Haydn war im 19. Jahrhundert im
Grunde vergessen.

Wie stellen Sie sich die Person Haydn vor?

Ich bin ein erbitterter Gegner davon, Biographien und
Werk zu vermischen. Ich hätte zum Beispiel gerne, daß mir
Mozart und Bach sympathisch wären, weil es nichts gibt, was
ich lieber mag als deren Musik. Aber ich kann mir vorstellen,
daß sie ekelhafte Menschen waren. Große Künstler müssen
in die tiefsten Tiefen menschlicher Emotionen steigen und
werden von dieser Aufgabe verzehrt. Bevor Keith Jarrett zwei
Stunden am Klavier improvisiert, sperrt er sich vier Wochen
lang ein und läßt nichts und niemanden an sich heran. Das
erscheint mir unheimlich plausibel. Ich kann mir nicht vorstellen, daß Haydn und Mozart komponiert haben und
nachher mit Freunden eine Runde Skat spielen gegangen
sind, so wie Richard Strauss das gemacht hat.

Sie haben sich als Interpret ein Leben lang gegen falsche Tradi-
tionen gewehrt: Gilt es, auch Haydn neu zu entdecken?

Es gibt Komponisten wie Bach, die kann man noch so falsch aufführen, aber ihre Musik ist nicht umzubringen, weil man immer noch spürt, das sind tolle Werke. Und es gibt große Musik, die durch schlechte Interpretationen zerstört werden kann. Dafür ist Haydn ein trauriges Beispiel.

Was wird falsch gemacht?

Darauf dürfen Sie von mir keine Antwort verlangen. Ich bin selbst ein Interpret und kann doch nicht meine illegitimen und legitimen Brüder und Schwestern verhohnepipeln.

Sie sind für Ihren Widerspruchsgeist berühmt.

Bloß weil ich meine Argumente lieber im Konzert abliefere, heißt das nicht, daß ich aufgehört habe, zu zweifeln. Ich lese jedes Buch mit Bleistift und schreibe Kommentare an den Rand, weil ich glaube, dann hätte ich etwas entgegnet. Dabei hat es eh niemand gehört. Dieser Widerspruchsgeist ist nie besser geworden. Man darf nichts als gegeben hinnehmen, denn ohne Zweifel geht auf der Welt nichts weiter. Selbst das, was man geglaubt hat, endlich erkannt zu haben, muß man immer wieder neu anzweifeln.

Sie sind mit Ihren Leistungen also nie zufrieden?

Ich versuche, Kompositionen, die mir viel bedeuten, nach einer Aufführungsserie möglichst lange Zeit nicht zu spielen. Wenn ich sie dann wieder hernehme, zweifle ich meinen alten Zugang immer an. Sehr oft bemerke ich Dinge, die ich beim letzten Mal übersehen habe.

Bei Komponisten sprechen Biographen ab einem gewissen Zeitpunkt vom Altersstil. Sie gehen auf die Achtzig zu. Haben Sie einen Altersstil entwickelt?

Manche sagen, ich würde immer langsamer werden, doch das stimmt überhaupt nicht. Wenn man bei einer Oper dreißig unterschiedliche Tempi hat und drei davon langsamer spielen läßt, als es das Publikum gewöhnt ist, aber sieben davon schneller, dann werden nur jene Tempi auffallen, die man langsamer dirigiert hat. Das ist ein interessantes Phänomen. Wenn ich einen Altersstil habe, dann besteht er vielleicht darin, daß ich noch gründlicher geworden bin.

Haydn begann als Barockkomponist, am Ende seines Lebens schrieb er fast schon romantische Oratorien. Warum ist sein Schaffen so inkohärent?

Das ist nicht inkohärent, sondern Zeichen dafür, daß Haydn stets am Puls seiner Zeit agierte. Haydn war Avantgardist. Erst unlängst haben wir eine Symphonie gespielt, deren langsamer Satz kreischend am Steg gespielt wird. So etwas habe ich vorher noch nie in einem symphonischen Werk gehört. Viel merkwürdiger finde ich, daß Bach sein Leben lang im selben Stil komponiert hat. Die längste Zeit konnte man seine Werke nicht datieren, weil keiner erkennen konnte, was früher und was später entstanden war.

Besonders stolz war Haydn auf seine Opern: Warum werden sie heute kaum gespielt?

Das verstehe ich nicht. Es gibt große Opernhäuser, in denen keine einzige Haydn-Oper aufgeführt wird. Wenn ich sehe, welche blödsinnigen Opern statt dessen am Programm stehen, könnte ich die Wände hochgehen. Haydn war zu Lebzeiten sogar populärer als Mozart. Hätte man in Paris und London nach dem größten Komponisten gefragt, wäre Haydn genannt worden. Er hat sich geschickt vermarktet. Wenn er ein Stück für Paris komponierte, schrieb er gänzlich anders als für London. Ganz offensichtlich hat er die Kollegen vorher gefragt, was denn die Spezialität in der jeweiligen Stadt sei.

Versuche, Haydns Opern zu rehabilitieren, wurden immer wieder unternommen. Zuletzt stand bei den Salzburger Festspielen Armida *am Programm. Trotzdem setzen sich die Werke nicht durch.*

Mit dem Concentus Musicus habe ich *Orlando Paladino* und *Armida* konzertant aufgeführt, und die Abende waren beim Publikum auffällig erfolgreich. Es liegt nicht daran, daß das Publikum diese Werke nicht wollte. Trotzdem hat schon die Kritikergeneration von Franz Endler immer dasselbe gesagt: Die Musik sei ja wunderbar, aber sie werde sich nie durchsetzen. Diese Reaktion verstehe ich nicht, tut mir leid.

Mozart gilt als »Wunderkind«, Beethoven als »Titan«, Haydn wird »Papa Haydn« genannt. Das klingt langweilig.

Die *Jahreszeiten* sind so unpapahaft, wie man nur komponieren kann. Derselbe Vorwurf, der auf Haydn lastet, lastet auch auf Grillparzer und Stifter: jener der liebevollen Beschreibung und biedermeierhaften Provinzialität. Man ist nicht bereit, unter die Oberfläche zu schauen.

Was schätzen Sie an Haydns Musik besonders?

Haydn hatte für die Vermittlung von Emotion eine derart reichhaltige Palette an kompositorischen Mitteln zur Verfügung wie kein Komponist vor ihm. Routine gibt es bei ihm nicht. Man hat den Eindruck, er habe nach jedem Werk sofort vergessen, was er gerade gemacht hatte. Haydn hat sich als Komponist immer wieder selbst vernichtet. Das empfinde ich als unheimlich modern.

Bald führen Sie am Theater an der Wien Orlando Paladino auf. Was ist an der alten Geschichte über den Pfalzgraf Roland modern?

In *Orlando Paladino* wirft Haydn einen Röntgenblick auf die Psyche. Immer dann, wenn die Protagonisten meinen, ihre Gefühle beherrschen zu können, zeigt Haydn, daß das nicht möglich ist. Die Emotion schlägt um in Raserei. Würde Alcina nicht eingreifen, würden sich schon im ersten Finale alle umbringen. Dieses Toben des Gefühls widerspricht völlig dem Bild des »Papa Haydn«.

Warum dirigieren Sie im Theater an der Wien Opern, bei den Salzburger Festspielen aber keine mehr?

Das hat nichts miteinander zu tun, sondern nur mit der Jahreszeit. Im Juni und Juli findet in Graz die styriarte statt, die mir sehr wichtig ist. Danach muß ich Luft holen. Meine Kräfte werden weniger. Das ist leider so. Wenn das Theater an der Wien nur im Sommer offen wäre, würde ich dort auch nichts machen.

Werden Sie je in Pension gehen?

Ich habe es immer wieder versucht, weil ich neben der Musik auch noch andere Interessen habe. Aber dann werde ich immer wieder bedrängt, dieses und jenes zu dirigieren. Ich bin nicht aus Stein. Wenn mir jemand Zweifel eingibt, hat er es leicht. Nächstes Jahr werde ich Igor Strawinskys *Rake's Progress* machen.

The Rake's Progress *wurde 1951 uraufgeführt. Damals began-nen Sie gerade, sich einen Namen als Spezialist für Alte Musik zu machen.*

Das habe ich schon damals nicht gern gehabt, daß man mir dieses Etikett umhängt. Ich war so oft in meinem Leben Spezialist für etwas. Die holländischen Musiker haben mich »Bach« genannt, weil ich dort relativ viel Bach gemacht habe. Dann habe ich Mozart dirigiert und war plötzlich Mozart-Spezialist. In den USA galt ich als Spezialist für mittelalterliche Musik.

Sie haben einmal gemeint, im Grunde seien Sie Romantiker.

Da komme ich her, und es gibt in meinem Leben kein Jahr, in dem ich nicht Schubert gespielt hätte. Als man zu Robert Schumann sagte, er sei Romantiker, hat er geantwortet: »Musik *ist* romantisch.« Dem schließe ich mich an. Wenn ich mich als Romantiker bezeichne, dann beziehe ich das auch auf meine Art, Bach zu spielen. Es geht mir um die Einbeziehung des Magischen, Transzendentalen und Phantastischen.

Die Romantiker glaubten, die Musik sei das Tor zu einer anderen Welt. Teilen Sie diese Sehnsucht?

Die heute im Zentrum stehende Konzentration auf das Zweckmäßige, Rationale, Erfolgreiche und das Wegschieben des Lebendigen, Irrationalen, Phantastischen bedeutet die Zerstörung des Menschlichen, Lebenswerten. – Die Welt ist heute offenbar vom praktisch und materiell Verwertbaren so besessen, daß außer Habgier überhaupt nichts mehr zählt. Die Logik kennt keine Moral. Wenn die Menschheit nur auf die Ratio vertraut, werden wir zu Wölfen und Bestien.

Worin besteht dann die Aufgabe der Kunst?

Die Aufgabe der Kunst ist unsagbar wichtig, aber geheimnisvoll und nicht zu definieren. Legt man sie auf eine Aufgabe fest, wird sie schon wieder einem Zweck zugeführt und pervertiert. Das muß verhindert werden.

Wenn schon gescheitert werden muß ...

Gespräch anläßlich der Inszenierung von Mozarts
Idomeneo bei der styriarte 2008

Gesprächspartner: Mathis Huber, Karl Böhmer (mit Philipp Harnoncourt)

Erstveröffentlichung: styriarte-Magazin 2008

Idomeneo *ist ein Stück, das Sie schon lange beschäftigt, das
haben Sie schon in Zürich und in Wien herausgebracht.
Warum heuer dieser dritte* Idomeneo?

Idomeneo ist, solange ich mit Oper überhaupt zu tun habe,
und das sind noch viel mehr als dreißig Jahre, immer vollkommen falsch eingeordnet worden und auch daher falsch
verstanden und falsch aufgeführt worden. Dies gilt sogar für
die beiden Regisseure, mit denen ich es bisher aufgeführt
habe, das waren Jean-Pierre Ponnelle in Zürich – die erste
Mozart-Oper, die ich überhaupt dirigiert habe – und dann
Johannes Schaaf an der Wiener Staatsoper. Bei der Zürcher
Aufführung war ich irgendwie noch ein bißchen zu naiv, um
voll zu verstehen, was wir richtig und was wir falsch machen.
Bei der Wiener Aufführung sind wir um einige Schritte weiter gekommen, aber es war mir nicht möglich, den Regisseur vom Werk voll zu überzeugen. Man war der Meinung,
Mozart hat schon ein paar *opere serie* geschrieben, *Mitridate*
und *Lucio Silla*, und jetzt kommt einfach die dritte, aber mit
dem Unterschied, daß Mozart jetzt bereits über sein volles,
erwachsenes Genie verfügt. Und daher sagt man so im allgemeinen, der *Idomeneo* wäre die erste große italienische Oper
Mozarts. Und das ist einfach von Grund auf falsch. Es ist die
erste große Oper Mozarts, und sie hat eigentlich nichts zu
tun mit der italienischen Oper.

Aber sie wird auf Italienisch gesungen ...

Notwendigerweise oder zufälligerweise steht das Werk
in italienischer Sprache, aber da kommt so vieles vor, was

in der italienischen Oper überhaupt nicht vorkommen darf. Die Quellen sind ganz andere. Mozart hat auf seiner Paris-Reise tiefe Bekanntschaft gemacht mit der französischen Musik. Und er hat da ganz bestimmt zutiefst Lunte gerochen. Jetzt hatte er in Mannheim den damaligen Kurfürsten von der Pfalz und den damaligen Hofstaat, besonders das berühmte Mannheimer Orchester kennengelernt, das damals offensichtlich das beste Orchester der Welt war, und er hat sich befreundet mit dessen führenden Orchestermusikern. Genau in der Zeit zwischen seiner Pariser Reise und dem *Idomeneo* ist der Mannheimer Kurfürst der Münchner »Chef« geworden, ist mit seinem gesamten Mannheimer Orchester nach München gezogen. Das Mannheimer Orchester war musikalisch sehr stark nach Paris orientiert, die hatten in Paris sozusagen ihr Sommerquartier wie heutzutage die amerikanischen Orchester in Tanglewood. Nun hatte Mozart dieses Orchester mit dem starken französischen Einfluß in München, in der Nähe von Salzburg, und er hatte die Kenntnis des französischen Theaters und der französischen Oper. Gesungen mußte die Oper natürlich italienisch sein, aber was dabei herausgekommen ist, das ist eine große *tragédie lyrique*, eine französische Operntragödie, keine *opera seria*.

Worin liegt denn der Unterschied?

Das können Sie an der Form sehen: wenn der erste Akt mit einer Chaconne endet, und der letzte Akt endet mit einem Marsch und einer Chaconne, dann kann das keine italienische Oper sein, weil es das dort gar nicht gibt. Jeder Akt endet ein oder zwei Stücke vor dem Ende. Es steht also nach einer traurigen Arie *fine del atto primo*, und danach kommt ein Marsch und danach eine große Chor-Chaconne. Meinen bisherigen Regisseuren ist das nicht aufgefallen. Die haben geglaubt, der hat das *fine del atto primo* einfach um zehn Seiten zu früh hingeschrieben. Danach steht aber *Intermezzo*, das ist ein Kennzeichen der französischen Oper, und das bringt eine vollkommen andere

Idee in das Stück. Es endet jeder Akt mit einem *Intermezzo*, symmetrisch der erste und der letzte Akt mit Marsch und Chaconne. Die letzte Chaconne ist ein Stück von fünfzehn Minuten wie die großen französischen Chaconnen, mit denen sämtliche französische Opern enden. Also, das läßt kein Regisseur spielen. Das läßt man weg, weil das Opernpublikum normalerweise in die Oper geht, um Opern zu sehen und die Sänger singen zu hören, mit möglichst vielen hohen Tönen, und da will man nicht am Schluß irgendein Ballett sehen, und die Regisseure wissen nicht, was sie da machen sollen. Wenn aber das Werk so angelegt ist, so komponiert ist und überhaupt eine ganz andere Form hat, und wenn das größte musikdramatische Genie, das je gelebt hat, das so komponiert, dann bin ich mit dem ersten Scheitern vor über dreißig Jahren angereizt, und ich will irgendwann einmal selber scheitern, wenn schon gescheitert werden muß, und will das, was ich mir immer vorstelle, machen.

Wie werden Sie Ihre Regie-Ideen praktisch umsetzen?

Ich habe herausgefunden, daß ich das nicht wirklich kann, obwohl ich mir vieles vorstellen kann – ich bin immer neben den Regisseuren gesessen, ich kenne mich ganz gut mit der Bühnentechnik aus, mit dem Licht usw. Aber jetzt habe ich einfach das Glück, daß ich einen Sohn habe, der alle diese Erfahrungen, die ich nicht habe, schon hat. Ich habe mir gedacht, na ja, Vater – Sohn, die beiden verstehen sich eigentlich gut miteinander, und es hat sich herausgestellt, daß wir uns sehr gut verstehen. Wir haben immer wieder, alle paar Monate, eine Konferenz, wo wir das ganze Stück durchgehen, und da springen die Anregungen hin und her, das könnte ich mir gar nicht anders wünschen. Ich bin ja kein leicht zu verschluckender Brocken, eher ein Bleiklotz. Ich könnte jetzt unser gemeinsames Konzept gar nicht so leicht auseinanderzupfen, welche Ideen von wem sind, wir nützen quasi ein gemeinsames großes Gehirn.

Vater – Sohn, das ist ja unser Thema in dieser Oper! Spüren Sie
als der Sohn einen Bleiklotz, Herr Harnoncourt?

Philipp Harnoncourt: Nein, ich spüre keinen Bleiklotz.
Ich finde, das ist für mich ein großer Vorteil und ein großer
Spaß, einmal als Regisseur auch während der Proben lernen zu dürfen. Für mich ist das eigentlich eine wunderbare
Gelegenheit, und das bißchen Blei, das glaube ich, schleppe
ich schon locker mit, falls da etwas ist. Aber diese Vater-
Sohn-Konstellation ist wirklich ein ganz witziger Bezug, da
die Vater-Sohn-Konstellation zwischen Leopold und Wolfgang bei der Entstehung des *Idomeneo* doch auch eine sehr
konstruktive war.

Einige Fragen zur Fassung, die Sie ausgesucht haben.
Wir spielen ja die Münchner Fassung des Jahres 1781.

Ja, weil man nur die spielen kann!

Es gibt aber eine Wiener Fassung, die anders besetzt ist ...

Das ist eine reine Konzertfassung. Sie ist für eine oder
vielleicht mehrere Konzertaufführungen im Palais Auers-
perg in Wien geschrieben. Und was neu geschrieben wurde,
paßt gar nicht auf die Bühne. Diese Arie mit dem Violin-
Solo und solche Sachen, das ist einfach für ein Konzert. Ich
finde, daß es nur eine Fassung gibt, das andere ist keine
Fassung.

Normalerweise würde ein Dirigent in den Schrank greifen,
sich die Neue Mozart-Ausgabe herausnehmen und sagen:
»Perfekt!« Wie wichtig waren für Sie in der Vorbereitung die
Originalquellen?

Originalquellen sind unvermeidlich, sie sind notwendig. Denn im Grunde sind wir alle, mich eingeschlossen,
gegenüber den Originalen Trotteln! Man kann in den Aus-
gaben Meinungen erkennen, aber keinen »Urtext«. Jede
Ausgabe ist Interpretation. Jetzt will ich aber nicht die
Interpretation von jemand anderem. In diesem Fall haben
wir ein phantastisches Autograph mit sehr vielen Eintra-

gungen von Mozart, das habe ich auch hier bei den Proben – es kann jeder Sänger hineinschauen, wenn ich ihm
sage, warum er diese drei Töne anders singen soll, als sie in
der gedruckten Ausgabe stehen. Dann zeige ich ihm, was
Mozart da geschrieben hat. Das hatte der Herausgeber der
Mozartausgabe noch nicht, weil das damals in Krakau war.
Und es wurde später ja auch das Münchner Aufführungs-
material aufgefunden. Das ist unheimlich interessant, weil
man erkennen kann – also, ich habe das natürlich kopiert
und zu Hause liegen und studiert –, wie Mozart pragmatisch von Aufführung zu Aufführung gehandelt hat. Die Art,
wie er einen Strich macht, ist genial. Wir plagen uns herum:
Wie kriegen wir das harmonisch hin? Und dann kommen
die großen Künstler, die das irgendwie zusammennageln
an den schwierigen Stellen. Für Mozart war das ein Klacks:
Wenn der einen schwierigen Sprung zu machen hat, dann
ändert er eine Note, auf die ich z.B. nie gekommen wäre. Er
ändert eine Note, und der Sprung sitzt.

Gibt es weitere Quellen, die für Sie wichtig waren?

Natürlich der Briefwechsel. Sein Vater war in Salzburg,
er war in München, und die haben sich praktisch täglich
geschrieben über den Verlauf der Proben. So ein Protokoll
über die Entstehung einer Oper gibt's ja sonst gar nicht!
Und wo jeder wirklich versteht, was der andere meint. Aus
diesen Kenntnissen und aus dem Für und Wider kann man
so viel lernen. Zum Beispiel: »Diese Arie muß weg, sonst
geht man zum Schluß aus der Oper und hat nur diese Arie
gehört, weil sie so toll ist.« Dann läßt er die tollste Arie
der ganzen Oper weg, weil er sagt, wir wollen nicht Arien
demonstrieren, sondern ein Werk zeigen. So einen Mut
muß ein Komponist auch haben und auch die Sänger dazu
kriegen, daß sie auf ihre effektvollsten Stücke verzichten.
Aus diesem Studium haben wir das herausdestilliert, was
wir hier aufführen. Und dann kommt natürlich dazu: Was
bedeutet französische Oper? Die bedeutet ja sehr viel Tanz.
Daß das Ballett auf einmal daherkommt für das Finale, das

ist zu wenig. Die Frage ist, was war die Rolle des Balletts überhaupt. Da stellt sich heraus, daß die Oper vom Ballettmeister in München inszeniert worden ist. Und Mozart schreibt immer wieder vom Ballett, und dann zeigt sich, daß die Ouvertüre gar keine reine Ouvertüre ist. Eine entscheidende Frage für die Aufführung dieses Stücks.

Sie haben gerade angedeutet, wie schwierig es für Mozart wahrscheinlich gewesen ist, seinen Anton Raaff und seine Elisabeth Wendling davon zu überzeugen, daß sie auf ihre besten Stücke verzichten. Auch unsere Sänger hier bei der Produktion müssen auf gewohnte Effekte verzichten, wie etwa unser Idomeneo Saimir Pirgu in seiner Bravourarie. Jeder anständige Tenor kommt daher und singt hier so laut wie möglich: »Fuor del mar«. Aber Sie zwingen ihn, piano zu singen.

Ich zeige ihm nur, was dasteht! Ich frage ihn, warum schreibt denn der Mozart da ein *piano* hin? Natürlich toll, »Fuor del mar«, phantastisch, auch in einer angenehmen Lage laut zu singen! Aber sehr intensive Sachen werden ja viel intensiver, wenn sie leise sind. Wenn jemand droht und dazu brüllt, wird das im allgemeinen nicht ernstgenommen. Aber wenn jemand droht und sehr leise wird, dann kann eine Drohung sehr gefährlich sein. Das habe ich schon in meiner Schulzeit so erlebt, wahrscheinlich jeder von Ihnen, die jüngeren nicht, jetzt gibt's das ja nicht mehr.

Subtiler, aber ebenso gefährlich!
Wie sind Sie zu Ihrer Sängerbesetzung gekommen?

Kennen, Vorsingen, Fragen. In dem Fall ist es jetzt so, daß wir eine ein bißchen andere Besetzung haben, als wir sie uns im ersten Anlauf vorgestellt hatten. Aber schon damals, vor vier Jahren, war Julia Kleiter dabei. Sie hatte uns für die Ilia vorgesungen, im Theater an der Wien. Philipp und ich waren begeistert, und wir haben inzwischen ganz viel anderes mit ihr gemacht. Dort, wo man eben nicht den bekommt, den man haben will, muß man schauen, ob es noch irgendwo anders jemanden gibt. Mit jedem Sänger, den man findet, verändert sich ja die Rolle ein bißchen. Der wird ja nicht wie eine Pekingente in einer Tonform geformt, sondern hat ja sein eigenes Profil, und das muß dann abgestimmt werden mit dem Profil der Rolle.

Warum haben Sie den Idomeneo mit einem so jungen Sänger besetzt?

Wie alt ist Idomeneo? Na ja, Idamante ist, sagen wir, achtzehn bis zwanzig, er erlebt seine erste Liebe. Der Vater hat den Trojanischen Krieg mitgemacht, in führender Position, der ist, sagen wir, dreiundvierzig. Ich muß ehrlich sagen, ich weiß nicht genau, wie alt unser Solist Saimir Pirgu ist, der ist ein bißchen jünger als die dreiundvierzig. Aber ist das so wichtig? Ich hab mir immer gewünscht, daß eine sechzigjährige, kugelförmige Schauspielerin das Gretchen darstellt und so eine große Schauspielerin ist, daß sie nach fünf Minuten siebzehn Jahre alt ist für mich. Das ist Theater! Wenn ich die Leute nach ihrem Alter aussuchen würde, dann würde ich Kino machen.

Neben den Sängern spielt das Ballett eine herausragende Rolle.

Philipp Harnoncourt: Wir haben eine eigene Ballettkompanie dabei, und zwar nicht nur am Schluß, das ist ja das Wesentliche!

Nikolaus Harnoncourt: Das Ballett geht durch das Stück durch! Es ist ein Merkmal der französischen Oper, daß der Tanz als körperhafter Ausdruck eine wesentliche Mitteilungsform ist. Es ist die einzige Oper, bei der Mozart das macht. Diese Tänzchen bei *Le nozze di Figaro* und *Don Giovanni* sind ja ganz etwas anderes. Aber das hier ist ein wirklich professioneller Tanz, das muß eine Ballettkompanie machen.

Es ist ja das erste Mal, daß Sie den Idomeneo *mit dem Concentus machen, also im Klang der Mozart-Zeit. Ist das eine besondere Herausforderung?*

Bei meiner ersten Aufführung habe ich bereits die Streicher, ich würde sagen, gezwungen, auf Darmsaiten zu spielen. Ich hatte schon einige historische Blasinstrumente in der Zürcher Oper, aber ich hatte nicht den kompletten Bläsersatz. Die Frage der Stimmtonhöhe ist auch sehr wichtig für die Sänger. Wir spielen in der Stimmtonhöhe, von der wir glauben, daß sie damals in München verwendet wurde, auf 430 Hz. Das ist also 10 bis 15 Schwingungen tiefer, als heute normalerweise gespielt wird, und ist eine große Hilfe für die Sänger. Aber es ist natürlich klar: *Idomeneo* ist für das weltbeste Orchester geschrieben. Und das ist eine sehr große Herausforderung! Das ist so ähnlich wie die *Pariser Symphonien* von Joseph Haydn. Das ist schwer zu spielen und anstrengend, das weiß jeder, der da mitmacht.

Man sieht das Wirkliche

Gesprächspartner: Olaf Wilhelmer
Erstveröffentlichung: Opernwelt-Jahrbuch 2008

Herr Harnoncourt, Sie beschäftigen sich seit Jahrzehnten mit dem Werk Mozarts. Was ist für Sie die größte Herausforderung, wenn Sie sich auf eine neue Produktion wie den Idomeneo *vorbereiten?*

Ich möchte die Grundidee des Komponisten jedes Mal wieder neu finden. Der Grazer *Idomeneo* ist mein dritter Anlauf zu diesem Stück, es gibt kaum eine Oper Mozarts, die ich nur einmal gemacht habe. Übrigens ist Mozart für mich wahrscheinlich der einzige Komponist, der immer Theatermusik schreibt. Ich fand schon seit jeher in jeder Violinsonate, in jeder Kammermusik, in jeder Symphonie Musiktheater. Insofern kann ich bei Mozart Oper von Instrumentalmusik nicht trennen.

Sind die Opern Mozarts – weil hier das Theater sichtbar ist – leichter zu interpretieren als seine Instrumentalmusik?

Wahrscheinlich ja, das Szenische hilft. Selbst wenn man es konzertant macht, hilft die Textierung – man kann erkennen, ob sie durch die Musik unterstützt wird oder ob es Subtexte gibt, was bei Mozart sehr oft der Fall ist. Im Gegensatz zum Sprechtheater kann ich in der Musik einen Text und zugleich zwei, drei Subtexte vermitteln. Wenn man das nicht erkennt, entsteht eine Orchesterbegleitung und so ein die Idee der Komposition verfälschender Eindruck.

Wie kann man Mozarts eigentliche Absichten entdecken?

Diese Entdeckung ist das Ziel, aber ich weiß, daß ich es nie wirklich erreichen kann. Wenn ich ein Werk aufführe –

ganz egal, von welchem Komponisten –, möchte ich wissen: Was soll dieses Werk bewirken? Was sollte es bewirken für das damalige Publikum? Ist das nur noch historisch interessant, oder ist diese Idee auch für den heutigen Hörer wichtig? Eigentlich will ich nur Werke aufführen, die immer modern und zeitlos sind.

Was ist das Zeitlose an Mozarts Opern?

Mozart behandelt fast nur Themen, die ihm und den Menschen damals wie heute wirklich unter den Nägeln brennen. Natürlich gab es Zeiten, die das Befinden des Menschen völlig anders gesehen haben, zum Beispiel das 19. Jahrhundert. Da wurden plötzlich wichtige Werke stillgelegt, von Mozart zum Beispiel *Così fan tutte* und *Idomeneo*. Manche Opernkomponisten sind so ganz vergessen worden, aber bei Mozart war das unmöglich. Er ist ein derart originärer und elementarer Musikdramatiker, daß er im 20. Jahrhundert wiederkommen mußte. Und dann hat man gemerkt, daß das nicht aktualisiert werden muß, sondern daß das aktuell ist.

Gibt es in Mozarts Opern ein Thema, das sich durch die Werke so zieht wie etwa der Erlösungsgedanke durch die Opern Richard Wagners?

Ich weiß nicht, ob man ein solches Thema nennen kann, aber es geht immer um die Beziehungen und die Empfindungen des Menschen und die Reaktionen darauf. Anderes habe ich in Mozarts Opern nicht gefunden. Erhabene Gedanken wie »Erlösung« kann man manchmal in einzelne Figuren hineinlegen, aber letztlich wird immer gefragt: Wie reagiert der Mensch emotional und rational auf das Zusammenleben?

In Graz gab Saimir Pirgu den Idomeneo – ein junger, lyrischer Tenor. Die Partie wird meist vergleichsweise schwer besetzt, manchmal mit Tenören, die schon den Otello hinter sich haben. Können Sie sich das erklären?

Ich kann mir eher erklären, daß der Tamino mit Wagner-Tenören besetzt wird. Ich selbst habe den Tamino von Helge Rosvaenge oft gehört. Das hat mir auch eingeleuchtet, und ich habe immer wieder *Zauberflöten* gehört, wo schwere Stimmen den Tamino gesungen haben. Beim *Idomeneo* finde ich es unmöglich. Den jungen Pavarotti hätte ich für einen wunderbaren Idomeneo gehalten. Aber schwere Verdi-Stimmen? Ich weiß nicht.

Bei der Idomeneo-Aufnahme des älteren Pavarotti scheint es, als habe er von seinen Verdi- und Verismo-Partien nicht mehr zu Mozart zurückgefunden.

Das hat mit der Art zu tun, wie in der zweiten Hälfte des 20. Jahrhunderts die Musik des späten 19. Jahrhunderts aufgeführt worden ist. Ich kenne eine Aufnahme von Lilli Lehmann aus dem Jahr 1908, da war sie sechzig Jahre alt und sang Arien aus der *Entführung*. Das war unglaublich schön und interessant, weil sie davor ja alle großen Wagner- und Verdi-Partien gesungen hatte. Daran habe ich erkannt, daß man damals diese Partien völlig anders gesungen hat als seit dem Zweiten Weltkrieg. Das kann man auch an der Entwicklung des Orchesters erkennen. Die Orchester waren nicht so laut, die Sänger mußten nicht so forcieren wie heute – das waren dann eben Mozart-, Verdi- und Wagner-Sänger zugleich.

Mit dem Idomeneo haben Sie nun auch erstmals eine Oper inszeniert. Sie haben einmal geschrieben, daß Dirigent und Regisseur eng zusammenarbeiten müssen, und daß man nicht sagen könne: Was auf der Bühne geschieht, ist mir egal, ich mache meine schöne Musik dazu. Nun mußten Sie mit sich selbst einig werden.

Ja, das war gar nicht so leicht. Ich bin so konzentriert auf das musikalische Geschehen, daß ich bei der Aufführung die szenische Darstellung fast nicht bemerke. Es ist auch nicht so, daß ich jetzt meine, Regisseur zu sein und das weiter machen zu wollen. Sondern: dieses Stück, das immer wieder als *opera seria* mißverstanden wird, wollte ich einmal als das aufführen, als was ich es sehe.

Nämlich als was?
Das kommt von der *tragédie lyrique,* von der großen französischen Oper. Es ist viel mehr verwandt mit den Opern Rameaus, mit den französischen Opern Glucks als mit irgend etwas, das in Italien geschrieben worden ist. Das einzig Italienische daran ist der Text. Die Form mit den Divertissements am Ende jedes Aktes gibt es in der italienischen Oper nicht, aber in jeder französischen Oper.

Mozarts Briefe zeigen, daß er in Fragen der Aufführungspraxis, etwa bei Besetzungsstärken, pragmatisch und flexibel war. Vielleicht wäre er ja auch mit dem philharmonischen Klang der Gegenwart zufrieden gewesen.
Mozart war nur insofern »pragmatisch«, als er die Besetzungsstärken dem Saal anpaßte. Ich bin ganz sicher, daß er nicht zufrieden wäre mit dem heutigen Klang. Der Einfluß der Komponisten auf die Entwicklung der Instrumente ist ja sehr groß, gerade bei Mozart. Er benützt das ihm zur Verfügung stehende Instrumentarium sehr raffiniert, und dort, wo es ihm unzureichend erscheint, entwickelt er es weiter. Wenn so ein Komponist mit einem völlig anderen Instrumentarium wie dem heutigen konfrontiert wäre, dann würde er völlig anders komponieren. Außerdem werden die Instrumente nicht einfach immer besser – jede »Verbesserung« muß durch irgendeine Verschlechterung bezahlt werden. Ein paar Generationen später wird dann gefragt: War es das wert? Haben wir nicht vielleicht mit dem Gewinn an Lautstärke oder an was immer einen zu hohen Preis bezahlt?

Und welchen Preis bezahlen Sie als Dirigent, wenn Sie nicht mit »Originalklang-Ensembles« wie dem Concentus Musicus Wien, sondern mit den Wiener Philharmonikern oder mit dem Concertgebouw Orchester spielen?

Man kann nie alles haben. Ich habe auch kein perfektes altes Orchester, wenn ich mit dem Concentus Musicus arbeite. Da sind keine Menschen des 18. Jahrhunderts – sie sind vertraut mit den Geräuschen und Klängen des 20. und 21. Jahrhunderts, und sie spielen auf diesen alten Instrumenten so, wie wir sie hören wollen. Das Concertgebouw Orchester oder die Berliner und Wiener Philharmoniker haben über Jahrhunderte hinweg einen gewachsenen Klang entwickelt. Das ist ein großer Wert. Es ist auch ein großer Wert, daß sie ein riesiges Repertoire von 1700 bis heute spielen. Jetzt sind ihnen durch uns Originalklang-Ensembles Bach und Mozart weggenommen worden. Ich bin da nicht unschuldig dran – ein Teil meines Lebens hat damit zu tun. Aber ich finde, diese Orchester müssen die ganze Musik spielen. Brahms, Dvořák, Tschaikowsky, Strawinsky oder Bartók werden anders gespielt von einem Orchester, das auch Bach und Mozart spielt, als von einem Orchester, das überhaupt erst mit Beethoven beginnt. Außerdem betreffen viele der aufführungspraktischen Erkenntnisse nicht die Instrumentalklänge, sondern die Sprachlichkeit der Musik.

Trotzdem: Welchen Kompromiß müssen Sie für sich selbst machen, wenn Sie Mozart mit den Wiener Philharmonikern spielen?

Ich mache den ersten Kompromiß in der Früh, wenn ich aus dem Bett aufstehe. Kompromißlosigkeit ist ein Wort, das ich noch vom Hitler aus dem Radio kenne. Das treibt mir die Gänsehaut auf den Rücken. Denn was immer wir tun, ist mit Kompromissen behaftet. Was immer wir Musiker machen, hat mit Fehlern zu tun. Fehlerfreies und Kompromißloses ist weder menschlich noch schön. Bei den Wiener Philharmonikern muß ich etwa Kompromisse machen, weil die Bläser anders klingen und sich mit den Streichern anders mischen. Doch gerade hier, wo F-Hörner gespielt werden, kann ich sehr nah an die Naturhörner herankommen. Die Trompeter der Wiener Philharmoniker haben bei mir gelegentlich mit Naturtrompeten gespielt, weil sie selbst gefunden haben, das geht besser so. Ich muß aber genauso Kompromisse machen, wenn ich mit dem Concentus Musicus arbeite. Der Hauptkompromiß ist ja der, daß ich nicht ein Mensch der Zeit bin, deren Musik ich aufführe. Ich muß mich in diese Sprache hineinversetzen und sie übersetzen für Menschen, die auch nicht aus dieser Zeit sind. Ich arbeite also mit vielen Kompromissen, die zu einer höchstmöglichen Wahrhaftigkeit der Aussage führen sollen.

Die Aussage scheint sich zu ändern, je nachdem, mit wem Sie musizieren. Wenn man etwa den Mozart-Klang Ihres mit dem Concentus Musicus eingespielten Lucio Silla *im Ohr hat und dann Ihre* Le nozze di Figaro *mit den Wiener Philharmonikern hört: Man könnte auf die Idee kommen, daß es sich hier um zwei verschiedene Dirigenten handelt.*

Lucio Silla ist ein extrem wildes Stück, und das kommt natürlich sehr leicht mit den historischen Instrumenten heraus. Mich würde interessieren, wie das mit den Wiener Philharmonikern klingt, denn wenn man das so haben will, schaffen die einen Großteil davon auch. Also, ich denke mir, daß ich schon meine eigenen Interpretationen erkennen würde. Unterschiede gibt es natürlich bei der Spieleinstellung der Musiker: Der Concentus Musicus ist kein Opernorchester, sondern er besteht aus Einzelmusikern, die sich für diesen Moment zu einem Opernorchester zusammenfügen. Die Wiener Philharmoniker spielen jeden Tag Oper, die sind sehr routiniert, vielleicht zu routiniert. *Le nozze di Figaro* spielen die andauernd ohne Probe, die können das im Schlaf. Trotzdem war es sehr wichtig für mich, daß in Salzburg alle Proben und Aufführungen von denselben Musikern gespielt werden. Denn alles, was wir in den Proben vereinbaren, kommt nur, wenn es der macht, mit dem es vereinbart ist. Sonst spielt der andere seine Aufführung vom Dezember 1997.

Die Selbstähnlichkeit des Mozart-Interpreten Harnoncourt ist in den Figaro-*Aufnahmen aus Amsterdam (1993) und*

Salzburg (2006) am größten, vor allem beim Tempo. Ich würde behaupten, daß man Ihre Ouvertüre unter hundert anderen erkennt, weil sie so langsam ist. Wie kommt es dazu?

Ich höre lieber, wenn man Tempi sagt, denn eine Oper von Mozart hat bis zu vierzig verschiedene Tempi. Da tritt unweigerlich die Frage auf: Gibt es eine durchgehende Tempodramaturgie, soll also bei der Wiederkehr der gleichen Tempobezeichnung auch das gleiche Tempo wieder gespielt werden? Jetzt steht die Ouvertüre des *Figaro* im 4/4- und nicht im Alla-breve-Takt. In jeder Zeile des Autographes heißt es: 4/4 *presto,* und in Mozarts eigenem Werkverzeichnis steht neben dem C-Zeichen für 4/4 nicht einmal *presto,* sondern *molto allegro.* Gespielt wird normalerweise *alla breve prestissimo.* In den Geigen gibt es Verzierungen, die man in den schnellen Aufführungen nie hören kann. Hätte Mozart das so schnell gewollt, hätte er sich die Verzierungen sparen können, aber offensichtlich wollte er ein Presto an der unteren Grenze haben. Doch weil das sicherlich seit hundertfünfzig Jahren mit der literarischen Vorlage *Der tolle Tag* und mit Rossinis *Il barbiere di Siviglia* assoziiert wird, kennen die Leute das als schnelles Stück. Und niemand will gern etwas anders hören, als er es gewohnt ist. Deswegen habe ich diese Ouvertüre nie im Konzert gemacht. Ich will doch nicht das Publikum beleidigen. Aber ich kann's nicht so schnell machen, weil ich weiß, daß es falsch ist. Die Tempopyramide der Oper beruht darauf, daß die Ouvertüre so gespielt wird, und wenn man das langsam findet, stört es mich nicht. Ich suche schlüssige Tempi, und die sind manchmal langsam, manchmal schnell.

Zu Ihren schnellen Tempi im Figaro *gehört die erste Cherubino-Arie. Wenn man sich an den etwas gemächlicheren Gang durch die Ouvertüre gewöhnt hat, schießt die Arie wie ein Pfeil hinein.*

Ja, der Cherubino ist da doch im pubertären Fieber! Das ist ein wirklich sehr schnelles *alla breve.*

Bei den Tempi sind Sie sich also sicher. Aber wo bei Mozart sind Sie sich unsicher?

Die Rezitativgestaltung ist eines der größten Probleme. Ich habe eine Meinung dazu. Aber mich würde sehr interessieren, wie Mozart die sehen würde.

Die Interpretationen gehen da weit auseinander. Generell scheint mir, daß Rezitative heute aufgewertet werden im Vergleich zu früher, wo man sie oft gekürzt oder weggelassen hat.

Ursprünglich waren sie sehr wichtig, weil man gesagt hat, hier findet die Handlung statt. In den Arien stehen die Sänger dann laut einem Buch von 1786 in Posen, die sie von alten Statuen abzunehmen haben. Ensembles sind irgend etwas dazwischen, neigen aber nach Mozarts Briefen über den *Idomeneo* zum Sprachlichen. Zu den Rezitativen gibt es ungefähr vierzig bis fünfzig Quellen von ca. 1650 bis zum 19. Jahrhundert. Und die sind sich völlig einig darüber, daß mehr gesprochen als gesungen werden soll, und daß die Akkorde kurz sein müssen. In meiner früheren Zeit als Cellist mußte ich Rezitative spielen, die klangen wie ein Flugzeug. Ein Baß drei Takte lang mit demselben Ton *(brummt)*, bis dann wieder die nächste Harmonie kommt – steht so da, muß so gespielt werden. Stellen Sie sich das perfekte Rezitativ vor wie einen Prozeß in Italien: Unter die Plädoyers und die wimmernde Reaktion des Angeklagten brauchen Sie nur ein paar Cembalo-Akkorde zu legen, und Sie haben's. Trotzdem, da würde ich wirklich gern die Meinung Mozarts hören.

Würden Sie sie fürchten?

Nein, überhaupt nicht. Ich wäre begierig darauf, und ich würde einen Meter in die Luft springen, weil er mich sicher bestätigen würde *(lacht)*.

Sie haben von Ihren Mozart-Erlebnissen als Dirigent und Cellist gesprochen. Was ist Ihnen als Opernbesucher in Erinnerung geblieben?

Als die Staatsoper in Wien noch zerbombt war, habe ich im Redoutensaal am Josefsplatz eine Aufführung des *Figaro* gehört. Ich war damals vielleicht neunzehn Jahre alt, und das hat mich total aufgewühlt. Vor allem der Cherubino war wunderbar. An die anderen kann ich mich nicht genau erinnern, aber ich vermute, daß Susanna und Contessa wahrscheinlich Irmgard Seefried und Elisabeth Schwarzkopf waren. Hängengeblieben ist die Sena Jurinac als Cherubino. Das ist mir so was von unter die Haut gegangen. Ich hatte das Gefühl, das ist heutige Musik.

Was hat Sena Jurinac Besonderes gemacht?

Es ist sehr schwer, große Künstler zu definieren. Zwei Sänger singen dasselbe, beide singen wunderschön – der eine ergreift einen zutiefst, und der andere nicht. Wenn man das erklären könnte, könnte man es auch den Sängern erklären, und die könnten das dann machen. Ich glaube, es ist dieses letzte Einfühlungsvermögen in die Aussage, diese letzte Identifikation mit dem Augenblick des Geschehens. Das sind ganz seltene Glücksfälle. Manchen Sängern gelingt das natürlich öfter, weil sie eine geniale Einfühlungsader haben. Manchen gelingt nur wunderschöner Gesang, aber da achtet man dann mehr auf die Komposition. Elisabeth Schwarzkopf habe ich etwas später als Leonore im *Fidelio* unter Karajan begleitet. Der junge Nicolai Gedda hat da nicht etwa den Jaquino, sondern den Florestan gesungen. Ich habe zur Schwarzkopf Jahrzehnte danach gesagt: »Die schönste Leonoren-Arie in meinem Leben habe ich von Ihnen gehört.« Und sie hat mir geantwortet: »Die habe ich nie gesungen.« Das wollte sie irgendwie nicht wahrhaben. Wahrscheinlich war sie der Meinung, es sei nicht ihr Fach. Ich bin der Meinung, es war genau ihr Fach, und es war phantastisch.

Wenn man Elisabeth Schwarzkopfs Gräfin oder ihre Fiordiligi vergleicht mit den Aufnahmen, die Charlotte Margiono unter Ihrer Leitung gemacht hat, klingt die Schwarzkopf ziemlich manieristisch, oder?

Ja. Es ist möglich, daß man die Gräfin so interpretiert hat, weil die Schwarzkopf in Wien einfach die Gräfin war. Interessant ist, daß die Margiono bei ihr gelernt hat, ohne das zu übernehmen.

Ob manieristisch oder nicht, heutige Mozart-Sängerinnen klingen völlig anders. Wenn man aus Ihrem aktuellen Figaro Dorothea Röschmann *vergleicht mit Elisabeth Schwarzkopf, wenn man Anna Netrebko vergleicht mit Hilde Güden, stößt man auf ganz andere Charakteristika der Stimmen. Geht Ihnen das auch so?*

Ja. Allerdings beachten wir den Faktor Mode zu wenig. Man kann eine Tonaufnahme fast auf zehn Jahre genau datieren und eine Filmaufnahme noch genauer. Es gibt eine natürliche dialektische Pendelbewegung: Was schön gefunden wird, fordert das Gegenteil heraus. Das bezieht sich auf die Rocklängen der Damenmode genauso wie auf den Geschmack in Kunst, Literatur und Musik. Gewisse Stimmtypen passen genau zu einer bestimmten Zeit und werden auch so abgebildet. Niemand würde heute so singen wollen wie vor fünfzig Jahren.

Welcher Dirigent hat Sie damals mit Mozart beeindruckt?

Eigentlich überhaupt nur Erich Kleiber. Ich habe als Cellist unter ihm gespielt.

Ein wichtiger Mozart-Interpret im Nachkriegs-Wien war Josef Krips ...

... mit dem ich hunderte Konzerte gespielt habe. Das war ein großer Musikant, ich kann nichts anderes sagen. Aber wenn er den Mund aufgemacht hat, mußte man sich die Ohren zuhalten *(lacht)*.

In Krips' Wiener Aufnahme der Entführung aus dem Serail *von 1966 wird die meiste Zeit auf einem gleichmäßigen dynamischen Niveau musiziert. In Ihrer Zürcher Aufnahme aus dem Jahr 1985 fliegt einem schon nach wenigen Takten die Janitscharenmusik um die Ohren.*

Ich habe mir eigens für diese *Entführung* in Hessen Tschinellen gießen lassen, weil Mozart da zwei verschieden gestimmte Tschinellen verlangt. Und das wird normalerweise mißachtet. Meine Frage war: Warum ist in der Ouvertüre diese türkische Musik? Die besteht aus einer großen Trommel, die mit einer Keule und einer Peitsche oder Birkenrute auf das Fell geschlagen wird. Die Janitscharenmusik meint hier einen schweren Keulen- oder Faustschlag in den Bauch und Peitschenhiebe auf den nackten Rücken. Wenn Mozart das in die Ouvertüre der *Entführung* schreibt, dann heißt das für mich: »Da, wo Menschen geschlagen werden.« Und das erste, was der Belmonte dann singt, ist »hier«, bezogen auf das, was man in der Ouvertüre gehört hat. Das ist nicht einfach nette türkische Musik, kling-kling-kling, und jetzt sagt er: »Hier soll ich dich denn sehen.« Nein! »Hier, wo Menschen geschlagen werden, soll ich dich sehen. Ich würde dich viel lieber auf einer schönen Wiese in der Toskana sehen.« Da finde ich die Aussage sehr stark.

Eine Ihrer Vorstellungen, die ich im Falle von Mozarts Opern etwas gewöhnungsbedürftig finde, betrifft Così fan tutte. *Dem Orchester unterstellen Sie, in Fiordiligis* »Come scoglio«-*Arie genau das Gegenteil des gesungenen Textes zu musizieren.*
Ja. Das ist ein ganz vordergründiger Subtext.

Ich wäre mir da nicht so sicher. Diese Läufe zum Beispiel …
(singt) … das ist ein fallender Stein.

Für mich ist es das Abprallen des Wassers am Fels, den Fiordiligi darstellt.
Da bin ich ganz anderer Meinung. Dann wäre es eine Begleitung. Aber Fiordiligi singt auf »*immoto*«, also auf »*unbewegt*«, eine Synkope. *(singt)* Schon weg, der Stein! Diese Stelle hat Charlotte Margiono bei unserer Aufnahme sogar durch eine Kopfbewegung vor dem Mikrophon unterstrichen. Mozart könnte ja, wenn er »*immoto*« wirklich als »*unbewegt*« darstellen wollte, eine lange Note

schreiben. Er bräuchte die Synkope nicht, aber er nimmt sie trotzdem. Und das heißt eben, daß der Stein nicht da steht, sondern daß er sich bewegt und sogar fällt. In der Regel schaue ich mir beim Vorstudium gar nicht den gesungenen Text an, sondern frage mich, was das Orchester sagt. Das fängt dann oft schon mit der Tonart an – ein ganz schwerer Fall von Subtext ist zum Beispiel die Hallen-Arie des Sarastro. Das muß ein Unmensch sein. Schon dieses E-Dur! Die Arie müßte eigentlich in F-Dur stehen. Aber Mozart legt sie einen Halbton tiefer, und mir krampft sich alles zusammen. Und jetzt heißt es: »In diesen heil'gen Hallen kennt man die Rache nicht. Und ist ein Mensch ...« – und auf »Mensch« singt er ein His. Das ist ein Nicht-Ton im alten Tonsystem. »... wo Mensch den Menschen liebt, kann kein Verräter ...« – und da zeigt es sich dann: Wo vorher »Mensch« war, steht jetzt »Verräter«. Das heißt, diese Arie hat in ihrem Subtext ein vollkommen anderes Bild: Erstmal dieser schöne Weihrauch und schöne alte Herren, die da singen, und dann das totale Gegenteil dessen, was man denkt.

Aber verkörpert Sarastro nicht Mozarts freimaurerische Ideale?
Das ist ein riesiger Irrtum. Da werden Sachen suggeriert. Man weiß, daß Mozart Freimaurer war und mit dem Logenmeister Ignaz von Born verkehrte. Das war ein höchst umstrittener Mann, dessen Anhänger ihn angebetet haben und dessen Gegner ihn am liebsten eingesperrt hätten. Der hat sicher eine Rolle gespielt in der Gestaltung des Sarastro, und es würde mich wundern, wenn Mozart für ihn Partei ergriffen hätte. Dann hätte er dem Sarastro nicht so sadistische Züge gegeben, denn die Art, wie Tamino und Pamina gequält werden, ist ja äußerst sadistisch. Ich gehe mal davon aus, daß Emanuel Schikaneder das Libretto mit Mozart abgestimmt hat. Und wenn man nun die Aussagen des Sarastro anschaut, dann hat man den Eindruck, der lügt immer. Die Königin der Nacht, die immer als Inbegriff des Bösen dargestellt wird, lügt nie.

Sympathischer macht sie das aber nicht. Fraglich ist trotzdem,
ob Mozart jemanden ganz unsympathisch zeichnen konnte.
Die Frage könnte man auch bei Vitellia aus La clemenza di
Tito *stellen.*

Die Frage könnte man bei Vitellia stellen, die Frage könnte
man bei Don Giovanni stellen, der ein Verbrecher ist und den
kaum jemand unsympathisch findet. Ich glaube, daß man
wirklich unsympathische Figuren bei Mozart nicht findet.
Er kriecht so hinein in die Figuren, er wird selbst gleichsam
zu ihnen, während er komponiert. In dem Moment, wo die
Identifikation mit dem Bösewicht da ist, wird er zu einem
Gegenüber und bekommt sympathische Züge.

Ist Mozart damit nicht noch über die von Ihnen beschriebenen
Subtexte hinausgegangen? Ist seine Musik nicht in sich gebro-
chen und doppelbödig?

Ja. In diesem Sinne würde ich sagen, daß Mozart fast
grundsätzlich gebrochene Musik geschrieben hat. Daß
alles immer doppelbödig ist, daß alles immer in Frage
gestellt wird. Eine glatte, direkte Aussage »So ist es und
nicht anders« entspricht nicht meinem Mozart-Bild.

Aber dem Mozart-Bild der meisten anderen, oder?

Ja ja, wie gesagt: Ich bin wegen der *g-Moll-Symphonie* vom
Orchester weggegangen. Für mich ist sie ein tiefes Stück
von Tragik, Todesnähe und Schrecklichem. Für mich ist es
unerträglich, wenn man aus der Musik Mozarts alle Echtheit vertreibt und alles aufpoliert. Mozart ist für mich wie
ein großer Spiegel. Man sieht nichts Schönes. Man sieht
das Wirkliche.

So viel Humus und Gewürm
Gespräch anläßlich des Mozartjahres 1991

Gesprächspartner: Wolfgang Schaufler
Erstveröffentlichung: Austria Creativ, Dezember 1990

Herr Harnoncourt, verfolgt man in Wien die sich auf Hoch-
touren befindlichen Vorbereitungen für das Mozart-Jahr 1991,
so überkommt einen ein eigenartiges Gefühl. Allein für die
Mozart-Ausstellung hat man Kosten in der Höhe von ca. 69
Millionen Schilling veranschlagt. Dabei hat man Mozart in
seinen letzten Lebensjahren hier kaum mehr geschätzt.

Das war aber nur in Wien so. Ansonsten hat man schon
gewußt, daß Mozart der Größte ist. Man muß sich ja fragen, ob Wien überhaupt eine Mozart-Stadt ist. Schlechter
kann man doch einen Mann vom Rang eines Mozart gar
nicht mehr behandeln. Mozart hat auch die ganze Zeit
überlegt, wo er hingehen soll, wo man ihn mehr schätzt,
wo man versteht, was mit ihm wirklich los ist. Er selbst hat
genau gewußt, wer er ist, und hat in Wien auch nur einen
kleinen Kreis von ein paar Freunden und Kennern gefunden. Daß diese Stadt jetzt auf den Künstler stolz ist, den sie
am allerschlechtesten behandelt hat, ist schon merkwürdig,
aber auch wieder typisch. So etwas von Selbstbeweihräu-
cherung gibt es ja auf der ganzen Welt nicht. Genauso wie
in den Wiener Liedern.

Warum ist Mozart dann trotzdem in Wien geblieben?

Ich glaube, daß dort, wo die allergrößte Gemeinheit und
Hinterfotzigkeit ist, daß dort auch die größten positiven
Kontraste sind. Nirgends bekommt man mehr Anregung
und Inspirationsquellen als im Gestank und in der Scheuß-
lichkeit. Das gilt natürlich auch für Schubert oder Beethoven. So viel Humus und Gewürm wie in Wien gibt es aber

in der ganzen Kulturwelt nicht. Wien ist sicher der Ort mit der großen Inspiration und hat eine magische Anziehungskraft für jeden Künstler. In Wien geschieht alles, ist alles in den größtmöglichen Kontrasten vorhanden. Sicher findet sich dieses Brodeln auch im Werk Mozarts. Ein Mensch, der das hochempfindlich erlebt, der weiß ja dann auch viel mehr vom Leben als einer, der in der Beamtenmentalität einer geordneten Stadt aufwächst.

An der historischen Mozart-Rezeption fällt auf, daß er in jedem Jahrhundert von den verschiedensten Lagern vereinnahmt wurde.

Mozart selbst ist so universal, daß man, von welcher Seite auch immer man an ihn herantritt, etwas für sich findet. Für mich ist das wie ein Bild von einem großen Hügel und einer kleinen Ameise, die darauf herumkriecht und glaubt, die kleine Fläche, die sie sieht, sei schon der Hügel. Vom totalen Mozart hat keiner eine Ahnung. Wir sehen jetzt plötzlich nur die Zuckerseite von Mozart, die gibt es natürlich auch, aber sie ist vollkommen unwahr und verlogen, wenn nur sie allein dargestellt wird. Wenn man den ganzen Mozart darstellen will, dann hat sie schon einen ganz wichtigen Platz. Wandert man mit diesem Punktscheinwerfer aber weiter, dann kommt die Ameise an einen anderen Punkt, das Zuckerl ist weit entfernt, und die Ameise findet plötzlich einen furchtbaren Abgrund: Ah, das ist unser Mozart. Bei Mozart ist einfach alles da. Es gibt keinen Komponisten, bei dem das Spektrum so vollkommen lückenlos vorhanden ist. Wahrscheinlich kann man nicht soviel Abstand haben, um den Ganzen zu sehen. Das ist eine Utopie.

Und trotzdem hat man bei Mozarts Opern keine Sekunde den Eindruck, in der Historie herumzukramen.

Im Grunde geht es um den Menschen, dessen Lebensprobleme über Jahrtausende die gleichen sind, und die man zeitlich nicht fixieren kann. Die Gefühle sind einfach echt. Und jeder, der daran beteiligt ist, hatte genau dieselben

Erlebnisse. Am wenigsten kann man begreifen, daß Mozart schon als Kind über Dinge spricht, die er selbst nie erfahren haben kann. Er weiß darüber auch mehr als die Leute, die es erfahren haben können. Das ist der göttliche Musenkuß, der ihm gegeben wurde, der ihm mit zwanzig Jahren die Reife eines sechzigjährigen Philosophen gegeben hat. Unter seinen Opern gibt es ja auch kein Werk, das in irgendeine Norm paßt. Da ist höchstgradige Psychologie existent.

Sie haben gesagt, daß man bei Mozart alles finden kann. Trotzdem: Mozart war kein Neuerer, er hat sich bloß des vorhandenen musikalischen Vokabulars bedient.

Das ist ganz interessant: Wenn Sie Mozart mit Haydn vergleichen, der für uns immer als die Biederkeit schlechthin gilt, so war Haydn und nicht Mozart der große Neuerer. Haydn hat Techniken erfunden, die man erst nach seinem Tod in der Musik wiederentdeckt hat. Praktisch in jeder Symphonie kommen Einfälle vor, die man nie zuvor gehört hatte. Mozart hat alles, was es bis zu seiner Zeit gegeben hat, in einem Brennglas zusammengebündelt. Es sind dann Ergebnisse dabei herausgekommen, die es in seiner Zeit eigentlich noch gar nicht geben durfte.

Kann man Mozart mit dem Instinkt erkennen?

Ein wirklich guter Musiker hat nie Zweifel über die Echtheit eines Werkes. Wenn es notwendig ist, das Papier zu untersuchen, um festzustellen, ob das Stück von Mozart ist, dann haben wir die Antenne für Mozart nicht. Wenn es nicht von Mozart ist, dann hören wir das, dann interessiert mich auch der musikwissenschaftliche Nachweis gar nicht mehr. – Das haben wir auch bei der Gesamtaufnahme der Bach-Kantaten ganz genau gesehen. Wenn wir an einer Stelle gezweifelt haben, dann hat es sich meist bestätigt.

Wollte man das beschreiben, was Mozart ausmacht, wo müßte man ansetzen?

In der abendländischen Musik haben sich im Laufe der Jahrhunderte bestimmte Muster in Harmonie und Melodie gebildet. Wenn man einen Ton anschlägt, kann der folgende x-beliebig sein. Sobald man aber am Beginn eines melodischen Verlaufes zwei oder mehrere Töne hat, hört der Hörer die folgenden schon mit. Entscheidend ist nun, wie der Komponist die Erwartung erfüllt oder betrügt. Ein Schachspiel ist kinderleicht dagegen. Dieses Spiel mit der Erwartung erzeugt große Spannungen, die auch körperlich erfahrbar sind, die sofort den Puls verändern. Man wird auf einen Punkt hingewiesen und wieder zurückgerissen. Der Hörer wird so nicht berieselt, sondern in eine Mangel genommen, wird durchgeknetet. Das ist eines der Phänomene, die Mozart ausmachen: Er macht sehr oft, was man erwartet, und dann eben doch wieder nicht. Bei Mozart ist es immer anders, als man denkt.

Mozarts da Ponte-Opern konzertant – eine neue Hörerfahrung

Gespräch anläßlich des Mozart-Zyklus im Theater an der Wien, März 2014

Gesprächspartnerin: Haide Tenner

Erstveröffentlichung: Programmheft Theater an der Wien, März 2014

Nach Mozarts Entführung aus dem Serail *engagierte Joseph II. eine Gruppe von italienischen Sängern an den Hof. Dazu kam, daß Lorenzo da Ponte gerade in Wien war, also eine Konstellation gegeben war, die eine Weiterentwicklung der opera buffa bewirkte statt des deutschen Singspiels. Ein glücklicher Umstand, der für die Opernentwicklung maßgeblich war. Haben Sie auch manchmal den Eindruck, daß die Musikgeschichte oft von solchen äußeren Umständen und Zufälligkeiten beeinflußt worden ist?*

Große Weichenstellungen in der Musikgeschichte wurden durch Zufälle hervorgebracht. Wäre der König von Sachsen nicht plötzlich König von Polen geworden, wäre er nicht katholisch geworden. Und was macht daraufhin der Erzprotestant Bach? Er dient sich dem König an und schreibt ihm eine katholische Messe. Und diese *h-Moll-Messe* brachte einen radikalen Wandel in der Musikgeschichte. Und solche Sachen können Sie überall finden.

Mozart hat seine drei Opern nach Texten von da Ponte innerhalb von vier Jahren geschrieben. Alle drei beschäftigen sich mit der Explosivkraft von Liebe und Sexualität. In Le nozze di Figaro *ist die Sexualität ein Gleichmacher und bekommt dadurch politische Brisanz, in* Don Giovanni *wirkt Sexualität als Triebkraft schlechthin, und in* Così fan tutte *wird die Fragwürdigkeit der Liebe zum Thema gemacht. Meines Erachtens geht es in allen drei Opern um den Umgang der Menschen mit der Treue. Sehen Sie diese drei Werke auch als echten gedanklichen Zyklus, als »comédie humaine«?*

Schon, aber ich sehe es nicht so librettobetont, da sagen mir die musikalischen Subtexte mehr. Ich glaube zum Beispiel, daß die soziale Komponente beim *Figaro* von da Ponte radikal herausgeschnitten wurde, und daran hatte Mozart einen großen Anteil. Der soziale Aspekt ist in *Don Giovanni* fast stärker, denn es gibt mehr Spannung zwischen dem standesbewußten Masetto und Don Giovanni als zwischen Figaro und dem Grafen. Den großen, dafür wichtigen Monolog des Figaro aus Beaumarchais' Stück gibt es in der Oper nicht, und so geht es hier viel eher um alle Aspekte der menschlichen Psyche. Natürlich ist ein Hauptaspekt der menschlichen Psyche die Liebe und die Beziehung zwischen Männern und Frauen, aber es ist nicht der einzige Aspekt. Es ist viel komplexer.

Im Theater an der Wien haben Sie den Vorteil, daß Sie quasi mit einem Ensemble alle drei Opern machen können. Es gibt Sänger, die in allen drei Opern mitwirken, und dadurch kommen die von Ihnen angesprochenen Stimm-Parallelitäten gut zum Ausdruck: Susanna (Figaro), *Zerlina* (Don Giovanni) *und Fiordiligi* (Così fan tutte) *werden von einer Sängerin gesungen, von Mari Eriksmoen. Mauro Peter singt Basilio und Curzio* (Figaro), *Don Ottavio* (Don Giovanni) *und Ferrando* (Così fan tutte), *André Schuen Figaro, Don Giovanni und Guillelmo* (Così fan tutte).

Ja, das ist spannend, und das sind die Dinge, die mich interessieren. Ich bin sehr gespannt, wie sich das auswirkt. – Übrigens halten wir uns an Mozarts Doppel-Besetzungen: Basilio/Curzio – Bartolo/Antonio, die extrem verschiedene Charaktere auf der Basis einer gedachten Gemeinsamkeit darstellen; oder besonders auffallend: Commendatore/Masetto! Die beiden extremen Gegner Don Giovannis, auf extrem verschiedener Ebene. Das war keineswegs Besetzungsnot – das war Aussage!

Jetzt haben Sie einmal die Möglichkeit, den ganzen Zyklus in unmittelbarer Abfolge zu machen. Was ist daran das Besondere für Sie?

Das Interessanteste sind die inneren Zusammenhänge. Das Besondere dieser drei Opern besteht für mich in der Tatsache, daß dieser Zyklus nicht so entstanden ist, daß Mozart Libretti bekommen hat, die er komponiert hat, sondern daß er mit dem Librettisten gemeinsam gearbeitet hat. Mein Eindruck ist, daß es eine sehr enge Zusammenarbeit war, und zwar von beiden Seiten. Ich vermute, daß die beiden sehr nah voneinander gewohnt haben. Das Ganze erinnert mich sehr an die Zusammenarbeit von Monteverdi mit seinem Librettisten. Da weiß man, daß sie im selben Haus gewohnt haben, und ich sehe die Diskussionen der beiden direkt vor mir. Mich interessiert diese Übereinstimmung der Ideen bei dieser Zusammenarbeit.

Trotzdem haben Mozart und da Ponte oft eine sehr unterschiedliche Sicht. Mozart hat trotz der Aufklärung die Rolle der Vernunft nicht überschätzt. Er weiß, daß Liebe und Sexualität nicht kontrollierbar sind. Ist nicht da Ponte diesen Gefühlen gegenüber viel ironischer?

Mozart komponiert ja nicht die Texte, sondern Mozart komponiert die Subtexte. Das heißt, es kann durchaus sein, daß sich die beiden vollkommen einig waren über die Auslegung. Der Text von da Ponte sagt etwas, und die Musik von Mozart sagt: »Ja, aber ...« Das ist ja auch das, was die Oper dem Schauspiel voraus hat. Die musikalische Rhetorik war zu Mozarts Zeiten etwas sehr Ausgefeiltes.

War das Publikum musikalisch so gebildet, daß es musikalische Elemente wie eine fallende Quart, einen Opernbeginn in Moll oder die vielen Zitate, die Mozart zum Beispiel in Don Giovanni *verwendet hat, gewußt und erkannt hat?*

Die Zitate haben sie gekannt. Sie haben damals ungleich mehr von Musik verstanden als wir – das heißt, wir spielen heute praktisch für Analphabeten –, und ein durchschnittlich gebildeter Mensch hat die musikalische Rhetorik verstanden.

Ein Mensch im Publikum hat tatsächlich gewußt, daß es bei einer abfallenden Quart nur um den Tod gehen kann?

Ja, das war für ihn das kleine Einmaleins. Der hat den *Passus duriusculus* gekannt (chromatisch absteigende Halbtöne), er hat mindestens vierzig rhetorische Figuren gekannt. Und er hat gewußt, was der Unterschied zwischen E-Dur und F-Dur ist, und zwar nicht nur, wenn er es in den Noten gesehen hat, sondern auch, wenn er es gehört hat. Für uns ist das ja gar nicht mehr hörbar, weil E-Dur und F-Dur ganz gleich klingen. Da versprech' ich mir schon etwas von unserer Aufführung, weil man das mit alten Instrumenten natürlich anders macht. Wenn ich den erlauchtesten Musiker frage: »Was unterscheidet E-Dur von F-Dur?«, bleibt ihm nur der Mund offen, und er weiß es nicht.

Weil die Tonartensymbolik keine Bedeutung mehr hat?

Es gibt sie nicht mehr. Es gibt heute keinen erkennbaren Unterschied mehr zwischen E-Dur und F-Dur. Es ist nur die eine Tonart ein bißchen höher und die andere ein bißchen tiefer. In Wirklichkeit ist es aber eine Frage der Intonation. Ich habe dreißig Jahre lang die Tasteninstrumente gestimmt, ich weiß den Unterschied. – In E-Dur hört man das Entsetzen hinter den schönsten Klängen.

Bei einer konzertanten Opernaufführung kommt der gesamte Ausdruck »nur« über die Musik. Das heißt, das was an Gestik in der Musik ausgedrückt wird, hat keine optische Entsprechung auf der Bühne. Der Dirigent ist der einzige Regisseur. Ist das ein Reiz? Ist das besonders schwierig? Ist das ein Nachteil?

Ich frage mich ja schon bei Bühnenaufführungen, ob es nicht ein Pleonasmus ist, wenn ich das gestisch Komponierte zusätzlich noch gestisch ausdrücke. Ich war mir da mit Jean-Pierre Ponnelle völlig einig, der verstanden hat, was die Musik sagt, und der das nie verdoppelt hat. Die komponierte Gestik ist also bereits vorhanden. Und wenn der Sänger jetzt noch herumhüpft oder die Huster, die in den Noten stehen und hörbar sind, auch noch macht, ist das völlig sinnlos.

Trotzdem hat die Bühne eine Dimension mehr. Ich kann als Schauspieler oder als Sänger mit dem Körper etwas anderes ausdrücken als das, was ich sage. Die Musik drückt meine Gefühle aus, der Text das, was ich sage. Und dann kann ich mich auch noch so bewegen, daß der Zuschauer weiß, daß das, was ich sage, nicht stimmen kann, daß in mir etwas völlig anderes vorgeht. Ich kann also mit dem Körper den Subtext transponieren. Bei einer konzertanten Aufführung fällt diese Dimension weg – die Körpersprache des Schauspielers.

Die Körpersprache fällt weg. Ich bin ganz froh, daß sie zum Beispiel bei den Arien und bei einem Teil der Ensembleszenen wegfällt, weil sie da früher sowieso nicht gemacht wurde. Es gibt sehr genaue Beschreibungen, wie man Oper aufzuführen hatte. Und alles das, was das schauspielerische Element ist, und auch das, was mit dem Körper geschieht, hat in den Rezitativen, in den Accompagnati und zum Teil in den Ensembles stattzufinden, aber nicht in den Arien. Und bei den Arien hat man gesagt, an welchen Harmonien man die Muskeln anspannen soll und bei welchen man die Arme, zum Beispiel, fallen lassen soll. Man hat damals gesagt: In der Dominante am Schluß, am vorletzten Ton, muß die Spannung zunehmen, und der Schlußton muß die Entspannung sein. Das ist genau das Gegenteil von dem, was die Sänger heute machen. Und bei den Arien bezog man sich, die Körperstellung betreffend, meist auf berühmte antike Statuen. Da hat man die alten Quellen herangezogen.

Die Gestik hat sich allerdings in der Theatergeschichte inzwischen verändert.

Ja, doch die Musik ist dieselbe.

Aber Theater ist eine lebendige Kunstform.

Gut. Ich finde, daß da auch Fehler gemacht werden können. Ich bin nicht der Meinung, daß man grundsätzlich die Anweisungen, die man von 1780 kennt, heute erfüllen soll. Manchmal wäre es ganz interessant, wenn man es täte. Ich bin nicht einmal der Meinung, daß man musikalische Anweisungen aus der damaligen Zeit erfüllen muß. Denn ein Hörer, der Wagner, Brahms, Strawinsky und Stockhausen gehört hat, hört Mozart ganz anders als einer, der nur Frühwerke oder Haydn oder Dittersdorf gehört hat.

Trotzdem machen Sie die drei da Ponte-Opern jetzt mit dem Concentus Musicus. Das bedeutet andere Klangfarben. Bedeutet das auch für den Hörer ein neues Erleben dieser bekannten Opern?

Ganz sicher. Ich erwarte mir da eine sehr starke Hörerfahrung für die, die das spielen, die das singen, und für die Zuhörer auch.

Eine Gemeinsamkeit der drei Opern sind die Schlüsse. Alle drei Schlüsse wirken vorläufig, bleiben offen mit dem Gefühl: Am besten ist, wir reden nicht mehr darüber. Don Giovanni verschwindet, und die anderen bleiben zurück. Aber was soll bleiben, wenn die Projektion ihrer eigenen Gefühle weg ist? Bei Così fan tutte *ist das Ende ja in Wahrheit schrecklich. Niemand weiß, wie diese Verbindung mit den falschen Partnern enden kann. Und beim* Figaro *weiß ich nicht, ob der Graf trotz seiner herzergreifenden »Perdona«-Szene nicht bald wieder auf neue Ideen bei anderen Frauen kommt.*

Sie haben vollkommen recht. Die Schlüsse der drei Opern sind eigentlich ein Post Scriptum. Und im Grunde sind die Opern schon genau vor diesen Schlüssen zu Ende. Beim *Don Giovanni* geht das so weit, daß es eine alte Quelle gibt, die möglicherweise von Mozart sanktioniert ist – die mit der Höllenfahrt des Don Giovanni endet. Im 19. Jahrhundert hat man *Don Giovanni* auch grundsätzlich ohne das Nachspiel gespielt. Ich bin überzeugt von dem Nachwort, dem P. S. Ich glaube, daß alle drei Opern nicht komplett wären, wenn dieses eigentlich fast immer sehr pessimistische Schlußtableau nicht wäre.

Moralisierend ist das Schlußtableau allerdings auch!

Es ist scheinbar moralisierend, und zwar im wahrsten Sinn des Wortes scheinbar. Denn von Mozart kann man sich »Moralisieren« nicht erwarten. Aber die Frage ist ja nicht, was die Protagonisten sagen, sondern die Frage ist, was die Musik sagt, und die steht sehr häufig in einem krassen Widerspruch zum Text.

Alle drei Opern sind in ihrer Bezeichnung Musikkomödien (Dramma giocoso, Commedia per musica). Ich frage mich: Woher kommt das Lachen in diesen drei Stücken? Manchmal habe ich den Eindruck, es kommt daher, daß das Publikum sich irgendwie erkennt, es aber nicht zugeben will.

Es sind doch die grauenvollsten Dinge, über die man lacht. Das Lachen in allen diesen Opern hat etwas Gespenstisches. Ich glaube, echtes Lachen kommt nur beim *Don Giovanni* vor, und zwar lacht Don Giovanni. Und komponiertes Lachen kommt in allen drei Opern vor. Für mich hat Humor immer auch viel Tragisches. Der größte Komiker ist für mich der, der überhaupt nicht lacht. Buster Keaton hat nie gelacht!

Gibt es ein glückliches Paar in diesen drei Opern, eine wirklich erfüllte Liebe?

Nein, es gibt nur glückliche Momente. Es gibt Liebesduette, und dann bemerkt man, daß das gar nicht die »richtigen« Paare sind, die das singen.

Gibt es so etwas wie einen individuellen Sprechstil innerhalb der Rezitative? Redet der Graf mit einem Untergebenen anders, als Liebende miteinander reden? Oder ist Rezitativ eine Form, die immer gleich ist?

Rezitativ ist eine Form, die man heute überhaupt nicht mehr beherrscht. Es gibt wenige musikalische Stilformen, die in der damaligen Zeit so genau beschrieben wurden und deren Prinzipien heute so überhaupt nicht beachtet werden, wie die der Rezitative. Alle glauben, man soll sie singen. Die

Quellen sagen ganz etwas anderes. Die sagen sogar: Wenn das Rezitativ nicht in der Sprechtonhöhe der betreffenden Figur ist, ist es dem Sänger erlaubt, andere Töne zu singen, die seinem Sprechton entsprechen. Das ist heute problematisch, weil die ›experten‹ Hörer die Töne erwarten, die da stehen. Die Notenwerte, die Taktstriche in den Rezitativen haben ja überhaupt keine Bedeutung, und ob in einem Takt zwölf Noten sind oder drei Noten, hat für den Notenwert überhaupt keine Relevanz. Man wird ja sehen ...

Es ist eine künstliche Form der gesprochenen Sprache, daher werden die Figuren aus den Rezitativen entwickelt. Wie intensiv proben Sie die Rezitative?
Ich mache Rezitativproben wenn möglich so, daß alle Sänger dabei sind. Es entsteht sonst sehr schnell ein einheitlicher Rezitativstil, auch ein einheitliches Tempo. Aber es ist ganz unangenehm, wenn zwei Soprane oder zwei Baritone im selben Tempo miteinander sprechen. Ich habe in meiner Jugend in Wien die Mozartopern noch auf Deutsch gehört, dabei wurde ein riesiger Fehler gemacht bei den Rezitativen: sie wurden gesungen. In der deutschen Oper gibt's aber keine Rezitative, nur Dialoge, und so wurde es auch zu Mozarts Zeit bei den deutschen Versionen gemacht. Als Eberhard Waechter die Volksoper geleitet hat, hat er mir einen da Ponte-Zyklus angeboten, auf Deutsch natürlich. Ich habe dem begeistert zugestimmt, aber ich habe darauf bestanden, daß die Dialoge gesprochen werden – da hat er gesagt, das könne man dem Publikum nicht zumuten.

Geht es im Figaro *auch um die Unkontrollierbarkeit der Gefühle, oder steht eine Intrige gegen einen, der zu weit geht, im Mittelpunkt?*
Nein, alle Männer sehen da schlecht aus. Der Figaro wird zur Witzfigur, weil er sich so besonders schlau gebärdet. In diesem Stück sind die Frauen die Drahtzieher, vor allem Susanna, aber auch die Contessa ist zu scharfen Intrigen

bereit, um ihren Gemahl vorzuführen. Wenn man sich das Stück genauer anhört, dann bemerkt man auch, daß die Herztöne gar nicht von der Susanna kommen, sondern von der Contessa. Da habe ich durchaus Fehler gemacht in meinen frühen Auseinandersetzungen mit dem Stück. Ich habe gedacht, Susanna wird von Mozart so durch und durch sympathisch geschildert, dann habe ich bemerkt, daß sie eine abgefeimte Drahtzieherin ist. – (Sympathisch oder nicht sympathisch ist ja in diesem Komplex eine ganz merkwürdige Sache. Es gibt kaum eine – objektiv gesehen – unmenschlichere Figur als Don Giovanni. Und doch hat er hundertprozentig die Sympathie der Hörer.)

Wenden wir uns einem Schamlosen zu, der absoluter Sympathieträger ist, Don Giovanni. Ist er eine Projektion der Wünsche der anderen in der Oper?

Er ist sicher eine Essenz von ganz vielen, das alles kann sich unmöglich in einem Menschen abspielen. Er kennt – ähnlich wie Cherubino (dem jungen Don Giovanni) – keine Moral. Er bricht alle Regeln menschlichen Zusammenlebens, kennt keine Autorität – er folgt ausschließlich seinen Wünschen, seiner Gier. Das ist untragbar für die menschliche Gesellschaft, muß ausgemerzt werden. – (Er wird nicht für die Duelltötung des Commendatore vernichtet – die wäre verzeihlich.) Trotz alledem hatte er stets die Sympathie des Publikums. Bei Mozart spürt man, daß er sich während der Arbeit mit jeder seiner Figuren identifiziert. Und dadurch ist eine unsympathische Figur fast unmöglich.

Würden Sie sagen, es ist die Geschichte eines Mannes mit Obsessionen und den Konsequenzen, die das hat?

Nein, das ist die Geschichte einer Utopie. Diesen Mann kann man sich gar nicht vorstellen, den kann es nicht gegeben haben. Auch den Don Quijote hat es nicht gegeben. Der Don Juan ist ja eine uralte, magische Figur wie Don Quijote. Es gibt einige solche Figuren, vielleicht auch Faust und Blaubart, und so eine Figur ist auch Don Giovanni. Es ist ein Spiegel, den uns Mozart vorhält – jeder sieht das, was er sieht. Übrigens geht die Parallele zu diesen Figuren viel weiter: So wie der König als Vulgärspiegel einen Hofnarren hatte, wie Don Quijote Sancho Pansa hat, etc., so hat Don Giovanni Leporello, der von Anfang an von ihm wegstrebt und doch wie magnetisch an ihn gebunden bleibt.

Wir wissen eigentlich nichts von Don Giovanni. Wir wissen nichts von seinen Gefühlen, aus den Worten ist nicht zu entnehmen, ob er überhaupt irgendwelche Gefühle hat. Sagt die Musik etwas über seine Gefühle?
Ich nehme an, daß wir erkennen, daß er keine Gefühle hat.

Die Musik ist stoffgemäß noch düsterer als im Figaro. *Eine opera buffa, deren Ouvertüre in Moll beginnt, ist ja nicht so häufig. Und d-Moll steht ja für Rache und Vergeltung.*
Die Ouvertüre beginnt ja mit dem Ende Don Giovannis.

Es gibt ja auch andere revolutionäre Dinge in der Musik dieser Oper. Mozart lagert zum Beispiel im Finale des ersten Aktes drei Tänze übereinander.
Es sind ja auch drei sozial verschiedene Tänze. Das Menuett ist der Hoftanz. Da hat sich das Volk am Fenster die Nasen plattgedrückt, wenn es in einen Palazzo hineinschauen konnte. Das war ein Tanz ohne Körperkontakt, nur die Fingerspitzen, und mit ganz komplizierten Sprüngen, die so schwierig waren, daß Ludwig XIV. ab einem bestimmten Tag verlangt hat, daß die Menuette langsamer gespielt werden. Vorher war das Menuett in Eins, war ganz schnell, das würde man heute nie als Menuett bezeichnen. Jetzt meint man, das Menuett des *Don Giovanni* ist das eigentliche Menuett. In der Zeit, in der *Don Giovanni* geschrieben wurde, war das Menuett auch kein allgemein getanzter Tanz mehr. Das war eine nostalgische Sache. Die beiden anderen Tänze in diesem Finale sind die Tänze des Volkes. Da haben sich die Aristokraten die Nasen plattgedrückt, wenn sie in

die Wirtshäuser hineingeschaut haben, wo die Menschen mit Körperkontakt Walzer getanzt haben. Da hätten sie auch gerne mitgetanzt, so waren Hirten- und Bauernspiele – sogenannte Meiereien – eine beliebte kaiserliche (in Schönbrunn!) und aristokratische Unterhaltung.

Mit dem Menuett sind wir bei den Tempofragen. Wir haben uns schon einige Male über die Tempofragen auch bei Don Giovanni *unterhalten. Sie haben einmal im Rahmen Ihres Lehrauftrages im Mozarteum einen Vortrag über dieses Thema gehalten und haben gesagt: Die Schwierigkeit besteht darin, daß zum Beispiel die Bezeichnungen Andante, Molto andante und Andantino keine geradlinige Entwicklung haben. Wie haben Sie diese Fragen für Ihre Interpretation beantwortet?*

Andante ist ein sehr gutes Beispiel. Andante heißt eigentlich ›vorwärts‹. Das hat ein festes Tempo in der ersten Hälfte des 18. Jahrhunderts, gehört zu den schnellen Tempi. Dann wird Andante gerade bei Mozart immer wieder verwendet für die Mittelsätze von Klavierkonzerten und von Symphonien. Die heißen dann nicht Adagio, sondern Andante. Und in späteren Interpretationen dieser Werke – nach 1800, also sehr kurz nach Mozarts Tod – hat man das Andante immer langsamer gemacht, denn es war ja der langsame Satz des Werkes. Und für Beethoven war es schon nicht mehr klar: Ist Andante jetzt ein schnelles Tempo oder ein langsames? Wenn ich zu Andante ein Beiwort gebe, »Più andante«, heißt es bei Mozart schneller, und nach der Veränderung des alten Andante-Begriffes bedeutet es langsamer. Bei Mozart heißt »Più andante« immer schneller. Beethoven bekommt Lieder aus Schottland geschickt, und bei einem dieser Lieder steht Andantino, und da schreibt er: »Ist das schon der neue Andante-Begriff oder noch der alte?« Es ist sehr wichtig, das zu wissen.

Im Don Giovanni *gibt es ungefähr vierzig verschiedene Tempobezeichnungen. Das heißt, Sie machen sich einen richtigen Tempoplan?*

Mozart ist unheimlich genau mit den Tempi. Von jeder Oper und eigentlich von jedem Werk mache ich mir eine Tempodramaturgie: Welche Stücke sind in welchem Tempo geschrieben? Gibt es ein charakterisierendes Tempo für ein Werk? Das ist ganz deutlich beim *Don Giovanni*. Der Beginn, dieses Andante alla breve, kommt in allen entscheidenden Momenten immer wieder vor. Es ist wie eine Achse. Man fragt sich dann natürlich auch: Ist dieses Andante alla breve immer gleich schnell zu spielen? Oder hat das jeweils, wo es vorkommt, wieder ein neues absolutes Tempo?

Keiner Oper von Mozart ist so viel Unverständnis entgegengebracht worden wie Così fan tutte. *Die Ablehnung Beethovens und Wagners ist legendär, im 19. Jahrhundert hat man die Oper wegen Frivolität und Unmoral abgelehnt.*

Beethoven auch. Er hat sogar gesagt, daß der Mozart nicht so gut komponiert habe, weil es so ein schlechter Text sei.

Woher kam diese Ablehnung – nur aus der Tatsache, daß es ganz unüblicherweise keinen Mittelpunkt, keinen Helden gibt? Oder worauf führen Sie das zurück?

Es ist ein extremes Stück, es ist ganz anders als alle anderen Opern. Es gibt keine Achse. Die Geschichte geht breit durch die Menschheit, durch die ganze Bevölkerung durch, da hat man keinen Helden, den man toll finden oder den man verachten kann. Es ist ein ganz extrem außergewöhnliches Stück.

Kann man sagen, beim Figaro *werden die Kleider getauscht, aber die Figuren verändern sich nicht? Und bei* Così fan tutte *geht es um einen inneren Wandlungsprozeß?*

Oder es zeigt, daß man nicht ist, was man ist. Daß man nicht sagen kann: »Ich bin so. In einer anderen Situation bin ich ganz anders.« Es kommt mir viel wahrscheinlicher vor, daß vielleicht gar keine Wandlung stattfindet.

Es heißt nicht: »Ich bin ja ganz anders«, sondern: »Ich bin so und ich bin auch so, und wer ich wirklich bin, weiß ich selber nicht.«

Der Untertitel der Oper lautet: La scuola degli amanti – *Die Schule der Liebenden. Was wird dabei gelernt, was wird durch das Lernen verbessert?*

Das ist ein ironischer Untertitel. Und der Oberlehrer ist Don Alfonso, ein eiskalter, pessimistischer, gefühlloser Philosoph. Wir lernen, daß wir uns auf nichts verlassen können, und am wenigsten auf uns selbst. – Übrigens hat auch Don Alfonso sein Vulgärpendant: Despina. (Das ist wie bei Don Giovanni und Leporello.)

Welche Rolle spielt die Selbsttäuschung in dieser Oper?

Ich glaube, daß Mozart darstellt, daß mit einer Figur seelisch etwas passieren kann, was diese Figur selbst nicht weiß. Die große Szene zwischen der Fiordiligi und Ferrando, oder auch die große Szene zwischen der Dorabella und dem Guillelmo ... Der Name ist übrigens ganz wichtig, denn es gibt keine einzige Ausgabe, in der der Name richtig steht. Aber wir wissen es, weil Mozart das in jeder Zeile geschrieben hat, weil es das Textbuch aus der Zeit schreibt, weil es da Ponte so schrieb.

Herr Panerai, der mit mir einmal den Alfonso gesungen hat, sagte mir: »Was da vorkommt, wovon da gesprochen wird, versteht nur der, der aus dem Veneto kommt, wo schweinische Vergleiche, wie in Guillelmos Arie, gang und gäbe waren.« So erkläre sich auch das Lachduett und die Flucht der Mädchen. Er selbst käme von dort. Und da Ponte ist auch von dort. Und dort sagt man nicht Guglielmo, sondern Guillelmo. Ich verstehe nicht, daß das selbst in der neuen Mozartausgabe nicht korrigiert ist.

Über die Doppelbödigkeit des Textes hat mir auch Riccardo Muti erzählt. Es ist unglaublich, wie frivol dieses Stück wirklich ist.

Ich glaube, wir reagieren heute sehr viel empfindlicher auf diese Art von Witzen. Ich bin der Meinung, es war irgendwann in der ersten Hälfte des 19. Jahrhunderts, daß man angefangen hat, die Mädchen hinauszuschicken, wenn man den Namen des Malers Hosemann ausgesprochen hat, denn das durfte die Tochter nicht hören. Da war eine Prüderie, man hat nichts mehr beim Namen genannt. Für Brunzen hat man Pipi-machen gesagt. Und lauter solche Sachen. Man hat überhaupt kein deutsches Wort für diese Sachen. Und ich bin überzeugt, daß die Menschen heute erröten würden, wenn sie die Tischgespräche bei der Maria Theresia hörten. Die haben ganz normal gesprochen, haben alles beim Namen genannt. Was wir nicht tun. Und genau das kommt in diesen Stücken vor.

Der Schluß der Oper ist für mich durch die Aufklärung bedingt: Der Sieg der Vernunft über das Gefühl. Es gibt keine irdischen oder überirdischen Mächte mehr, die das Handeln des Menschen irgendwie beeinflussen. Die Vernunft ist die Basis der Erkenntnis.

Aber die kommen ja gar nicht zusammen, werden nie mehr zusammenkommen. Schon bei der Tür vom Gericht trennen sie sich. Das ist ja das Tolle, das Stück endet so offen, und wir wissen, jetzt hat wirklich jeder, inklusive Despina, den Boden unter den Füßen verloren; nur Don Alfonso bleibt eiskalt.

So ein Experiment ist nicht erlaubt. Da haben wir jetzt mit etwas gespielt, was viel zu tief geht, um damit spielen zu dürfen. Die Frage ist ja nicht, ob die sich jetzt geliebt haben oder nicht, sondern es heißt: Das, was jetzt in diesem Stück passiert ist, macht das Weiterleben eigentlich unmöglich. Das heißt, das Stück endet mit der totalen Katastrophe. Die Frivolität der Wette wird klargemacht, auch Despina wurde betrogen: Sie hatte die beiden Männer nicht erkannt.

Zur Zeit der geplanten Uraufführung von Così fan tutte *gab es – auch nach einem Text von da Ponte – die Oper* La Cifra *von Salieri, aufgeführt teilweise mit derselben Besetzung. Die Primadonna La Ferrarese hatte darin wirkungsvolle Koloraturen und große Intervallsprünge. Bei Salieri ist die Virtuosität noch Selbstzweck. Was macht Mozart aus diesen Fähigkeiten der Sängerin bei der Rolle der Fiordiligi?*

Man muß gerade in diesem Fall davon ausgehen, daß das Publikum die Sängerin gekannt hat und gewußt hat, was sie kann, und natürlich gewartet hat, was Mozart ihr für Herausforderungen geben wird. Für Mozart war klar, daß er ihre besonderen Fähigkeiten ausnützt, aber zugleich war klar, daß er sie benützt, um Extremes auszudrücken, nicht bloß Effekte. Sagen wir es so: Die Möglichkeiten des Könnens bis zum Letzten ausschöpfen, um etwas zu sagen, was ich sonst gar nicht sagen kann.

Mozart hat bei diesen Opern für bestimmte Sänger geschrieben, das heißt, die Partien entsprechen immer den Fähigkeiten einzelner Sänger?

Ja. Das war eine vollkommen andere Einstellung. Heute sagt man, daß der Sänger die Partie singen können muß, weil sie zu seinem Fach gehört. –

Die zyklische Aufführung aller drei da Ponte-Opern ist schon ein Abenteuer für das Publikum. Ich weiß nicht, ob das jetzige Publikum durch die Eventkultur solche Abenteuer vielleicht gar nicht mehr schätzt, aber ich erhoffe mir eigentlich ein Publikum, das nicht kommt mit dem Gedanken: Ja, ich kenn' diese Opern, ich bin jetzt neugierig, was da anders ist, sondern das versucht, wie ein weißes Blatt etwas zu erleben, was echt und unerwartet ist.

Ein Lächeln hinter Tränen

Gespräch anläßlich der 200. Wiederkehr des
Geburtstages von Franz Schubert im Jahre 1997

Gesprächspartner: Jürgen Seeger
Erstveröffentlichung: Focus, Mai 1997

*Jubiläen sind Anlaß zum Feiern und Nachdenken. Welche
Bedeutung hat da das Schubert-Jahr 1997, in dem der
200. Geburtstag des Komponisten gefeiert wird?*

Meistens sind Jubiläen nicht zum Jubeln, sie heißen halt
so. Zu bedenken gibt es, gerade bei einem Komponisten
wie Schubert, sehr viel. Dabei finde ich persönlich das Werk
interessanter als den Menschen. Denn was steht es uns zu,
den Menschen Sonden anzulegen, die wir bei uns selbst
nicht anzulegen bereit sind?

*Der Mensch selbst und die Legenden, die um ihn gestrickt
worden sind, interessieren Sie nicht?*

Ich wüßte nicht, was an einer Haarlocke Schuberts aufschlußreich sein soll. Für manche Mediziner mag es vielleicht interessant sein, festzustellen, ob da Blei oder Arsen
drinnen ist. Ich finde, seine Musik sollte uns interessieren. Das Schubert-Jahr hat für mich dabei keine besondere
Bedeutung. Schubert war für mich von Anfang an einer der
erschütterndsten Komponisten überhaupt.

Je älter ich werde, desto mehr komme ich drauf, daß
er der Komponist der Todesmusik ist. Jedes Werk, das er
schreibt, ist eine Auseinandersetzung mit Trauer, Verzweiflung und mit den letzten Dingen des Lebens. Darin steckt
eine wunderbare Verklärung, wie wenn man feuchte Augen
hat und durch diese Nässe hindurchschaut. Das Bild wird
dabei etwas unscharf und schimmernd. So ist Schuberts
Musik für mich. Dieser Ausdruck ist bei ihm so stark, daß
ich seine Musik gar nicht sehr oft spielen kann.

Wie erklären Sie sich diese Wirkung?

Hinter der tiefen Trauer und Verzweiflung ist bei Schubert immer ein wunderbares Lächeln zu sehen. Zu spüren ist nicht die grausame Härte allein.

Woher kommt die Trauer bei Schubert? Welche Rolle spielen dabei persönliche und biographische Gründe sowie das Umfeld seiner Epoche?

Daß alle Facetten der menschlichen Kommunikation für einen Menschen wie Schubert wichtig sind, ist klar. Es widerstrebt mir aber, an bestimmten Werken bestimmte Facetten festmachen zu wollen. Ich verknüpfe sehr ungern Biographie und Werk, weil ich glaube, daß die großen Künstler ihre Biographie benützen, um Erfahrungen zu sammeln und reichere Kenntnisse zu haben, aber nicht, um diese Kenntnisse zu vermitteln.

Für mich ist es das Kennzeichen eines großen Künstlers, daß seine Kunst keine Zeit kennt. Er muß die Erfahrungen, die in seine Kunst einfließen, mit schlafwandlerischer Sicherheit aus dem Leben herausfiltern. Er muß mehr über das Leben wissen als die anderen. Bei Schubert geschieht das immer am Rande des Abgrunds. Er hatte ein entsprechendes Sensorium. Vielleicht spielt Wien in diesem Zusammenhang eine Rolle, weil das eine Stadt ist, in der das Todessensorium sehr stark entwickelt ist. Der Wiener hat eine sehr starke und merkwürdige Beziehung zum Tod und zum Skurrilen, oft an der Grenze des Peinlichen. In dieser Atmosphäre hatte Schubert eine Fundgrube für seine kompositorische Phantasie und seine Einsichten.

Franz Schubert gilt als der wichtigste Vertreter der musikalischen Romantik. Wie romantisch war die Musik?

Romantik ist die unerfüllbare Sehnsucht nach einer Vergangenheit, die es nie gegeben hat. Den entscheidenden Satz hat Schubert selbst gesagt: »Dort, wo du nicht bist, dort ist das Glück.« Ein anderer Exponent der Romantik, Robert Schumann, hat einmal gefragt: »Kennen Sie Musik, die nicht romantisch ist?« Irgend etwas von dieser Sehnsucht und diesem Ungreifbaren ist ja wohl in jeder Musik zu finden. Wenn es eine Kunstform gibt, die etwas speziell Romantisches in sich hat, dann ist das sicher die Musik.

Gibt es für Sie einen Nachfolger von Franz Schubert, möglicherweise im 20. Jahrhundert?

Johann Strauß! Das ist ein Komponist, dessen Musik wie die von Franz Schubert eine Art Wiener Dialekt aufweist. Auch bei Johann Strauß findet sich eine große Nähe zu Trauer und Tod, nur dort ist das Lächeln etwas stärker. Bei Schubert ist es ein Lächeln hinter Tränen, bei Johann Strauß ist es eine Träne vor dem Lachen. Der Dritte in dieser Reihe wäre für mich Alban Berg.

Wie kommt es, daß Sie vom Thema Trauer und Tod derart angezogen sind, Ihre Interpretationen aber dennoch zum Lebendigsten gehören, was man sich denken kann?

Über Tod meditieren kann ja nur jemand, der lebendig ist. Eine Kunst, die nur einfache, blödsinnige Heiterkeit schildert, kann nicht groß sein. Die Suche Beethovens nach der Freude, die er in seiner 9. Symphonie ausdrückt, ist doch ein Weg durch das Dickicht. Wir alle wissen, daß wir vergänglich sind. Da kann man blinden Optimismus nur als lächerlich empfinden.

Wie findet sich ein tiefgründiger Sucher nach Wahrhaftigkeit, wie Sie es sind, in einer Welt der zunehmenden Verflachung zurecht?

Die Verflachung ist nur ein Symptom. Es ist das Agonie-Taumeln eines vor langer Zeit Vergifteten. Die Vergiftung liegt dort, wo die Notwendigkeit der Kunst geleugnet wird. Das fängt im Bereich der Schulen und der Erziehung an. Die Kunst ist das Erste, was gestrichen wird. Das halte ich für gefährlich, denn nur über die Kunst und die Phantasie ist die Entwicklung und Aufrechterhaltung einer Moral möglich. Mit technischem und merkantilem Denken allein kommen wir nicht weit. Wobei ich dazusagen muß, daß ich an Technik sehr interessiert bin.

Sind Sie ein Pessimist?

Ich habe die Hoffnung, daß die Werte, die durch Kunst vermittelt werden, nicht kaputtgehen können. Aber dazu ist es nötig, daß mindestens ein Drittel des Schulunterrichts den Künsten gewidmet ist. Viele der maßgeblichen Politiker verstehen das nicht mehr, und das ist gefährlich.

Und warum stehen die Künstler nicht auf und erheben ihre Stimme?

Weil sie keine Macht haben. Die Macht der Kunst liegt allein in der Kunst und nicht darin, die Politik umzustimmen. Der Künstler ist dazu da, Kunst zu vermitteln, und nicht dazu, die Begründung zu liefern für das, was er tut.

Ein Spiegel von Abgründen

Gespräch anläßlich der Aufführung von Schumanns
Genoveva am Opernhaus Zürich

Gesprächspartner: Werner Pfister, Andrea Meuli
Erstveröffentlichung: Musik und Theater, 2007

Nikolaus Harnoncourt, bereits vor zwölf Jahren brachen Sie für
Schumanns Genoveva *eine Lanze, damals konzertant bei der*
styriarte in Graz. Nun gehen Sie aufs Ganze und bringen das
Werk am Zürcher Opernhaus erstmals auf die Bühne. Warum
Ihr erneutes Engagement für diese doch scheinbar hoffnungslos
mißlungene Oper?

Wenn ich ein Werk erarbeite, ob Schumanns *Genoveva*
oder beispielsweise die drei letzten Symphonien von
Mozart, beschränke ich mich jeweils auf nur wenige Aufführ-
rungen und lasse das Werk dann möglichst zehn Jahre lang
wieder ruhen. So dirigierte ich zum Beispiel im letzten Sommer nach vielen Jahren wieder einmal Beethovens fünfte
Symphonie – und da wußte ich zum ersten Mal, worum es
in diesem Werk eigentlich geht. Schon lange war mir klar,
daß der Eintritt der Posaunen im Finalsatz das Werk gleichsam nach außen bringt – daß daraus eine Freiluftmusik
wird. Aber was die drei Sätze davor zu sagen haben, wurde
mir erst etwa fünf oder sechs Tage vor den Proben bewußt.
Ich erzählte dem Orchester davon, und die Musiker waren
begeistert, nun mit dabei zu sein, wenn ein vermeintlich alt-
bekanntes Werk neu gelesen wird.

Was hat sich in Ihrer Sicht auf Schumanns Genoveva *seit der*
konzertanten Aufführung 1996 in Graz geändert?

Ich glaube nicht, daß meine Sicht wirklich eine ganz neue
ist. Außer, daß ich in dieser Zeitspanne ganz allgemein tiefere Einsichten gewonnen habe. Bereits damals in Graz war
mir bewußt, daß es sich bei *Genoveva* wahrscheinlich um

das am übelsten besudelte Meisterwerk in der Musikgeschichte handelt. Denn wenn ein selbstkritischer Komponist wie Schumann sagt, für dieses Werk habe er sein Herzblut gegeben, das sei sein Meisterwerk, dann glaube ich ihm.
Auch seine Frau Clara bestätigte diese Äußerungen Schumanns, und sie sind zum Teil ja auch nachlesbar. Was aber
nach dem Tod von Schumann über seine *Genoveva* geschrieben wurde, gehört zum Scheußlichsten an negativen Kommentaren, das ich überhaupt kenne. Und diese Übelrederei
geht seither unvermindert weiter. Ein saublöder Text, heißt
es, und die Musik sei auch nicht so besonders ...

Woher rühren denn diese vernichtenden Urteile?
Eigentlich ist mir völlig klar, daß es so kommen mußte.
Man kann als Komponist nicht eine musikalische Gattung
wie die Oper, für die es damals ganz bestimmte Erwar-
tungshaltungen gab, grundsätzlich in Frage stellen wollen,
ohne daß man dies den Leuten erklärt, damit sie es dann
vielleicht auch verstehen. Kein großer Künstler will seine
Werke erklären müssen, vielmehr müssen sie sich aus sich
heraus erklären.

*Wann reifte Ihr Entschluß, diese Oper nun auch auf die Bühne
zu bringen?*
Seit ich das Werk in Graz dirigiert hatte, wollte ich sie einmal szenisch aufführen. Mit jedem Regisseur, mit dem ich
seither zusammengearbeitet hatte, sprach ich über *Genoveva*. Und fast jeder sagte mir dasselbe – daß er, wenn er
eine Oper inszeniere, eine Geschichte erzählen müsse. Und
diese Geschichte finde er in *Genoveva* nicht. Für mich war
dann klar, all diese Regisseure paßten nicht zu dieser Oper.

Was wurde zu Schumanns Zeiten denn von einer Oper erwartet?
Erwartet wurde ein Theaterstück mit Dialogen und Arien,
so, wie die Oper seit Monteverdis Zeiten war – mit einer
Handlung und mit Figuren, die ja ihren eigenen Charakter
haben. Und je mehr sich diese Charaktere im Verlaufe der

Handlung entwickeln, desto besser ist die Oper. Sozusagen ein orchestriertes Theaterstück. Oder ein Dialog-Musiktheater wie in den späten Opern Mozarts. Stets mußte eine Handlung vermittelt werden.

Sind das die falschen Prämissen für Schumanns Genoveva?

Wenn Sie mit diesem Besteck an das Werk herangehen, dann kommen Sie überhaupt nicht ran. Schumann war ja kein dummer Mensch! Er war ein sehr eigenständiger Künstler; und die Frage, ob er eigentlich eher Literat oder doch Musiker werden wolle, hat er erst relativ spät für sich beantwortet. Sicher ist es kein Zufall, daß er die Letztfassung des Librettos selber geschrieben hat. Dazu fühlte er sich rein dichterisch durchaus in der Lage. Daß das ein saublöder Text sei – da kann ich nicht mitmachen!

Schützenhilfe bietet Ihnen da der Schweizer Germanist Peter von Matt. In seinem Buch Das Wilde und die Ordnung *lobt er Schumanns Libretto – in seiner Tiefenstruktur erscheine es wie ein Stück von Kleist, schreibt er.*

Ich kenne Peter von Matt seit einiger Zeit. Als ich sein Buch *Liebesverrat* las, wußte ich plötzlich, was die deutsche Romantik im ersten Drittel des 19. Jahrhunderts im wesentlichen ausmacht. Dieser Text hat mir auch für vieles Musikalische die Augen geöffnet. So erkannte ich auf einmal, was mit Schuberts Opern los ist, bekanntlich ein ähnliches Kapitel wie die Rezeption von *Genoveva*. Seither denke ich, daß heutzutage jene Epoche in der deutschen Operngeschichte, die mit der *Zauberflöte* beginnt und mit *Genoveva* endet, nicht richtig verstanden wird.

Was macht denn das Besondere an Schumanns Genoveva aus?

Schumann war der Meinung, daß das Musiktheater auf einem vollkommen falschen Weg sei. Er war überzeugt, daß das Sprechtheater eine Handlung viel besser erzählen könne als die Oper. Die Musik in der Oper wiederum kann jedoch einen eigenen Subtext liefern. Das sieht man am besten in den Opern Mozarts. Ein Arientext bekommt seine eigene Musik, und diese Musik wiederum bekommt gleichsam einen eigenen Text, dessen Aussage vom gesungenen Arientext abweichen kann. Was ein Schauspieler im Sprechtheater mit einem leichten Augenzwinkern macht – nämlich eine Aussage sogleich in Frage zu stellen –, das kann mit musikalischen Subtexten noch wesentlich genauer vermittelt werden.

Das also war Schumanns Ziel mit Genoveva?

Nein, auch das wollte er nicht, sondern etwas völlig Neues, wofür die Musik noch viel besser geeignet ist: Ihm ging es in *Genoveva* überhaupt nicht um eine Handlung, sondern um Zustände. Es gibt in dieser Oper kaum Dialoge oder richtige Zwiegespräche; die einzelnen Figuren sprechen mehr über sich selber; das Werk ist total symphonisch komponiert, und man hat als Zuhörer nicht das Gefühl, daß man am Ende der Handlung wirklich woanders angelangt ist als am Anfang der Handlung, sondern im Gegenteil fast genau wieder an demselben Punkt.

Weshalb, denken Sie, wählte Schumann eine solche Dramaturgie? Er hätte in sein Stück doch eine Entwicklung einbauen können!

Schumann war nicht blöd; er machte genau das, was er machen wollte! Auch der Regisseur Martin Kušej, mit dem ich das Werk am Zürcher Opernhaus einstudiere, ist davon überzeugt. Wir sind eigentlich der Meinung, daß Schumann hier versuchte, dem Musiktheater eine völlig neue Dimension zu geben.

Literarisch oder musikalisch?

Als Gesamtwerk. Denn beides ist hier vollkommen untrennbar. Schumann ließ sich sehr von den Äußerungen Ludwig Tiecks zu seinem Trauerspiel *Leben und Tod der heiligen Genoveva* inspirieren. Darauf fußt sein Libretto genau so wie auf Friedrich Hebbels *Genoveva*-Tragödie. Beide Dramen waren damals in aller Leute Mund. Übrigens gehörte Tiecks Trauerspiel für Goethe zum Schönsten und Aufregendsten, was es überhaupt gab. Und Tiecks Äußerungen über die Figuren in seinem Schauspiel korrespondieren genau mit Schumanns eigener Sicht.

Können Sie diese Sicht genauer charakterisieren?

Der entscheidende Punkt ist, daß Tieck wie Schumann im Menschen verschiedene Ebenen sehen, die man nicht wirklich voneinander trennen kann. Gut und Böse kann nicht wirklich voneinander geschieden werden, beides gehört zum Menschen, ist ihm vom Schicksal gegeben.

Wie wirkt sich dieses Menschenbild konkret in Schumanns Genoveva aus?

Der gute Golo, eigentlich die Hauptfigur, wird nicht plötzlich zum Bösewicht. Beide Seiten, seine gute und seine abgründige, sind von Anfang an in ihm angelegt. Einerseits gibt es in dieser Oper eine Art definierte Ordnungswelt, die von vielen Menschen geliebt und entsprechend angestrebt wird und die absolut keine Übertretung duldet. Das ist die Welt Siegfrieds. Wenn er zu seiner Gattin Genoveva sagt: »Du bist ein deutsches Weib, so klage nicht!«, dann verweist er sie genau in jene Schranken der Ordnungswelt. Andererseits gibt es auch eine Welt des Chaos, denn die Ordnungswelt verlangt gleichsam nach ihrer Hinterseite; beide Welten bedingen einander, gehören untrennbar zusammen. Wenn einer nur die Ordnungswelt verkörpert, dann muß man sich schon fragen: Ist das überhaupt ein Mensch? Wo ist denn dessen Natur? Diese Chaos-Welt wird in der Oper vor allem durch Margaretha verkörpert, die im Gegensatz zu Siegfried einen entsprechend schillernden Charakter hat.

Umgekehrt ist Margaretha auch eine sehr eindimensional gezeichnete Figur ...

... sicher. Mehrdimensional wird das Ganze erst im Zusammenspiel. Margaretha ist gleichsam die andere, die hintere

Seite von Siegfried. Dann gibt es noch eine dritte Welt in dieser Oper – die Phantasie. Für sie steht Golo. Und diese Ebene ist nun alles andere als eindimensional. Bis zum Ende des zweiten Aktes nehmen wir Golo als eine außerordentlich sympathische Figur wahr; erst im späteren Verlauf des Werks zeigt er seine andere Seite.

Interpretieren Sie jetzt nicht zu sehr aus einer »modernen«, sozusagen Sigmund Freud'schen Perspektive heraus?

Aus einer total modernen sogar! Ich war immer der Ansicht, daß Freud um siebzig Jahre zu spät kam. Für mich gehört er in die Zeit von Büchner, E. T. A. Hoffmann und Caspar David Friedrich – das sind seine eigentlichen Zeitgenossen. Freud war zweifellos modern mit seinen Einsichten, und entsprechend ist Schumanns *Genoveva* für mich die moderne Oper schlechthin – eine Freud'sche Oper.

Aber Schumanns Musik kennzeichnen doch keinerlei Freud'sche Züge ...

Es ist wahrscheinlich die »allerfreud'scheste« Musik überhaupt! So viel an verquickter Thematik wie in dieser Oper finden Sie kaum anderswo. Die Ouvertüre ist wie ein Steinbruch, darin ist bereits alles thematische Material vorhanden. Die Verwandtschaft der Themen untereinander hat zweifellos mit Leitmotivtechnik zu tun.

Wie bei Wagner?

Wagner erwog ebenfalls, eine *Genoveva* zu komponieren. Schumann, Wagner und Mendelssohn – die saßen ja oft an einem Tisch zusammen; Schumann äußerte sich zum *Tannhäuser*, den er nicht mochte, und Mendelssohn dirigierte sogar den *Tannhäuser*, mochte ihn ebenfalls nicht und komponierte deshalb seine *Melusine*. Darüber haben sich die drei unterhalten. Aber, um auf Ihre Frage zurückzukommen: Schumanns Leitmotivtechnik ist nicht, wie bei Wagner, mit einzelnen Personen verbunden, sondern mit einer Verwandtschaft psychischer Zustände. Diese innige

Verbindung von allem mit allem in der *Genoveva* dürfte einem Zuhörer, wenn er wirklich zuzuhören bereit ist, durchaus bewußt werden. Unüberhörbar etwa das »heilige« Thema des Anfangschorals – das zum hämischen Thema Margarethas und zum abgründigen Golos wird.

Schumanns Zeitgenossen jedoch wurde sie nicht bewußt. Nur zwei Monate nach Genoveva *ging Wagners* Lohengrin *erstmals über die Bühne und scheint den Nerv der damaligen Zeit getroffen zu haben.*

Auf jeden Fall. Aber bedenken Sie bitte, daß das frühzeitige Sterben von großen Persönlichkeiten den weiteren Verlauf der Geschichte wesentlich beeinflussen kann. Hätte Mozart ein normal langes Leben gehabt, dann wäre nicht Beethoven zum Komponisten des Wiener Kongresses geworden, sondern Mozart. Beethoven hätte keine *Eroica* geschrieben, wenn ihm ein Mozart über die Schulter geschaut hätte. Im Dreigestirn Wagner – Mendelssohn – Schumann ist Wagner, jetzt einmal von der rein musikalischen Begabung her geurteilt, für mich der Kleinste von den dreien. Daß er dennoch zur wichtigsten Figur im Musiktheater des 19. Jahrhunderts wurde, hängt mit dem frühen Tod der beiden anderen zusammen.

Sie sagten, Genoveva *sei vollkommen symphonisch komponiert. Also illustriert die Musik nicht das Geschehen auf der Bühne, wie es in herkömmlichen Opern sonst der Fall ist. Welche Folgen hat das für eine szenische Realisation?*

Da muß man in der Tat sehr aufpassen, das ist eine gefährliche Sache. Manche Menschen glauben heute, daß man der Phantasie etwas nachhelfen sollte, indem man eine *Matthäus-Passion* visualisiert oder tanzt. Auch Oratorien von Händel werden immer wieder szenisch aufgeführt. Ich habe selbst einmal den *Saul* szenisch gemacht, und das war ein Fehler, für den ich mich heute noch geniere. Wenn man solche Werke szenisch konkretisiert, beraubt man den Zuhörer seiner eigenen visuellen Phantasie. Das gilt für

Schumanns Oratorium *Das Paradies und die Peri* ebenso wie für den *Manfred* oder die *Faust-Szenen*. Das sind alles entfernt verwandte Werke, *Genoveva* jedoch ist das große Meisterwerk, das visualisiert werden will.

Den Manfred *haben Sie bislang nie dirigiert ...*
Das schaffe ich auch nicht, weil ich den Text nicht ertrage: Lord Byron mit seinem Pessimismus – das halte ich nicht aus. Die *Peri* und die *Faust-Szenen* hingegen führe ich immer wieder einmal auf. Wie Schumann in der *Peri* die verschiedenen Länder landschaftlich mit dem Psychischen verbindet, überhaupt diese musikalische Evokation der Phantasie, das ist schlicht grandios. Ähnliches gilt für *Genoveva*. Diese Oper geht kaputt, wenn man sie in der Art eines Ritterstücks auf die Bühne bringt. Und weil das wiederholt so gemacht wurde, verstehe ich auch die negativen Urteile der Musikkritiker über das Werk. Man wird ihm mit einer solcherart illustrierenden Darstellung überhaupt nicht gerecht; und vor allem sollte sich der Zuhörer in seiner eigenen Phantasie nicht ablenken lassen. Zudem sind die vier Hauptpersonen – Genoveva, Golo, Siegfried und Margaretha – nicht wirklich vier Personen mit je einem individuell ausgeprägten eigenen Charakter. Das wird einem bald klar, wenn man sich in dieses Werk vertieft.

Daraus resultiert wohl eine zentrale Schwierigkeit für den Zuhörer: Mit welcher Figur soll er sich identifizieren?
Nur mit Golo! Genoveva ist gleichsam die verkörperte Reinheit. Sie fordert Golo auf, mit ihm zusammen das Lied *Wenn ich ein Vöglein wär* zu singen, und hat in ihrer fast heiligenmäßigen Unschuld keinerlei Ahnung, was sie damit im Innern Golos auslöst.

Eigentlich ist das die zentrale Gelenkstelle der Oper, und ausgerechnet da greift Schumann auf dieses naiv-harmlose Volkslied zurück ...
Das ist die absolut ideale Musik dazu!

Dennoch scheint Genoveva ein eindimensionales, beschränktes Frauenbild zu verkörpern ...

Nein, überhaupt nicht! Genoveva ist nicht wirklich ein greifbares Frauenbild. Überhaupt können wir in dieser Oper kaum eine Person greifen, außer Golo. Oder höchstens in einigen wenigen Momenten, etwa dann, wenn Genoveva den Golo abwehrt, um seinen leidenschaftlichen Handgreiflichkeiten zu entkommen. In solchen Momenten ist Genoveva schon real. Aber wenn man diese Figur nur als Figur sehen will, dann findet man sie nicht, weil sie das nicht ist.

Genau das macht es für einen Zuhörer oder Zuschauer umso schwieriger – er findet nirgends einen Halt.

Nein, den kann er nicht finden. Aber er kann etwas anderes – er darf in einen Spiegel schauen. Der Spiegel spielt in dieser Oper ja eine zentrale Rolle. Was Siegfried am Ende des dritten Akts in Margarethas Spiegel sieht, das ist er selbst. In Wirklichkeit sieht er nicht das, was im Spiegel gezeigt wird, sondern sich selbst – was für ein Mensch er ist. Überhaupt könnte man die ganze Oper als eine Art Spiegel sehen – als einen Zustandsbericht über die Frage: Was ist der Mensch? Wer bin ich? Hier blickt man in tiefste Abgründe. Große Künstler waren bekanntlich nur sehr selten Optimisten ...

Ein großes Wort ...

Aber es stimmt doch! Und zwar durch alle gesellschaftlichen Systeme hindurch. Bedeutende Künstler zeigen uns immer etwas, das wir gar nicht sehen wollen. Aber sie beharren darauf, und zum Teil verzweifeln sie sogar selber daran. Künstler sein ist ja nicht etwas, was man sich aussucht, weil es lustig ist. Sondern weil man der Griffel in der Faust von jemandem oder irgend etwas ist. Bei Mozart empfinde ich das ganz stark. Nicht in seinem Leben oder in seinen Briefen, da konnte er vieles vertuschen. Aber in seinen Werken, da konnte er nichts vertuschen.

Am Schluß, so sagten Sie, sei man in Genoveva *eigentlich wieder am selben Punkt wie zu Beginn. Das Geschehen könnte sozusagen ein zweites Mal ablaufen.*

Dazu müßten wir einen neuen Golo haben! Denn er ist tot.

Warum soll er gestorben sein? Es heißt doch, er sei zu Roß, den Falken in der Hand, ins Land hineingesprengt.

Aber gleich der nächste Akkord in der Partitur zeigt unmißverständlich, daß Golo in den Tod reitet. Oder sagen wir es besser so: Er fällt ins Nichts zurück. Denn er kam ja auch aus dem Nichts – ein Bastard, ein Kind der Natur, und niemand weiß, wer sein Vater ist, wo er herkommt. Nicht einmal Margaretha weiß es. Gelegentlich sagt sie, sie sei seine Amme.

Eigentlich eine traurige Botschaft, mit der Schumann seine Genoveva *beschließt.*

Unbedingt, unbedingt.

Eine letzte Frage: Wie haben die Musikerinnen und Musiker des Orchesters der Oper Zürich auf Schumanns Genoveva-*Musik reagiert?*

Sie finden sie absolut großartig – oder dann lügen sie mich an ... *(schmunzelt).* Aber sie ist zum Teil schwierig zu realisieren. Zum Beispiel darf nicht jeder seine Stimme nach Lust »auskosten«, das ginge unweigerlich auf Kosten der Transparenz. Denn im Klang sind oft drei oder vier Schichten subtil übereinandergelagert.

Und das ausgerechnet bei Schumann, wo es doch immer wieder heißt, er habe schlecht orchestriert?

Keiner hat so gut instrumentiert wie Schumann!

Neugier ist immer die Triebfeder

Gespräch anläßlich der Aufführung von Smetanas
Verkaufter Braut bei der styriarte 2011

Erstveröffentlichung: FIRST, 6/2011

Smetana schenkte mit der Verkauften Braut *seinen Lands-
leuten endlich die ersehnte tschechische Nationaloper.
Die Begriffe »Nation« und »national« bergen aufgrund der
Geschichte des 20. Jahrhunderts einen schalen Beigeschmack
in sich. Sehen Sie das auch so?*

Ich bin durch Diskussionen in der Familie von klein auf
gewohnt, die gängigen Meinungen der Zeit grundsätzlich
nicht anzunehmen. Meine Eltern waren echte »Österreicher«: Mein Vater, ein Wiener »Tscheche«, hat natürlich
Deutsch gesprochen, aber genauso Tschechisch, meine
Mutter, eine Grazer »Ungarin«, natürlich gleichfalls
Deutsch, aber genauso Ungarisch. Ich fände es grausam, zu
behaupten, ein Steirer und ein Tscheche wären dasselbe.
Wenn dem wirklich so wäre, dann haben die Nazis dadurch,
daß sie das Nationale so in den Vordergrund gerückt haben,
wirklich allerhand kaputtgemacht. Ich finde, Menschen
aus bestimmten Gegenden haben bestimmte Eigenschaften. Was soll daran schlecht sein? Einer meiner besten
Freunde, ein Holländer, würde beispielsweise nie in seinem
Leben auf einen Berg hinaufsteigen. Ich hingegen würde
nie in einem derart flachen Land wie Holland leben wollen.
Meine Tochter lebt dort, und es wird nicht lange dauern,
dann wird es vielleicht auch in meiner Familie eine Generation geben, die sagt: »Wir sind Holländer.« Ich finde es
unerhört, die Unterschiedlichkeiten der Menschen einfach
abzulehnen. Ja, sind wir denn bereits so weit herabgesun-
ken, daß wir das Liebenswerte und Verschiedenartige nur
mehr bei Hunderassen sehen wollen?! Die Leute züchten

271

ihre Hunde nach den kleinsten Formen und Hautschlapp-Kreationen und sind total begeistert von der Originalität dieser Hunde. Und dann soll man das ausgerechnet bei den Menschen negieren. Ich finde das einfach lächerlich.

Sie bezeichnen die tschechische Folklore ja auch als österreichische Musik.

Ja natürlich, warum denn nicht? Mein Vater hat die tschechische Seite vertreten und meine Mutter die ungarische. Ich sehe mich als Österreicher, meinen Vater und meine Mutter ebenso. Warum soll ich die ungarische und tschechische Musik also nicht auch als österreichische Musik sehen? Das ist für mich eine selbstverständliche Einheit. Meine Mutter hat jedes Mal einen Wutanfall bekommen und fast das Radio kaputtgeschlagen, wenn sie im Radio einen falsch gespielten Csárdás gehört hat. Der ehemalige Bundespräsident Klestil hieß auf Deutsch: Holzklauber. Der hat sich doch auch als Österreicher gesehen, oder? Mir kann man das nicht ausreden, daß das alles irgendwie zusammengehört. Heute sprechen wir alle von der Europäischen Union, aber diese Art Europa hat es doch schon längst gegeben.

Weil Sie das Beispiel Ihrer Mutter gebracht haben: Gibt es denn so etwas wie ein genetisch bedingtes Gespür für eine bestimmte Musik?

Genetisch ist ein biologischer Begriff, daher würde ich nicht von genetischem Gespür sprechen wollen.

Dann lassen Sie es mich die Kenntnis der Folklore nennen. Ist die wichtig?

Nein, auch so kann man das nicht sagen, denn eine Kenntnis erlernt man im Hörsaal. Ich glaube, daß die Menschen durch die Gegend und durch die Landschaft, einfach durch den Humus, in dem sie aufwachsen, das Gespür für eine bestimmte Musikrichtung unbewußt entwickeln. Das kann man nicht lernen, sondern muß es körperlich richtig aufnehmen. Ein Beispiel: Wenn ich einen Russen von hinten auf der Straße gehen sehe, weiß ich, daß das ein Russe ist. Weil er einfach anders geht. Der hat sich das so angewöhnt. Und das meine ich. Man nimmt die Dinge an, im Humus der Umwelt. Auch die Musik. Ich glaube, wenn ich an die Musik von Schubert oder Johann Strauß denke, kann die nur aus Wien kommen. Das kann man meinetwegen in Grönland oder Neuseeland hören, wenn ich das höre, dann ist das Wien. Jeder Wiener, der das dort hört und vierzig Jahre lang keine Musik gehört hat, der wird sofort Heimweh bekommen.

Die diesjährige styriarte hat den Satz »Im schweren Leichten« zum Motto gewählt. Ist Nikolaus Harnoncourt jemand, der mit schwerem oder leichtem Gepäck durchs Leben reist?
Vom Herzen her gehe ich mit leichtem Gepäck durchs Leben, aber de facto gehe ich mit schwerem durchs Leben. Weil es in Wahrheit nichts Leichtes gibt, letztendlich wird dann doch alles schwer.

Tritt da Ihre pessimistische Ader zum Vorschein?
Ich bin von meinem Wesen her Pessimist. Man ist nun mal, wie man ist. Mir kommt eigentlich jeder, der kein Pessimist ist, blöd vor. Optimisten meinen immer, Pessimisten sehen alles schwarz. Aber auch ich habe Hoffnung, und es ist ja nicht so, daß ich alles schwarz sehe. Aber von einem Pessimisten zu erwarten, daß er Ihnen sagt, wo diese Hoffnung sich erfüllt, geht zu weit. Ein Pessimist ist ein reicher Mensch. Ich kann Ihnen das jedenfalls nur empfehlen.

Sie empfehlen ja auch jedem, Widerstandskultur zu entwickeln. Sie selbst haben von klein auf schon immer gern die Gegenposition eingenommen, und Ihr Leitspruch als Kind war: Wenn auch alle, ich nicht!
Der Spruch stammt eigentlich aus der Bibel, wenn Petrus auf Jesu Vorwurf: »Du wirst mich auch noch früh genug verraten«, erwidert: »Wenn sich auch alle an dir ärgern, ich

nicht!« Ich habe mir immer gedacht, daß dieser Satz eigentlich der Leitspruch von jedem Menschen sein sollte. Alles tun, nur nicht in der Herde mitmarschieren. Für mich hat Widerspruch ja keinen negativen Beigeschmack, sondern damit wird ein Ergebnis gesucht. Ich kann ja überhaupt nur zu einem Ergebnis kommen, wenn ich eine Gegenmeinung habe. Wenn ich immerfort mit mir selbst streiten muß, mit einer konstruierten Gegenmeinung, ist das erstens nicht möglich und zweitens langweilig.

Das heißt, Sie suchen effektiv den Widerspruch?
Natürlich, ich muß den Widerspruch der anderen haben. Wenn ich vor einem Orchester stehe, sitzen mir bis zu hundert Musiker mit einem ungeheuren Potential gegenüber. Jeder einzelne hat Ideen und meint, zu wissen, wie dies und das gemacht werden muß, um das Werk voll zur Wirkung zu bringen. Wenn dann einer sagt: »Das ist ein Blödsinn, was wir da machen«, kann ich mich entweder ärgern, weil er so frech ist, oder ich frage mich, ob das vielleicht nicht wirklich ein Blödsinn ist, was ich da mache. Ohne ständiges Reiben am »Ja und Nein« würde ich zu nichts kommen.

Ist diese Neugier nach anderen Meinungen auch die Triebfeder von Ihnen?
Neugier ist doch die Triebfeder von jedem von uns.

Heute ist doch wohl eher die Gier nach Geld und Macht die Triebfeder des Gros der Menschen. Kann man diesem materialistischen Denken entgegensteuern?
Man muß ihm entgegensteuern, oder mein Pessimismus würde seinen Hoffnungsteil verlieren. Aber leider, wenn man damit anfängt mit dem Gegensteuern, ist es schon viel zu spät. Man müßte eigentlich schon im Mutterleib gegensteuern. Diese wahnsinnig maßlose Gier nach finanziellem Erfolg, die heute für die Menschen alles darstellt, gab es zu meiner Kindheit nicht, oder zumindest stand sie nicht derart im Vordergrund. Wir haben gelernt, um etwas zu wissen, und

nicht, um etwas damit zu erreichen. Heute habe ich den Eindruck, daß Kinder und Jugendliche nur darum etwas lernen, um mit diesem Wissen Geld zu machen. Nach der Devise: Ich lese kein Buch mehr, wenn es für mich nicht verwertbar ist und mir etwas bringt. Wir haben die Gleichwertigkeit von logischem und phantastischem Denken verloren.

Das sieht man ja auch daran, daß Kinder kaum noch singen!?

Daß die Kinder nicht mehr singen, finde ich sehr, sehr traurig. Die kennen keine Lieder mehr. Als ich zur Volksschule ging, in den dreißiger Jahren, ist an jedem Schultag in der Früh zuerst gebetet worden, dann ist ein Lied gesungen worden, und dann erst begann der Unterricht. Wir Kinder kannten alle gängigen Kinderlieder.

Was kann man denn dagegen tun? Muß man die Eltern dazu zwingen, mit ihren Kindern zu singen?

Nein, die Eltern darf man nicht zwingen, die müssen das wollen und erkennen, daß die Kinder singen wollen. Für ein Kind ist das ja ein irrsinniger Spaß, singen zu können. Da ist Lust vorhanden. Aber wie soll man etwas tun wollen, von dem man gar nicht weiß, daß man es kann. Und man kann auch den Eltern keinen Vorwurf machen, da die Eltern der jetzigen Generation es ja selbst nicht mehr gelernt haben. Wenn einmal etwas über zwei Generationen abreißt, ist es wirklich schwer, wieder daran anzuknüpfen. Einige Familien werden es weiterhin machen, und durch so einzelne dünne Wurzeln wird das Singen weitergegeben. Aber im allgemeinen meint man: Das ist ein Blödsinn, weil es »nichts bringt«.

Dieser traurigen »Blödsinn-Auffassung« wäre entgegenzuhalten, daß Kunst ein wesentlicher Bestandteil in der Heranbildung junger Menschen zum Menschen ist. Man weiß auch, daß Menschen, die mit Musik und Kunst aufwachsen, einen absoluten Vorteil in ihrer Entwicklung haben. Herr Harnoncourt, was bleibt von Kunst?

Musil schreibt in seinem Buch *Der Mann ohne Eigenschaften* auf die Frage »Was bleibt von Kunst?«: »Wir, als Veränderte, bleiben.« Das finde ich ganz toll. Es geht niemand unverändert aus der Berührung mit Kunst hervor, oder er ist nicht in Berührung gekommen.

Amerikas Wozzeck: Gershwins Porgy and Bess

Gespräch anläßlich der styriarte 2009

Gesprächspartner: Mathis Huber

Erstveröffentlichung: styriarte Magazin 2009

Jedes Mal, bevor ein neues styriarte-Programm herauskommt, wollen mir so an die fünfzig Leute – Journalisten, Fans, Kollegen – herauslocken, was Sie denn da wieder vorhaben. Mit dem Porgy*-Projekt der styriarte 2009 ist es mir aber erstmals so gegangen, daß keiner erraten hat, was Sie machen werden. Alles kam, von* Blaubart *bis* Wozzeck, *aber niemand wäre auf* Porgy *gekommen.*

Ich werde ja auch auf Tod und Teufel gefragt. Also gestern hat einer aus New York angerufen, der mich auch schon früher interviewt hat, und der sagte: »Also wir sind auf alles draufgekommen, aber das ...!« Ist ja lustig, nicht?

Das hat Ihnen die Welt offenbar nicht zugetraut.

Na ja, vielleicht mit Recht, das weiß man ja noch nicht.

Da lassen wir uns einfach überraschen. Aber es ist doch etwas Gemeinsames in Ihren letzten styriarte-Produktionen, daß so wie bei Carmen *und wie bei* Idomeneo *auch bei* Porgy *etwas richtigzustellen ist, in bezug auf das Stück und die Meinung der Welt über das Stück.*

Ich bin da vielleicht nicht so informiert über die Meinung der Welt, aber wenn ich nur an diese *Porgy*-Aufnahme aus Berlin 1952 denke: Die war geleitet vom Originaldirigenten der Uraufführung, und da war's schon bei weitem nicht mehr das Stück. Gershwin war da, ich weiß nicht, fünfzehn Jahre tot. Und der Dirigent hat wirklich alle Stellen, die in die Richtung Oper gingen – und das Werk ist viel mehr Oper als man denkt – echt gestrichen. Die hat er nicht gemacht! Er hat sich an kein einziges Tempo gehalten, das Gershwin vorschreibt. 1952 in Berlin hat man sich überhaupt an nichts mehr gehalten und hat einen Riesen-Klamauk gemacht, zum Teil mit ganz tollen Leuten.

Wenn das ein Klamauk ist, dann kann ja schon etwas nicht stimmen …
 … es ist nicht durchgehend Klamauk, da sind schon große Momente, aber das sind dann sozusagen die herausgehobenen Zuckerstücke, die bleiben irgendwie. Und was dazwischen ist, ist wie ein Musical mit ein paar Schlagern. So ist es angekommen.

Porgy *ist offenbar ein Stück, das gute Laune verbreitet, so wie* Carmen. *Und das kontrastiert in beiden Fällen zum Inhalt und zur Musik. Das könnte dem* Wozzeck *wohl nicht passieren.*
 Nein, das könnte dem *Wozzeck* nicht passieren. Wahrscheinlich hat Alban Berg diese Ader für den aufmöbelnden Schlager überhaupt nicht gehabt. Das kann sein. Aber interessant ist ja die Verbindung von Alban Berg und Gershwin. Die ist ja wirklich viel größer, als man denken würde.

Wozzeck *und* Porgy *– in beiden Fällen geht es um Gruppen am anderen Ende des sozialen Gefüges, die in der Oper normalerweise nicht singen.*
 Ja, das auch. Aber es ist auch vom Musikalischen her eine viel größere Verbindung, als man dachte. Ich meine, warum fährt Gershwin nach Europa, bevor er sich ernsthaft mit Oper befaßt? Da hatte er schon eine große Zahl von Musicals geschrieben, mit leichter Hand, das war ein Komponist, dem die Ideen zugeflogen sind, eine der ganz großen Begabungen des 20. Jahrhunderts. Ich glaube, daß er *Wozzeck* in Amerika gehört hat. Und daß ihm das so unter die Haut gegangen ist, daß er gesagt hat: Bevor ich eine Oper schreibe, möchte ich mit dem Komponisten des *Wozzeck* in Kontakt treten. Er ist also nach Europa und hat in Paris mit Nadia Boulanger gearbeitet. Das war sozusagen die Päpstin

der Weisheit über Musik. Ich weiß nicht, ob er etwas davon profitiert hat oder ob er das für belanglos gehalten hat. Aber sein Wien-Besuch beim Alban Berg, der hat sicher Folgen gehabt.

Alban Berg hat ihm eine Partitur von *Wozzeck* geschenkt. Die Parallelen beider Stücke gehen ja weit über das Milieu hinaus. (Es ist ja nicht nur, daß die Marie und die Bess tragische Figuren sind.) Das geht bis zur Verwendung bestimmter Tonfolgen für bestimmte Situationen, verschiedene musikalische Formen, die in beiden Werken parallel vorkommen. Schlummerlieder, Fugen, ich glaube nicht, daß Gershwin vorher Fugen geschrieben hat. Es scheint da eine echte geistige Verwandtschaft der Fall zu sein.

Ich bin früher gar nicht ein besonderer Kenner dieses Werkes gewesen. Ich hab *Porgy*, einige Teile aus dem Stück, gekannt von meinem Vater, weil er einen Klavierauszug geschickt gekriegt hat – im Jahr 1935 muß das gewesen sein –, und da hat er gewisse Schlager daraus am Klavier gespielt und dazu gesungen. Das war eine selbstverständliche Ausdrucksweise bei uns zu Hause, wenn mein Vater irgendwas schön gefunden hat, hat er sich ans Klavier gesetzt und hat das gespielt, konnte das auch ohne Noten spielen, wenn er eine Vorstellung davon gehabt hat, wie's sein soll, und dazu gesungen.

Und war der Swing ihm schon im Blut?

Der Swing ... na ja, es ist ja nicht alles Swing, was drin vorkommt. Er hat zum Beispiel, im Krieg irgendwann war das, von den Comedian Harmonists von einer Schallplatte ein Stück abgeschrieben, und zwar den *Maskenball im Gänsestall*. Ich könnte Ihnen das ganze Stück vorsingen, wenn Sie wollen. Jedenfalls hat er schließlich eine Partitur davon gehabt und hat uns Kindern das beigebracht. Und wir haben das zu irgendeinem großen Geburtstag oder einer Goldenen Hochzeit meiner Großeltern gesungen, schon mit sehr viel Swing. Der Vater am Klavier und fünf Kinder, die die Comedian Harmonists nachgemacht haben. Das war wahrscheinlich mindestens mit soviel Swing, wie die

Comedian Harmonists selbst auch hatten. Ich glaube, daß ich schon so irgend etwas davon in mir habe. Mir wird auch immer wieder gesagt, daß ich in die klassische Musik den Swing wieder hineinbringe. Also ich werde es sicher nicht sehr vordergründig machen.

Man erwartet, wenn Sie an eine Partitur herangehen, daß Sie den Firnis einmal irgendwie in Angriff nehmen. Jetzt ist Porgy *eigentlich ein junges Stück, uraufgeführt 1935, hat sich da viel abgelagert, kann da viel passiert sein?*

Es ist einfach so: Der Komponist ist praktisch mit dem Stück gestorben. Und das Stück hat so viele Keime für einen vordergründigen Erfolg, so viele Aspekte, die einen vordergründigen Erfolg fast nötig machen, daß, wenn man sich auf diese Aspekte konzentriert, eben zehn, zwanzig, dreißig Jahre später solche Fragen auftauchen: Was ist das jetzt eigentlich, ist das ein Musical, ist das eine Oper, was ist das eigentlich? Und ich bin wirklich fest davon überzeugt, und ich kann das auch aus den Äußerungen Gershwins entnehmen, daß er hier eine Oper schreiben wollte und auch geschrieben hat. Im Gegensatz zu den Werken, die er davor gemacht hat, die echte Musicals sind. Nur hat das Stück das Potential, in die Richtung eines Musicals gebogen zu werden. Das geht. Und man kann auch ganz schnell diese Stücke, die sehr ernsthaft und sehr eindringlich sind, zu Reißern ummodellieren.

Also von Summertime *gibt's bis jetzt ungefähr vierzehntausendzweihundert Einspielungen ...*

Nein?!

Es gibt eine eigene Gesellschaft, die sammelt alle Summertime-*Einspielungen, das sind über vierzehntausend. Da fragt man sich: Kann etwas, was so breit ist, eben überhaupt tief sein? Geht das?*

Na ja, wenn Sie die Werbung nehmen und hören sich an, was man mit gewissen Stücken von Mozart gemacht hat ...

Das kann derart breit sein, das kann benützt werden für Damenstrümpfe und für ich weiß nicht welche Käsesorten und so weiter. Da gibt's ganz viel, wo man sagt, das hat das Potential, ganz flach aufgestrichen zu werden. Etwas wie *There's a boat that's leaving soon for New York*, etwas, das einen so packt, muß so etwas deshalb oberflächlich sein?

Was kann denn jemanden wie Gershwin, der so einen großen Erfolg am Broadway hat, dazu drängen, jetzt noch ein ganz anderes Stück zu schreiben. So wie Offenbach, der am Ende auch eine Oper schreiben möchte. Also was drängt einen Meister der leichten Muse ins Seriöse?

Na ja, bei Offenbach könnte ich sagen, der war nie ein »Meister der leichten Muse«, bei dem ist die Tiefe mit der Leichtigkeit verquickt wie bei keinem anderen europäischen Komponisten. Gershwin kenne ich nicht gut genug. Aber der hat ja andere Sachen auch geschrieben, die im sogenannten ernsten Repertoire sind. Man sollte schon hellhörig werden und sagen, der gehört einfach noch nicht der Trennung U/E an. Der ist nicht einfach auf der Seite U und probiert jetzt, ob er nicht auch was auf E zustande bringt. *Porgy* ist sicherlich irgendwie der Punkt, auf den er hinsteuert, das, was er eigentlich will.

Wenn Sie dieses Motto der styriarte 2009 – »Der Menschheit Würde ist in eure Hand gegeben«, wo Schiller sich an den Künstler wendet und sagt: Du bist verantwortlich für die Würde der Menschheit –, wenn Sie das hören, ist das etwas, wo Sie sich zuständig fühlen?

Ja, aber ich muß sagen, ich sehe die Kunst fast als Spiegel. Und wenn man die Verletzung der Würde in diesem Spiegel sieht, was ja sehr oft der Fall ist, dann sieht man nicht die Würde, sondern man sieht das Brechen der Verpflichtung, und dann ist es dem Künstler in die Hand gegeben, das aufzuzeigen. Wenn zum Beispiel ein großer, ein mächtiger Mensch den Tizian beauftragt, ihn zu porträtieren, dann denkt der kleine Kunstbetrachter, der Tizian hat jetzt die

Aufgabe, den als weisen und schönen Menschen darzustellen. Man denkt doch: »Wes Brot ich ess, des Lied ich sing.« Und was tut der Künstler? Der Künstler hält ihm schonungslos den Spiegel vor und malt ein Bild, wo der drauf ist, wie er wirklich ist. Also mit allen demaskierenden Wahrheiten. Und wenn er das nicht tut, ist er kein Künstler. Ich bin ganz überzeugt davon: Alle großen Künstler, alle Mozarts, Bachs, Händels, die sind nicht bestechlich. Sie schreiben nicht das Lob ihres Mäzens, sondern sie schreiben das, was sie müssen. Und diese Gegenmeinung zu dem Wort von der Würde liegt, finde ich, in diesem Wort auch drinnen.

Teil III

Der fünfte Oberton

Rede von Nikolaus Harnoncourt anläßlich der
Verleihung des Ehrendoktorats der Musikuniversität
Mozarteum am 26. Jänner 2008 in Salzburg

Tausende Jahre haben die Menschen Musik gemacht nur
mit dem ersten, zweiten und dritten Oberton; daraus wurden die Skalen für die Musik gebildet. Alles war perfekt und
wunderschön, und es gab keinen Streit. Der Pythagoras hat
schon gewußt, warum er in der Musik nur bis zum dritten
Ton, der Quinte, ging, das ergibt so herrliche Tonleitern, so
wunderschöne Melodien, mit lauter gleichen großen Ganz-
tönen und kleinen Halbtönen – perfekt! Allerdings nur für
prinzipiell einstimmige oder heterophone Musik.

Da, irgendwann vor weniger als tausend Jahren, entdeck-
ten unsere Vorgänger den fünften Oberton, die Terz!! Diese
Schönheit! 4, 5, 6 – ein Dreiklang, wie er bis dahin unerhört
war. Diese Sinnlichkeit, das geht ja unter die Haut – wie
konnten wir tausende Jahre auf so etwas verzichten! (Die alte
Pythagoreische Terz war ja nur in der Melodie zu gebrau-
chen, gleichzeitig gespielt eine scheußliche Dissonanz!)

Aber, wie jede, jede, jede tolle Errungenschaft: Dieser
prachtvolle fünfte Ton (die Terz!) schmeißt unser ganzes
perfektes Tonsystem über den Haufen; nichts paßt mehr
zusammen, wenn wir diesen fünften Ton perfekt haben
wollen. (Es gab ja nur Perfektes bis dahin!)

Für diese schöne neue Terz müssen wir biegen und brechen; unsere bisher perfekten Quinten bis fast zur Uner-
träglichkeit verkleinern. Trotz der perfekten Terzen schaffen wir keine perfekten Dreiklänge, weil wir ja die vier
Quinten, die zu den Terzen führen, verkleinern mußten.
Man wählte jetzt »Mitteltönig«: die Tonart der perfekten
Terz – der fünfte Ton hat gesiegt.

Da ist nun alles falsch (vornehm nennt man falsch jetzt »temperiert«) außer der geliebten Terz. Und »Mitteltönig« ist eindeutig, so wie »Pythagoreisch« eindeutig war. Eine Melodie, pythagoreisch gespielt, gefällt jedem, ohne Diskussion. Eine mitteltönige Stimmung wirkt korrekturbedürftig, mindestens gewöhnungsbedürftig. Für ein paar hundert Jahre ging das gut. Ob die Geiger und Sänger jammerten, ist nicht überliefert.

Schließlich wollten wir noch mehr, am liebsten Alles: entdecken das »Zurechthören« des Falschen, und »temperieren« jeden Ton. (Geringfügig temperierte Töne werden zurechtgehört und als rein empfunden.) Jetzt gibt's nur mehr die Oktave unangetastet, alle Töne sind »temperiert«, also falsch, die vielen so gebauten Stimmungen nennt man »wohltemperiert«, weil die Fehler erträglich sind; die heute übliche gleichmäßig temperierte Stimmung ist nur eine davon.

Die Moral der reinen Intervalle ist allerdings beim Teufel. Alle Musiker und Kritiker (als Vertreter der Hörer) äußern Meinungen zu diesem Fragenkomplex, in der Regel inkompetent. Wenn schon alles richtigerweise »falsch« sein muß, dann bitte auf akademischem, das heißt universitärem Niveau!

Was hat uns also dieser fünfte Ton gebracht außer unendlichen Scherereien, Streitereien beim Einstimmen der Orchester – daraus resultierend Feindschaften fürs Leben: Er hat uns die abendländische Musik gebracht, die echte Mehrstimmigkeit, die Weltmusik, unsere herrliche Kunst.

Der Preis war nicht zu hoch.

Ein Griffel in der Hand Gottes

Rede von Nikolaus Harnoncourt, gehalten am
27. Jänner 2006 beim Festakt in Salzburg anläßlich
Mozarts 250. Geburtstag

Weil ich meine, Mozarts Symphonie ist die eigentliche Eröffnungsrede, möchte ich Sie vorher begrüßen, meine sehr geehrten Damen und Herren. Die Symphonie, die wir jetzt spielen werden, wurde als Mittelstück der sicherlich zusammengehörigen drei letzten Symphonien komponiert. Sie stellen offenbar eine Art Weg des Menschen zu einem Ziel dar.

Ausgehend von der Symphonie in Es-Dur, dem Ton der Liebe, aber auch des »feierlichen Ernstes«, führt Mozart uns in die Abgründe der alles in Frage stellenden *g-Moll-Symphonie* – um danach im strahlenden C-Dur der *Jupiter-Symphonie* alles glücklich aufzulösen und den zuvor verstörten Hörer in Harmonie zu entlassen. Von den mehr als vierzig Symphonien Mozarts stehen nur zwei in Moll, beide in g-Moll. – g-Moll wurde damals als Todestonart, auch als Tonart der Traurigkeit bezeichnet und empfunden.

Schon im ersten Thema – das Sie gleich hören werden – gibt es keine einzige direkt angespielte Note, auf jedem Ton liegt eine Appoggiatur, ein Vorschlag von oben oder von unten – so wird das scheinbar Einfachste, ja das Selbstverständliche ungreifbar, es verschwimmt – man hört wie durch welliges Wasser gesehen. Der 2. Satz beginnt mit dem leicht versteckten Fugenthema der *Jupiter-Symphonie*, er steht in Es-Dur, als sollten die Alpträume des 1. Satzes weggewischt und so gleichsam eine »Hoffnung auf eine bessere Welt« herbeigefleht werden. Wir spielen jetzt die ersten beiden Sätze.

***

Und jetzt, nach dieser unfaßbaren Musik – wo jede Sprache arm wird, wo wir schweigen müßten, jetzt soll ich noch etwas über Mozart sagen und womöglich auch über dieses Jahr – nein – zu dieser Musik passen keine Festreden. Wie kann ich da noch etwas über Mozart sagen? Niemand kann es; aber alle tun es jetzt. Österreich heißt in diesem Jahr Mozart. – Aber, das hat nichts mit ihm zu tun, ich fürchte, mehr mit Geld und Geschäft. Eigentlich müßten wir uns ja genieren. Denn was Mozart von uns verlangt und seit mehr als zweihundert Jahren verlangt, wäre so einfach: Wir müßten ganz still und aufmerksam zuhören, und wenn wir seine wortlosen Beschwörungen und Plädoyers verstünden, dann müßten wir uns, wie schon gesagt, eigentlich eher genieren, als uns stolz zu brüsten.

Jetzt bejubeln wir ihn, und das klingt fast so, als wollten wir uns selbst bejubeln. Wir haben aber überhaupt keinen Grund, auf irgend etwas stolz zu sein, was mit Mozart zusammenhängt. Schon seit damals, als er hier in Salzburg und in Wien lebte. Er verlangt etwas von uns mit der unerbittlichen Strenge des Genies, und wir bieten ihm unsere Jubiläen mit ihren Umwegrentabilitäten und Geschäften und lassen seine Töne zerstückelt aus allen Werbekanälen tropfen – das dürfte einfach nicht sein – das ist ein Skandal und eine Schande – wie kann man das tolerieren? Aber, wenn so ein Besinnungsjahr trotz alledem einen Sinn haben soll, dann müssen wir hören – hören – hören – und können dann vielleicht einen kleinen Teil der Botschaft verstehen. Mozart braucht unsere Ehrungen nicht – wir brauchen ihn und seinen aufwühlenden Sturmwind. So ein Jahr ist in Wirklichkeit unsere Chance.

Was ist denn der Inhalt seines Plädoyers? Es ist die Kunst selbst, es ist die Musik, und wir haben Rechenschaft darüber abzulegen, was wir mit ihr gemacht haben und immer noch machen – und darüber, was wir versäumen und nicht machen. Die Kunst und mit ihr die Musik ist ein wesentlicher Bestandteil des menschlichen Lebens, sie ist uns geschenkt als Gegengewicht zum Praktischen, zum

Nützlichen, zum Verwertbaren. Es leuchtet mir ein, was manche Philosophen sagen, daß es die Kunst und eben die Musik ist, die den Menschen zum Menschen macht. Sie ist ein unerklärliches Zaubergeschenk, eine magische Sprache.

Die letzten Generationen haben ihr Schwergewicht immer mehr und mehr auf das unmittelbar Verwertbare gelegt – man meint wohl, die Glückserwartung scheine nur im Materiellen zu liegen: Glück wird mit Wohlstand, und Wohlstand mit Besitz gleichgesetzt: Es geht mir besser, je mehr ich besitze. Und diese Einstellung wirkt sich bereits in der Erziehung und in den Lehrplänen der Schulen aus. Nach und nach wird alles Musische verdrängt, alles, was die Phantasie fördert und was unverzichtbar ist – fast müßte man schon sagen: wäre – für ein menschenwürdiges Leben. Heute können hier die meisten Kinder nicht einmal mehr singen, weil sie nie dazu angeleitet wurden – sie wissen nicht, wie man die Töne formt – und sie kennen keine Lieder. Da fängt aber das Musik-Machen, das Musik-Verstehen an, mit drei, vier, fünf Jahren schon. Später überläßt man es sowieso dem Radio und dem Walkman.

Dieses Jahr jetzt mahnt uns in aller Eindringlichkeit, daß unsere Kinder ein Recht auf eine volle Bildung und nicht nur auf Ausbildung haben. Es ist symptomatisch für unsere Bildungsziele, daß bei den Kontrollmethoden – etwa der Pisa-Studie – die Musik praktisch keine Rolle spielt. Nebenbei bemerkt – die beiden Artikel der Allgemeinen Erklärung der Menschenrechte, die über Bildung und Kultur handeln, Nr. 26 und 27, sind von peinlicher Dürftigkeit. Wenn zu Rechnen, Schreiben und Lesen nicht die Kunsterziehung gleichgewichtig hinzutritt, wenn das Nützlichkeitsdenken alles beherrscht – und wir sind nahe daran –, dann besteht höchste Gefahr, daß der Materialismus und die Raffgier zur götzenhaften Religion unserer Zeit werden.

Ist es nicht schon soweit? Kardinal König sagte vor einigen Jahren: »... der Weg Europas hat in eine Sackgasse geführt: Vorrang der Technik vor der Ethik, Primat der Sachwelt vor den Personenwerten ...« Pascal sprach im

17. Jahrhundert von den zwei einander bedingenden Denk-weisen des Menschen: er nannte sie das arithmetische Denken und das Denken des Herzens. Kierkegaard warnte schon um 1840 vor dem drohenden Materialismus, er schrieb: »... man befürchtet im Augenblick nichts mehr, als den totalen Bankrott in Europa ...«, übersieht aber »... die weit gefährlichere, anscheinend unumgehbare Zahlungs-unfähigkeit in geistiger Hinsicht, die vor der Tür steht«.

Es geht mir jetzt nicht so sehr um eine größere Beach-tung der Kunst in ihrem erlauchten Spitzenbereich, es geht darum, daß diese höchsten Formen schließlich ins Leere rufen, wenn niemand mehr die Sprache versteht. Die Musik ist ja keineswegs die abgehobene Geheimsprache einer arroganten, selbstbewußten und privilegierten Minder-heit, nein, jeder kann ihre Botschaft mitbekommen, kann teilnehmen an ihren Reichtümern, wenn die Antennen von klein auf richtig eingestellt werden.

Da die Kunst im Bereich der Phantasie zu Hause ist, hat sie etwas Rätselhaftes, nicht Erklärbares, ihre unsichtbare Macht ist gewaltig und gefährlich, ihre Wirkung subver-siv. Deshalb haben Machthaber immer wieder versucht, sich ihrer zu bedienen. Ohne Erfolg, denn Kunst ist stets oppositionell und souverän, sie läßt sich weder zähmen noch einverleiben. Sie ist eine Sprache des Unsagbaren – die aber manchen letzten Wahrheiten wohl eher nahe kommt als die Sprache der Worte, der Verständigung mit ihrer Logik, mit ihrer Eindeutigkeit, ihrem schrecklichen: Ja oder Nein.

Die Rolle, die wir der Kunst zubilligen, ist vielfach, sie uns dienstbar zu machen, sie zu zähmen, aber auch, uns mit ihr zu brüsten. In unserem schönen, geförderten Musikleben sollen die Menschen nach aufreibender Arbeit Freude und Erholung finden – sollen wieder Kraft finden für den All-tagsstreß. (Die Nazis nannten das »Kraft durch Freude« – mit ähnlicher Begründung wie bei den Menschenrechts-artikeln.) Ein gefährlicher Schritt im langen und illegalen Prozeß, Kunst »nutzbar« zu machen.

Die Musik der großen Komponisten hat diesen Trend fast nie bedient, sie war schon immer viel mehr: nämlich sensible Reaktion auf die geistige Situation der Zeit – sie war und ist ein Spiegel, der den Hörer sich selbst zu erkennen half, der ihn auch in Abgründe blicken ließ: als man Mozarts *g-Moll-Symphonie* zum ersten Mal hörte, wurde gefragt, ob derartige Erschütterungen zulässig seien. Diese Symphonie ging ja für die Menschen damals bis in die Extreme der musikalischen Sprache. Der Zürcher Musikästhetiker und Kulturphilosoph Hans Georg Nägeli (1773–1836) bezweifelte – wie manche seiner Zeitgenossen –, ob derartiges noch zulässig und zumutbar sei – damals ist wohl keiner beruhigt nach Hause gegangen.

Durch die Kunst werden wir ja zu Erkenntnissen geführt, oft geradezu gestoßen: sie ist der Spiegel, in den wir schauen müssen. Um dem zu entkommen, hat man eine bloß ästhetisierende, manche sagen: »kulinarische« Art, mit Kunst umzugehen, angenommen: Man hört »schöne« Musik, man sieht »schöne« Bilder – aber man läßt sich lieber nicht von ihr erschüttern, oder gar umkrempeln.

Als junger Orchestermusiker vor fünfzig Jahren mußte ich die *g-Moll-Symphonie* jährlich oft und oft spielen – damals immer lieb und hübsch, die Zuhörer wiegten selig ihre Köpfe, man sprach nachher von »Mozart-Glück«. Die Partitur auf meinem Pult aber sagte anderes: wie hier alles in Frage gestellt, ja geradezu zerstört wird: die Melodie – die Harmonie – der Rhythmus. Nichts ist so, wie es korrekterweise sein müßte, außer vielleicht das romantische Trio des Menuetts. – Es kann schon sein, daß man damals, nach dem Krieg, die ausstrahlende Harmonie, das rein Beglükkende gebraucht hat – die Kehrseite der Medaille hatte man ja grausam erlebt. So kehrten praktisch alle Mozart-Interpretationen damals das Helle, Positive hervor und unterdrückten das Erschütternde.

Diese »Symphonie« wurde zu meiner persönlichen Schicksalssymphonie, sie hat mein Leben nachhaltig verändert, da ich sie eines Tages, nach siebzehn Jahren als Orchestercellist, so nicht ein einziges Mal mehr spielen wollte, ich verließ das Orchester ...

Man kann in dieser Symphonie auch ein großes Beispiel sehen, ähnlich vielen Werken der Literatur und der Bildenden Kunst: – wie weit darf, soll oder muß Kunst gehen – aber auch: was kann und muß der Hörer zu ertragen bereit sein. Mozart ist immer wieder an diese Schmerzgrenze gegangen. Wie fast alle großen Künstler bleibt Mozart als Person rätselhaft, ja geradezu unheimlich. Man meint, alles über ihn zu wissen – sein Leben ist ja bestens dokumentiert –, aber wenn man etwas über ihn sagen will, bemerkt man, daß man ihn überhaupt nicht kennt.

Unser geschichtliches oder biographisches »Wissen«, ganz allgemein gesprochen, ist ja kein Wissen – wir erwerben es indirekt und meinen, Augenzeugen zu sein. Wir nehmen die Bilder – etwa des Fernsehens – als Fakten, wir glauben, dabei gewesen zu sein, haben aber nichts gespürt auf unserer Haut und in unseren Herzen. Die Bilder sind Bilder – aber die Wirklichkeit ist nur vorgetäuscht, sie war ganz anders. Wir werden die Wahrheit über Mozart nie erfahren – es ist unser selbst gemachtes Bild, das wir dafür halten. Nur das Werk birgt die Wahrheit. Den Menschen zu verstehen, scheint unmöglich – so gelangen wir, wie bei vielen Künstlern, zu einer Art Doppelgängersicht. Als gäbe es zwei Mozart: das spielende Kind, den heiteren, extrovertierten jungen Mann, von dem seine Freunde sagten, er sei niemals mürrisch gewesen; der von Jugend an seine Briefe in einem geschliffenen Stil schrieb; gebildet, schlagfertig und sicher.

Der Mozart der Biographien, mit seinen finanziellen, familiären und künstlerischen Krisen; war er reich oder arm? Zerkracht mit seinem Vater oder in liebevoller Harmonie? War er künstlerisch gescheitert nach dem Wiener Mißerfolg von *Le Nozze di Figaro*? – Ich glaube kein Wort davon, denn wie Oswald Spengler sagt: »Natur soll man wissenschaftlich traktieren, über Geschichte soll man dichten.« – und das tat man über die Maßen. Aber der andere

Mozart ist der Eigentliche, ist ungreifbar und unbegreifbar, er entzieht sich jeder Beurteilung. Wenn wir ihn erfassen wollen, müssen wir beschämt erkennen, daß unsere Elle nicht in sein Maßsystem paßt – er kommt von einem anderen Stern. Er lebt nur durch sein Werk: Ernsthaft in jedem Augenblick, auch im Witz beklemmend: der *Musikalische Spaß*, ein ebenso dunkles Stück wie die gespenstische Lach-Arie in *Zaide*.

Was muß das für ein Schock gewesen sein im Hause Mozart, als der Vater im Kleinkind das Genie erkannte: man meint, ein herziges, gescheites Kind zu haben, und sieht unvermittelt – ein Krokodil. Ein Genie wie Mozart wird nicht, das ist – paff – wie ein Meteor aus dem Universum. Kein spielendes Kind, eher ein spielender Erwachsener.

Es ist in der menschlichen Gesellschaft nicht vorgesehen, ein Genie großzuziehen, dafür gibt es keine Vorbilder. So ein dämonisches Wesen okkupiert selbstverständlich seine Umgebung, man kann es nicht »erziehen«, es ist ein geliebter und zugleich beängstigender Hausgenosse. Von seinen ersten musikalischen Äußerungen an ist Mozarts Weg als Künstler von einer Unbeirrbarkeit, von einer atemberaubenden Sicherheit – genau konträr zu seinem äußerlichen Lebensweg.

Schon als Kind komponierte er Werke, deren emotionaler Inhalt weit über das hinausgeht, was er erlebt und erfahren haben konnte. So können wir von dem Jüngling, der er immer war und blieb, die letzten und tiefsten Geheimnisse von Liebe und Tod, von Tragik, Schuld und Glück erfahren.

Er zwingt uns, in seelische Abgründe zu schauen und kurz darauf in den Himmel; vielleicht ein Griffel in der Hand Gottes.

Mozart – seine Handschrift
Überlegungen zur Interpretation
von Nikolaus Harnoncourt

Erstveröffentlichung in: Die Gegenwart der musikalischen Vergangenheit. Festschrift zum 70. Geburtstag von Nikolaus Harnoncourt, Residenz Verlag 1999

I.

Seit jeher geht von der Handschrift eine eigenartige Faszination aus. Sie ist ja, über den Inhalt hinaus, die einzigartige graphische Fixierung einer Körperbewegung, der »Schreibgeste«. Der Druck kann »nur« den Inhalt vermitteln, was bei Texten im allgemeinen natürlich vollkommen genügt. Alle Merkmale unwiederholbarer Individualität weist auch die Notenschrift auf, sie spiegelt ebenso wie die gewöhnliche Schrift die Persönlichkeit des Schreibers. Darüber hinaus aber ist sie etwas in ihrer Magie geradezu Uneuropäisches: das graphische Bild eines außerordentlich komplizierten, vielschichtigen klanglichen Ablaufes. Die Zeichen dieser Schrift sind niemals eindeutig, ja, so wesentliche Kriterien wie Tonhöhe, Tondauer und Lautstärke können mit ihr nur ungefähr dargestellt werden. Die Übertragung handgeschriebener Noten in den Druck, der graphisch stets eindeutig ist, erfordert zahlreiche Entscheidungen des Notenstechers und des Herausgebers – so wird eine gedruckte Partitur stets in wesentlichen Merkmalen vom Autograph, das ihr zugrunde liegt, abweichen; sie ist also bereits eine erste Stufe der Interpretation. Man muß vor Augen haben, daß es für viele dieser herausgeberischen Entscheidungen auch andere Lösungen gäbe, daß also jeder Notendruck (auch bei sogenannten »Urtextausgaben«) bis zu einem gewissen Grade die persönliche Auffassung des Herausgebers wiedergibt.

Die Handschrift kann im Gegensatz zum Druck unendlich viele Varianten der Symbole und Zeichen verwenden; so kann etwa ein Punkt über einer Note fein oder dick, rund oder länglich, bis hin zur Form eines Striches, aussehen – im Druck ist es dann entweder ein Punkt oder ein Strich. Ein gleitender Übergang vom Staccato zum Legato kann also wohl handschriftlich, nicht aber im Druck gezeigt werden. Wie bei jeder Handschrift überträgt die Schreibgeste natürlich auch bei der Notenschrift – sehr schwer deutbar – Emotionales: erregende Passagen lassen sich kaum sorgsam hintüpfeln; der Komponist hört ja sein Werk, während er schreibt, und dies spiegelt sich in der Notenschrift in geradezu magischer Weise.

Auch Korrekturen finden sich nur in der Handschrift, sie zeigen sehr oft den Weg des Komponisten zur endgültigen Version und sind daher für den Interpreten besonders aufschlußreich: nach durchgestrichenem »Adagio« oder »Allegretto« sagt uns ein endgültiges »Andante« viel mehr als ohne Korrektur. Nach dem Ausprobieren anderer Möglichkeiten ist ein Ergebnis eben viel definitiver als sonst.

Die Art, wie etwas geschrieben ist – wo und wie die Zeilen getrennt sind, wie die Partitur aufgeteilt ist, welche Instrumente besondere Zeilen erhalten, wie die Artikulationsbogen und -zeichen aussehen, wie der Text eingeteilt und interpunktiert wird –, ist eine unschätzbare Hilfe für den Interpreten. Meist kann man sehen, in welcher Reihenfolge eine Partitur entstand, etwa: zuerst Baß und markante Oberstimmen, später Ausfüllen der Mittelstimmen und Korrektur. Gerade jene Merkmale der Handschrift, die sich nicht in den Druck übertragen lassen, alle mehrdeutigen und unterschiedlich interpretierbaren Zeichen machen das Autograph für den Musiker so wertvoll, ja eigentlich unentbehrlich.

Durch derartige Überlegungen kommt dem interpretierenden Musiker das Fluktuierende, Ungreifbare des gegebenen musikalischen Textes immer wieder zu Bewußtsein; denn selbst die scheinbar so konkrete Druckausgabe vermittelt kaum eindeutige Interpretationshinweise. So kann man auch der sorgsam notierten Dynamik etwa der späten Symphonien oder der da Ponte-Opern Mozarts nicht deren inhaltliche Bedeutung entnehmen. Sollen die *f* und *p*, die *sf* und *sfp* nur die Lautstärke innerhalb eines »natürlichen« Fließens angeben, oder sollen sie etwa Auseinandersetzung im Sinne von grammatikalischen Satzteilen oder gar das Aufeinanderprallen gegensätzlicher Elemente markieren? Ich glaube für Mozart und die Wiener Klassik in den meisten Fällen an Letzteres.

Die profunde Kenntnis der Rhetorik mit ihren Regeln gehörte zum selbstverständlichen Rüstzeug des Komponisten; noch Beethoven hält sie für unverzichtbar. Es fällt auf, daß die Notation jener Zeit keine Zeichen für grammatische oder rhetorische Abschnitte kennt (also , . ; ! ? – Absatz), sie könnten Fragen wie die vorhin angesprochenen klären. In Schulwerken finden sich freilich ausgedehnte Kapitel etwa über »die Lehre von den Einschnitten«, wo diese Fragen mit großer Selbstverständlichkeit behandelt werden; die Komponisten sahen also keine Notwendigkeit, ihre Partituren mit solchen Anweisungen zu belasten, da die ausführenden Musiker die »Sprache« ohnehin beherrschten. – Dem damaligen Musiker wurde nur das für seinen Wissens- und Bildungsstand Notwendige vorgeschrieben, so daß eine deutliche Aufteilung Werk – Interpretation bestand (der Komponist ließ manches offen, konnte aber damit rechnen, daß der Interpret nur aus den »richtigen« Möglichkeiten auswählte). Diese Situation ist für den heutigen Musiker fatal: da seit über hundert Jahren die Komponisten auch die Interpretation im Detail zu fixieren suchen, hat man sich daran gewöhnt, zu spielen, »was dasteht«. Bei den Werken der Klassik steht eben sehr vieles nicht da, daher die Unsicherheit der Musiker.

Auf der Basis dieser knappen Zeichensetzung gewinnen die vorhandenen Anweisungen besondere Bedeutung. Etwa die Bögen (Bindebögen oder eher Artikulationsbogen), die damals keineswegs nur als Stricharten oder Legatozeichen verstanden wurden, sondern der »Aussprache« dienten (die erste Note sollte etwas verlängert und mit »Nachdruck« gespielt oder gesungen werden). – Mozart hat bei seinen

Opern auch den Sängern ein reiches Vokabular verschiedenartiger Trennungen und Bindungen vorgeschrieben, weit über die Silben- und Wortbindungen hinausgehend.

II.

Die Ausführung der (Secco-)Rezitative ist heute noch keineswegs definitiv geklärt. Sicher ist, daß sie vom Partiturbild sowohl im Rhythmischen als auch bezüglich der Töne erheblich abzuweichen hat. Zahllose Quellen geben Hinweise, Mozart selbst äußerte sich wiederholt und eingehend zur Rezitativgestaltung. Aber – Quellen können auf sehr unterschiedliche Weise gelesen und verstanden werden. So kann ein häufig ausgesprochenes Verbot geradezu auf dessen häufig übliche (und daher »richtige«) Übertretung hinweisen, oder man beachtet zu wenig das vorausgesetzte Wissen, das also gar nicht beschrieben wird.

Ein besonders wichtiges Kapitel für uns Musiker im Zusammenhang mit dem »Werk« ist die Grundfrage: Was bewirkt Musik – was soll sie bewirken? Wie legitim ist es, aufzuwühlen, zur Verzweiflung zu treiben, zu ängstigen – oder soll sie im Gegenteil nur beglücken, beruhigen, alles im Lot erscheinen lassen? Hier müßte man wohl auch den politischen Aspekt (für wen – gegen wen wird getrommelt) und somit auch die Kraft und daher die Gefährlichkeit der musikalischen Sprache bedenken (auch die anderer Künste: die Magie der Bilder ... die aufwühlende Wirkung von Texten ...). Die Französische Revolution empfand Musik als gefährlich – sie mußte also reglementiert werden (Conservatoire-System) –, die Wiener Klassik scheint ihre Subversivität bewahrt zu haben.

Im Rahmen der Überlegungen zur klassischen Musik nimmt Mozart einen ganz eigenartigen Platz ein. Die Klischeevorstellungen zur Wiener Klassik heißen: *Beethoven* – der Wilde, Wuchtige, Ungezähmte, der allenthalben die Formen der Konvention sprengt – ist das Zentrum. Alle anderen Komponisten bewegen sich entweder auf ihn zu (Haydn und Mozart), oder sie setzen ihn fort, gehen auf ihn zurück (Brahms). *Haydn*, der Wegbereiter, der die symphonischen

Formen auslotet und in seinen späten Symphonien schon gelegentlich »nahezu Beethovensche« Wucht und Größe erreicht. *Mozart*, das sensible jugendliche Genie, das stets im Rahmen apollinischer Harmonie bleibt. Es gibt bei ihm keine Härten, keine großen Kontraste. Seine Musik ist mit kleiner Besetzung zu realisieren. Alles ist natürlich, von vollkommener Harmonie, muß auch vom Interpreten so dargestellt werden, natürlich eben, problemlos, schön, dahinfließend; große Emotion, große Dynamik bei der Wiedergabe stört diese Harmonie, ist vielleicht gar »romantisch«, jedenfalls aber unmozartisch. *Schubert* hingegen wird als reiner Romantiker und Lyriker gesehen, bei ihm sind die großen Kontraste aus anderen Gründen unerwünscht: er ist ja kein »Dramatiker«, Beethovensche Wucht ist nicht seine Sache.

Diese in unendlich vielen abgewandelten Formen allgemein noch immer verbreitete Einteilung ist noch viel falscher, als sie richtig ist. Bei der Vielfalt legitimer Auslegungsmöglichkeiten ist es selbstverständlich unmöglich, in solchen Vorurteilen nur Falsches auszusagen, aber es ist hier wirklich fast alles verzerrt und unrichtig. Um »dramatische« Kontraste in der Musik auszudrücken, muß man absolut kein »Dramatiker« im Sinne einer Theaterbegabung sein. Schubert ist möglicherweise kein originärer Opernkomponist, und dennoch verlangen seine Partituren »dramatischere« Ausbrüche als die aller Zeitgenossen.

Nicht anders bei Mozart. Seine Musik verkörpert heute die höchste Stufe abgeklärter heiterer Harmonie. Beglückt preist man jene Interpretationen, bei denen elysische oder gar »apollinische« Vollkommenheit herrscht, keine Spannung bezüglich der (gewohnten) Tempi, die absolut »natürlich« sein müssen, bezüglich der Dynamik, die keineswegs schroff sein darf. Es wird kein Konflikt, keine Verzweiflung fühlbar. Diese Musik ist auf ihr weises Lächeln und auf beruhigende, vollkommene Harmonie reduziert. Eine Interpretation, die diese geheiligte Konvention nicht achtet, ist also »unmozartisch«, sie rückt – wieder einmal – Mozart zu sehr in die Nähe Beethovens.

Mozarts Musik ist meiner Meinung nach auch deshalb so vollkommen, weil sie all dies »Apollinische« tatsächlich enthält, aber sie sagt noch unendlich viel mehr. Sie enthält die ganze Fülle des Lebens vom tiefsten Schmerz bis zur reinsten Freude. Sie trägt die bittersten Konflikte aus, oft ohne eine Lösung anzubieten. Es ist sehr oft erschreckend direkt, wie sie uns den Spiegel vorhält. Diese Musik ist viel mehr als schön, sie ist furchtbar, im alten Sinne dieses Wortes: erhaben, alles durchschauend, alles wissend.

Mozarts Zeitgenossen, die ja seine Musik vor allem von seinen eigenen Interpretationen her kannten, empfanden sehr deutlich, daß diese Musik sich von allem unterschied, was man damals hören konnte. Die Dichte der musikalischen und emotionalen Aussage forderte den Hörer bis an seine Grenzen: mehr konnte man nicht ertragen. Immer wieder finden wir Äußerungen von musikverständigen Zeitgenossen, ja auch von seinem Vater, die auf diese Überforderung der Hörer hinweisen. Er möge etwas »leichter«, weniger kompliziert in der Ausarbeitung der einzelnen Stimmen schreiben, man komme mit dem Verständnis nicht mehr mit – er möge in der Harmonik (harte Dissonanzspannungen) nicht so weit gehen usw. Aus all diesen Meinungen spricht, neben der Bewunderung des Genies – kaum einer der Kritiker bezweifelte, daß Mozart der größte Komponist seiner Zeit war –, eine gewisse Verstörung über die aufwühlende Wirkung seiner Klangsprache; soll und darf Musik solches sagen? Es gibt natürlich auch viele Stimmen, die Mozarts Tonsprache akzeptierten, ja, wenn auch erschrocken, verstehen. So sei seine *g-Moll-Symphonie* »Feurig ... tief bewegt ... leidenschaftlich ergriffen ... furchtbar schön ... schwärmerisch«. Oder diese Symphonie sei »das große Gemälde einer leidenschaftlich ergriffenen Seele, die vom Wehmütigsten bis zum Erhabensten übergeht ...«

Diese beiden Äußerungen wurden etwa zwölf Jahre nach Mozarts Tod niedergeschrieben. Auch in der folgenden Generation, die immerhin schon Beethoven hatte ertragen müssen, wird immer wieder Kritik dieser Art über Mozart geäußert. So etwa vom bedeutenden Zürcher Philosophen und Musikwissenschaftler Hans Georg Nägeli in seinen Vorlesungen über Musik in Stuttgart und Tübingen 1826 (Mozart wäre damals gerade 70 Jahre alt gewesen): Mozart habe eine übersteigerte Neigung zu Kontrasten, er sei »unter den ausgezeichneten Autoren der allerstilloseste ...«, »er sei zugleich Schäfer und Krieger, Schmeichler und Stürmer, ... weiche Melodien wechseln häufig mit scharfem schneidendem Tonspiel, Anmut der Bewegung mit Ungestüm. Groß war sein Genie, aber ebenso groß sein Geniefehler, durch Kontraste zu wirken ...« Es sei »unkünstlerisch ..., wenn etwas nur durch sein Gegenteil Wirkung gewinnen muß ... Dieser Stylunfug Mozarts ist in vielen seiner Werke vielfach nachzuweisen ...« Ich empfinde diese Kritik als klassisches Beispiel einer Ablehnung, die auf Verständnis beruht. Der Konflikt besteht im unterschiedlichen Ausgangspunkt: Was soll Musik? (Ähnlich sehe ich fünfzig Jahre später die negativen Kritiken Hanslicks zu diversen Komponisten durchaus nicht als Irrtümer eines blöden Kritikers, sondern als wohlfundierte Äußerungen eines hochqualifizierten Fachmannes, der von anderen Prämissen ausgeht als der Autor.) – Ich finde Nägelis Kritik großartig, nicht weil ich sie teile, sondern weil ich daran erkennen kann, welche Wirkung diese Musik damals noch hatte – ich nehme allerdings an, daß Nägeli eher die Partituren als bestimmte Aufführungen beurteilte. Andererseits bin ich überzeugt, daß Nägeli, wenn ihm die Werke Mozarts nur von heutigen Aufführungen her bekannt wären und er die Partituren nie gesehen hätte, niemals zu einer solchen Beurteilung gekommen wäre.

Mozarts Werke enthalten nämlich tatsächlich all das, was Nägeli verurteilt. Die Personen – seien es die leibhaftigen der Opern, seien es die imaginären der Instrumentalmusik – sind wirklich alles zugleich: Schäfer und Krieger, Schmeichler und Stürmer, sie sind sympathisch und widerlich, je nachdem, von welcher Seite sie gerade betrachtet oder beleuchtet werden. Es sind wirkliche Menschen mit allen Facetten menschlicher Möglichkeiten und nicht schematische eindimensionale Figuren – das macht sie so lebendig, so erschreckend wahrhaftig. Nicht gut oder böse, hart oder liebevoll, sondern alles zugleich. Es wechseln tatsächlich auf engstem Raum weiche melodische Äußerungen mit schneidenden Antworten.

Der musikalische Dialog beruht auf größten Kontrasten; eine rührende Bitte wird von einem riesenhaft und herzlos brutalen »Nein« hinweggefegt. Das »chiaro-oscuro«, das Schwarz-Weiß der Kontraste, in der Musik normalerweise auf die Dynamik bezogen, war anerkanntermaßen eine der größten Stärken Mozarts; er wandte es aber viel umfassender als seine Zeitgenossen auch in den Bereichen der Ausdruckkontraste an. Jedenfalls war damals noch eines klar: wenn man die Gegenüberstellung härtester Kontraste in der Musik aus ästhetischen Gründen ablehnte, mußte man in erster Linie die Musik Mozarts ablehnen, denn sie war geradezu auf dieser Art von Dialog aufgebaut. Es ist durchaus kein »Stylunfug«, sondern ein höchst künstlerisches Mittel, etwas »durch sein Gegenteil Wirkung gewinnen« zu lassen. Allerdings ein Mittel, das zu Mozarts Zeit nicht mit derselben Selbstverständlichkeit angewandt wurde wie etwa heute, damals schockierte es. Mozarts Tonsprache wurde zu seiner Zeit von konservativen Ästheten wegen ihrer Kraßheit abgelehnt. Heute, nachdem man diese Tonsprache in mehreren Generationen abgeflacht, glattgebügelt, versüßt und harmonisiert hat, in einer Weise, die man aus den Partituren der Werke nicht erklären kann, heute erschrickt man wieder, genau wie zu Mozarts Zeit, wenn einem da und dort seine Werke in ihrer schon fast unbekannten Urgestalt begegnen. Es ist eine dialektische Sprache, die gerade heute wieder sehr aktuell ist.

Die klangliche Identität eines Orchesters

Vortrag von Nikolaus Harnoncourt, 1990 bei einem
Symposium der Wiener Philharmoniker gehalten

Erstveröffentlichung

Was ich heute über die bisherige Entwicklung der Orchester, über die derzeitige Situation sagen möchte, entstammt einer Mischung von Praxis und Theorie. Ich habe sehr vieles selbst ausprobiert, habe stets bei unerwarteten klanglichen Ergebnissen nach dem WARUM gefragt. – Und mindestens seit 1948 beobachte ich mit fachlichem Bewußtsein und aktiv die Entwicklung.

Es gibt zwei Quellen für den unverkennbaren Klang:
• einmal das Instrument,
• zum anderen die persönliche Spielweise.

Seit wir die Entwicklung unserer Musik beobachten können, fällt die stetige Wechselwirkung auf: Ein Instrument kann
• Bestimmtes besonders gut,
• Bestimmtes überhaupt <u>nicht</u>,
• Manches irgendwie mit Mühe und Tricks.

Dies regt
1. den Spieler an, die Randzonen zu entwickeln (Streicher: hohe Lagen, Bläser: weitentfernte Tonarten mit »unmöglichem Ansatz« oder mit »unmöglichen« Griffen). Der Hörer <u>hört</u> die Schwierigkeit und empfindet sie als Teil des Kunstwerkes und der Interpretation.

Dies regt
2. den Instrumentenbauer an, weitere Möglichkeiten zu schaffen, seinen Kunden Vorteile zu sichern.

Dies regt

3. den Komponisten an, die drei genannten Zonen einzukomponieren:
   a) die Natürlichkeit und Leichtigkeit
   b) das Stoßen an Grenzen (Tonhöhe, Tonalität, Hörbarkeit)
   c) die hörbaren Schwierigkeiten (Technik, Klangfarben, Intonation).

Diese Grundlagen müssen zu einer Beurteilung führen, die mir folgende Resultate bringt:

1. Die Veränderungen an den Instrumenten – meist sogenannte »Verbesserungen« – werden primär durch die Spieler angeregt, gelegentlich aber auch von den Komponisten.

2. Es ist, historisch gesehen, also im Nachhinein, unmöglich, von »Verbesserungen« zu sprechen, weil tatsächlich jede Verbesserung mit einer Verschlechterung in anderen Bereichen bezahlt werden muß.

3. Der Geschmack von Spielern und Hörern ist unglaublich großen Wandlungen ausgesetzt, sodaß noch eine völlig unberechenbare Größe dazukommt.

Ich glaube, daß seit mehr als hundert Jahren jede Veränderung im historischen Klangkörper Orchester von der jeweiligen Antwort auf die Frage: *Schönheit oder Sicherheit?* bestimmt ist, und daß diese Antwort in den letzten Jahrzehnten in erschreckender Häufigkeit für die Sicherheit – gegen die Schönheit – lautet.

Im 17. und 18. Jahrhundert hatte jede Hofkapelle ihren spezifischen Klang. Der wurde primär durch den Geschmack des Brotherrn – gemeinsam mit dem Hofkapellmeister – bestimmt.

Also etwa:

• die Königliche Hofmusik im Paris Ludwigs XIV. und danach;

• die Hofkapelle der Habsburger (besonders interessant für uns, weil einige von ihnen sehr musikalisch waren;

Leopold I. bestimmte den Klang seines Orchesters, indem
er selbst die Probespiele abnahm!);
• die Kapelle des Herzogs von Anhalt-Köthen mit Bach als
  Chef;
• das Kurpfälzische Mannheimer Orchester mit Stamitz,
  Richter, Holzbauer;
• die Kapelle der Fürsten Esterházy mit Werner und Haydn,
• und, und, und ...

Jedes dieser Orchester hatte einen unverwechselbaren und
eigenständigen Klang, ja sogar oft eine besondere Stimmtonhöhe. Es wurden jeweils Instrumente bestimmter Bauart bevorzugt. Die Komponisten regten Entwicklungen an
und wurden selbst von den Besonderheiten der Orchester
angeregt. Viele Werke konnten überhaupt nur an ihrem
Entstehungsort <u>authentisch gespielt</u> werden.

Ein Abglanz dieser extremen Buntheit der barocken
Orchesterlandschaft blieb noch im bürgerlichen Orchester
des 19. Jahrhunderts erhalten: so kann ich mir die Verschie-
denheit etwa des Pariser Conservatoire-Orchesters unter
Habeneck zum Leipziger Orchester Mendelssohns sehr gut
vorstellen. Auch kann ich verstehen, daß Wagner von den
unendlichen Sostenuto-Legati der Pariser hingerissen sein
mußte und noch Jahrzehnte später nichts Vergleichbares
mit deutschen Orchestern erzielen konnte.

Nun ein paar praktische Überlegungen:
• Haydn und Mozart schreiben, offenbar angeregt durch
  den spezifischen Bläserklang ihrer Orchester, in ihren
  Symphonien besonders häufig vierstimmige Pedalakkorde
  für 2 Oboen und 2 Hörner. Diese Akkorde – sie kommen
  auch bei Beethoven und Schubert noch vor – sind geradezu
  klangbestimmend für die Wiener Klassik. Sie erfordern
  Homogenität.
• Ein anderes Beispiel: Bei Haydn, Mozart, Beethoven und
  Schubert findet man immer wieder charakteristische
  Fanfarenfiguren, die von den Hörnern und Trompeten

abwechselnd gespielt werden. Sie erfordern Gleichgewicht in Stärke und Attacke.

- Oder: der Einsatz der Posaunen bei Mozart (Kirchenmusik, *Don Giovanni*, *Zauberflöte*), Beethoven (*Fidelio* und 5. Symphonie), Schubert als charakteristische Farbakzente – sie erfordern eine schnelle konturierte Ansprache.

Im Laufe des 19. Jahrhunderts wurden in den meisten europäischen Orchestern diese Instrumente radikal verändert – neuen Anregungen und Anforderungen folgend. Wenn nun, etwa um 1900, Musik der Wiener Klassik gespielt wurde, dann war – etwa in Paris – eine Homogenität des Oboen-/Hörnerklanges nicht erzielbar. Der scharfe, schmale Klang der dortigen Oboe isolierte sich vom runden Hornklang. – Das Wechselspiel zwischen Trompete und Hörnern konnte praktisch nirgends verwirklicht werden, weil die Hörner auf Grund ihrer Bauart weicher und konturloser klangen, und auch die Trompeten so verändert waren, daß ihr charakteristisches Anblasgeräusch verschwand. Man hatte also die Wahl: entweder in richtiger Dynamik zu spielen, dann waren die Blechinstrumente (besonders die Hörner) praktisch nur als Farbe im Streicherklang vernehmbar, oder in richtiger Balance und Kontur zu spielen, dann waren die Blechinstrumente viel zu laut.

Die um 1900 üblichen Posaunen konnten ihre Aufgaben in der genannten Musik überhaupt nicht erfüllen: waren sie dynamisch richtig, konnten sie weder Kontur noch Rhythmus deutlich machen.

Man sieht, die ursprüngliche Einheit und wechselseitige Kommunikation Komponist-Orchester brachte bestimmte Instrumentationsprinzipien hervor, die unter veränderten Bedingungen nicht mehr funktionierten.

Dazu ein Beispiel: Richard Wagner erlebte den Wandel des Instrumentariums an seinen eigenen Werken und zog daraus die Konsequenz, daß er uminstrumentierte. Er änderte den Posaunensatz in seinen Frühwerken *Holländer*, *Tannhäuser* und *Lohengrin*, weil die »modernen« weit mensurierten Posaunen zu dick klangen. Vorwiegend legte er deren Parts in die Fagottstimmen.

Im 19. Jahrhundert hat sich zwar die klangliche Vielfalt der höfischen Kapellen zum wesentlich einheitlicheren bürgerlichen Symphonieorchester entwickelt – dennoch wurde in den verschiedenen Zentren, etwa Wien, London, Leipzig, Paris, sehr unterschiedlich musiziert. Das hat viele Ursachen: die lokale Tradition, das Temperament, der Nationalcharakter, die Wechselbeziehungen zwischen den Komponisten/Dirigenten und den Musikern. Auch hier zeigte sich ein großes Interesse an klanglichen Fragen. Die gegen Ende der zwanziger Jahre aufkommenden Ventiltrompeten und Ventilhörner werden von einigen Komponisten begeistert begrüßt (Berlioz), von anderen abgelehnt (Meyerbeer). Auch die Musiker waren dem Neuen eher ablehnend eingestellt. Ähnliches geschah ja auch um die Jahrhundertmitte bei der »Erfindung« der Böhm-Flöte. Diese wurde von vielen Flötisten jahrzehntelang abgelehnt, weil sie zu laut war und die prinzipielle Gleichheit sämtlicher Töne jede Tonartencharakteristik unmöglich machte. Viele Komponisten, wie etwa Wagner, der sie als ›Angströhre‹ bezeichnete, konnten sich nicht mit ihr anfreunden.

Diese Veränderungen des Instrumentariums griffen tatsächlich radikal in den Orchesterklang und in die Grundlagen der musikalischen Aufführung ein, und es spielte eine entscheidende Rolle, wie schnell sie hier oder dort angenommen wurden, ja was man überhaupt damit anfing.

Die Naturhörner und -trompeten waren auf die jeweilige Naturtonreihe beschränkt, mußten also bei vielen Tonartenwechseln ausgetauscht oder umgesteckt werden. Dies ist eine große Einschränkung der Möglichkeiten, der aber einige große Vorzüge gegenüberstehen: vollkommene Reinheit der Dur-Dreiklänge, größerer Farbenreichtum infolge der großen Rohrlänge und nahtlose Bindungen. Beim Horn noch die Möglichkeit, Zwischentöne durch Stopfen hervorzubringen, der dabei erzielte gedeckte Klang wurde von vielen Komponisten und Spielern besonders geschätzt,

von anderen hingegen als Fehler empfunden. Die Ventilinstrumente setzten sich also sehr langsam durch: Weber,
Mendelssohn, ja sogar Brahms haben noch für die Naturinstrumente komponiert. (Die Orchestersituation dieser
Zeit in Wien ist noch nicht erforscht, wichtige Themen für
interessante Arbeiten.)

Man nimmt an, daß nach und nach die jüngeren Musiker Ventilinstrumente benutzten, in Wien schon Mitte des
19. Jahrhunderts die noch heute gespielten F-Pumpenhör-
ner (Wiener Horn). Anfänglich benutzte man die Ventile
wohl nur, um sich das Umstecken zu ersparen, also man
spielte Naturhorn mit Stopftönen in verschiedenen Ven-
tilstellungen. Die später üblich gewordene Ventilnutzung:
jeden Ton in der optimalen Ventilkombination zu spielen,
ohne Stopftöne, bietet den Vorteil größerer Treffsicherheit
und den Nachteil einer gleichmäßig unreinen Intonation
(mehr Sicherheit – weniger Schönheit). Brahms liebte die
Naturinstrumente so sehr, daß er sie für Aufführungen
älterer Werke (Oratorien) verlangte – aber auch in den eigenen Symphonien davon ausging. Er schreibt grundsätzlich
Naturinstrumente vor, gelegentlich mögen Ventilhörner
eingesetzt worden sein, aber die Lage und damit der Klang
der Töne – offen oder gestopft – war klar erkennbar (im
Gegensatz etwa zu Johann Strauß, der alles für F-Ventil-
hörner und F-Ventiltrompeten schrieb). In der 4. Symphonie verlangt Brahms E- und C-Trompeten, wobei nur zwei
naturfremde Töne gelegentlich vorkommen (es und h), das
war mit einem einfachen Halbtonmechanismus leicht aus-
zuführen.

Die Böhmflöte (kurz vor 1850 erfunden) ist eine radi-
kale Neukonstruktion. Die wesentlichen Unterschiede zur
damals üblichen Querflöte: bei der Querflöte (Traverso)
klingt D-Dur brillant und rein, alle anderen Tonarten – je
nach Entfernung zur Grundtonart – gedeckt, bunt, inhomo-
gen (also jeder Ton hatte eine unterschiedliche Farbe). Die
Böhmflöte ist also ein perfektes 12-Ton-Instrument. Alle
Halbtöne, alle Tonarten klingen gleich – gleichfarbig, gleich

laut, und gleich temperiert. Sie war eine geniale zukunftsweisende Konstruktion, eigentlich um sechzig Jahre zu früh erfunden. – Von den Flötisten, die die Mängel der alten Flöte stärker empfanden, wurde sie begeistert begrüßt: endlich konnte man richtig laut Flöte spielen, auch in der Tiefe; von den Flötisten, die die Vorzüge der alten Flöte liebten, wurde sie abgelehnt. Bei den Wiener Philharmonikern wurde sie erst Anfang des 20. Jahrhunderts eingeführt. Tests in der Oper mit Gustav Mahler und zwei Flötisten, je einem Vertreter der Silberflöte (van Lier) und der Holzflöte (Sonnenberg) zeigen, daß die Fragen des Orchesterklanges ein heiß diskutiertes Thema waren.

Experimente, die Böhm-Revolution auf Klarinette, Oboe und Fagott zu übertragen, setzten sich in Wien nicht durch. Man spielte auf den älteren Instrumenten weiter, lediglich die Klappenzahl und -anordnung wurde neueren Anforderungen angepaßt. – Auch bei den Ventilinstrumenten war man nach den ersten großen Schritten stehengeblieben: die F-Trompete, besonders aber das F-Horn hatten nahezu dieselbe Mensur (Relation Querschnitt/Länge) wie die alten Naturinstrumente.

Die vorhin erwähnte und so wichtige Balance Oboen – Hörner blieb in Wien gewahrt und ist es bis heute. – Das in den Partituren der Klassiker geforderte Gleichgewicht Trompeten-Hörner war verloren, da die Hornisten seit der Romantik einen immer weicheren Ansatz kultivierten und auch die Trompeter das Anblasgeräusch durch Änderungen am Mundstück beseitigten – und die Posaunisten gaben mit den neuen (seit ca. 1860) weitmensurierten Instrumenten dem Orchester für Brahms, Bruckner usw. ideale Fülle.

Ein Hauptmerkmal der damaligen Umwälzung war wohl, daß die großen Farbunterschiede der Tonarten nach und nach verschwanden, weil alle Halbtöne immer gleichmäßiger und die Dur-Dreiklänge durch die Temperierung der Terz (Erhöhung!) immer unreiner wurden. Schließlich gewöhnte man sich an dieses »12-Ton-System«. Es gab nur mehr eine Tonart auf verschiedenen Tonhöhen. Vereinfacht ausgedrückt: F-Dur, die entspannte, reine Weihnachtston-art, wurde schmutziger, H-Dur, die angespannt-scharfe Tonart, wurde reiner.

Es war wohl die Zeit von ca. 1860 bis 1920, in der der Wiener Orchesterklang ausreifte, Komponisten anregte, zum idealen Instrument für die Musik jener Zeit wurde. Hier scheint sich die gefährliche Waage wieder der Schön-heit zugeneigt zu haben. Sicherheit wurde noch nicht zum ersten Gebot.

Die nächste große Umwälzung, die heute sehr herunter-gespielt wird, war die Einführung der Stahlsaite zwischen ca. 1920 und 1960. Zuerst war die Violin-Stahl-E-Saite eine billige Lösung des teuren Saitenproblems für Schüler. Eine Geige quintenrein für einen Solisten zu besaiten, kostete einen Geigenbauer mehrere Stunden und zahlreiche wegge-worfene, weil nicht genügend reine, Saiten. Eine Stahlsaite hielt sehr lange, blieb quintenrein, war billig – daß sie nicht schön klang, hielt vorerst die Solisten von ihr ab. Auch viele Orchestermusiker lehnten sie ab. Die Saiten wurden dann etwas besser, klangen weniger vulgär, und schließlich siegte doch die Bequemlichkeit. – Einige Dirigenten wie Felix Weingartner und Franz Schalk (der ihre Verwendung in der Oper verbot) lehnten sie ab. Erst in den 20er und 30er Jahren des 20. Jahrhunderts setzten sie sich endgültig durch – eine traurige Konzession an die Sicherheit zu Lasten der Schönheit. Immerhin, die übrigen Saiten blieben vorerst aus Darm. Als ich 1948 nach Wien kam (mit Stahlsaiten auf meinem Cello), spielte kein einziger Cellist hier Stahlsai-ten. Die ersten Worte meines Lehrers Prof. Emanuel Brabec (Solocellist der Wiener Philharmoniker) waren: »Weg mit dem Draht!« Wenige Jahre später spielten alle Cellisten auf Stahlsaiten, und bald folgten sogar die Kontrabässe.

Das klangliche Resultat war sehr eigenartig: die Instru-mente klangen nun beim Ohr lauter, im Saal weniger voll – praktisch ohne Bogengeräusch, was vor allem bei den tie-fen Streichern, den Kontrabässen auffiel. – Später wurde die Besaitung wegen des Tonqualitätsverlustes modifiziert, man spielt jetzt teils wieder umsponnene Darmsaiten, Seilsaiten aus Metall oder Plastik, aber kaum nackte Darmsaiten. Nach meinem Geschmack war der alte Streicherklang viel schöner, wärmer, voller – ich habe das mit verschiedenen Orchestern ausprobiert.

Ein eigenes und in Wien heißes Kapitel ist das Vibrato. Ursprünglich, sagen wir: noch zu Beethovens Zeit wurde es von Bläsern und Streichern nach künstlerischen Kriterien eingesetzt. Im Laufe des 19. Jahrhunderts wurde es in Wien aus mir unbekannten Gründen bei den Bläsern abgeschafft – warum, weiß ich nicht. Zugleich wurde es von den Streichern immer häufiger, nahezu permanent angewandt. In den 1930er Jahren bezeichnete man das Vibrato Fritz Kreislers als geschmacklos, zu salonmäßig für Beethoven – heute würde er wegen seines geringfügigen Vibratos auffallen. Ich kann mich an Probespiele bei den Philharmonikern um 1950 erinnern, wo gute Geiger wegen zu viel Vibrato nicht engagiert wurden (»wackelt zu viel«) – heute undenkbar. *Espressivo* bedeutet heute: noch mehr Vibrato. Die Tonqualität mit der rechten (Bogen-)Hand wird international vernachlässigt. Die auffallendste klangliche Veränderung des Streicherklanges, die ich in Wien in den letzten vierzig Jahren beobachte, ist also eine Zunahme, ja eine Inflation des Vibrato. Als Ausdrucksmittel hat es damit ausgedient, denn was immer ist, ist nie.

Die Bläser scheinen von ihrer noch in den 50er Jahren des 20. Jahrhunderts sehr starr verfochtenen Anti-Vibrato-Einstellung zu einer flexiblen Benützung dieses Ausdrucksmittels gefunden zu haben.

Stellen wir uns einige Aufführungen etwa der 5. Symphonie Beethovens in Wien vor.

1. Zur Zeit der Gründung der Wiener Philharmoniker, 15 Jahre nach dem Tod des Komponisten:
Der Orchesterklang entsprach wohl den Ideen des Komponisten. Das Blech spielte noch Naturinstrumente, viel-

leicht gab es schon das eine oder andere Ventilhorn. Es gibt keine Retuschen, die Balance ist problemlos, der Einsatz von Piccolo und den Posaunen im Finale ist konturiert, aber nicht dick. Die Intonation ist tonartbezogen.

2. Sechzig Jahre später, um 1900:
Die Intonation ist gleichmäßig nivelliert. Der Klang ist stark verändert. Er entspricht den Ideen von Brahms und Bruckner. Die Streicher spielen mit viel mehr Legato, mit möglichst unhörbarem Bogenwechsel. Hörner und Trompeten verschmelzen viel stärker mit dem Streicherklang. Vor allem das 2. Horn und die 2. Trompete werden stark ›retuschiert‹: sie spielen nun auch dort in Oktaven mit dem Ersten, wo dem Naturhorn die Töne fehlten und charakteristische Sprünge in den Einklang komponiert waren. Der Posaunenklang ist zu fett, zu laut und im piano undeutlich. Die Klangästhetik Bruckners und die Partitur Beethovens sind kaum vereinbar – man hat dies aber nicht als Mangel empfunden, weil ja alles in das damals aktuelle Klangbild projiziert wurde.

3. Wieder sechzig Jahre später, um 1960:
Die Gesamtbasis hat sich kaum geändert, nur die Flöten klangen nun generell viel lauter. Der Streicherklang ist durch ›moderne‹ Besaitung stark geglättet und durch das allgemeine konstante Vibrato extrem unruhig.

Ein paar Worte zur Klangästhetik:
Jeder Ton hat an seinem Anfang eine charakteristische Störung, den Einschwingvorgang, das Anblas- oder Streichgeräusch. Es ist zur Erkennung eines Instrumentalklanges unbedingt nötig, schneidet man es bei einer Aufnahme weg, kann man das Instrument meist nicht erkennen. Jahrhundertelang hat man also streichende, schnarrende, schlagende Geräusche mitkomponiert, bis man – im 19. Jahrhundert – meinte, der pure Ton sei für die pure Musik das adäquate Mittel. Man änderte die Orgeln und

vermied durch Kernstich das Geräusch des Ansatzes, rundete die Mundstücke der Blechblasinstrumente innen ab, um das Rauschen zu beseitigen – als letzter Schritt kam die ›moderne‹ Besaitung, vor allem der Kontrabässe. Ihr delikates Schrumsen war ein wunderbarer Übergang vom Streichen zur Trommel. Wo ist das herrliche Bzz der Fagotte geblieben – die Gummiauskleidung erstickte es. – Und die Schlaginstrumente selbst? Ich wünsche mir, daß man hier nie auf Plastikfelle übergeht, wenn sie auch noch so sicher sind, und daß man die reich und vielschichtig klingenden großen Holztrommeln, und vor allem die herrlichen alten Türkischen Becken mit Zähnen und Klauen verteidigt.

Es gibt aber auch eine sehr starke Komponente, den Orchesterklang betreffend, die nichts mit den Instrumenten selbst zu tun hat, sondern mit der Spielweise und dem Geschmack. Man kann ja auch heute noch einige Orchester leicht voneinander unterscheiden, auch dort, wo keine lokalen Spezialinstrumente gespielt werden: die Streicher der Wiener Philharmoniker klingen einfach anders, wohl seit jeher, und nicht wegen der alten Wiener Geigenbauer. Das ist sehr schwer zu beschreiben und noch schwerer zu beweisen, wahrscheinlich empfindet man es mehr, als man es hört: Vibrato, Lagenwechsel, Agogik, Kleindynamik: man kann es sogar im Radio erkennen.

Ich komme zum Schluß.

Man sieht international eine Tendenz zur Vereinheitlichung, die Orchester werden einander immer ähnlicher, die Instrumente geräuschfreier, glatter, temperierter und vor allem sicherer. Diese Tendenz ist auch hier vorhanden. Man spielt schon lange keine großen F-Trompeten mehr, man hat sie vergessen, der Sicherheit geopfert. Wie herrlich klingt der Blechsatz mit diesen dunklen strahlenden Instrumenten: Brahms! Bruckner! Johann Strauß! Mahler und so weiter. –

Es ist unsinnig, heute noch in Kategorien wie ›alt‹ und ›modern‹ zu denken. Es müßte überlegt werden, ob man diese schönen Instrumente nicht – wenigstens hier – wieder aktivieren sollte. – Das Wiener Horn, die Wiener Oboe wanken! Diese Kombination ist das letzte intakte Rückgrat für die Wiener Klassik und ein Idealklang für Bruckner und Brahms. Es ist wahr, das Risiko, die Anstrengung ist groß, aber das Resultat kann wunderbar sein wie nie auf den weiter mensurierten Sicherheitshörnern. Die Wiener Oboe erfordert wirklich einen besonders musikalischen Spieler, weil der wesentliche Anteil an der Intonation mit den Lippen gemacht wird; man kann darauf viel falscher spielen, aber eben auch viel reiner und mit reichhaltigerem Klang. Man muß diese Instrumente um jeden Preis hier erhalten. Ich weiß, daß es möglich ist, hier sind Sachkenntnis und Phantasie der Orchester-Strategen gefordert.

Schönheit und Sicherheit: Beides zusammen gibt es nicht. Schönheit erfordert Risiko, kann wunderbar sein oder danebengehen ... Sicherheit aber führt zur Maschine, zum Unmenschlichen, zum Generatorenorchester.

Der Wiener Bläserstil

von Nikolaus Harnoncourt

Erstveröffentlichung: 1985

In den letzten Jahren bemerkt man einen auffallenden publizistischen Lärm um den sogenannten »Wiener Bläserstil«. Der grundsätzliche Tenor: die Verwendung der Wiener Oboe und (diesmal nicht so deutlich ausgesprochen) des Wiener Hornes seien – im besten Fall liebenswerte – Schrullen der Wiener Orchestermusiker, und es sei endlich an der Zeit, aus diesem hinterwäldlerischen Traum zu erwachen und, mittels Französischer Oboe und Doppelhorn, wieder internationalem Standard zu entsprechen. Diese Diskussion wird leider vielfach in blinder und tauber Emotion geführt und mit im allgemeinen eher armseliger technischer und musikalischer Sachkenntnis.

Ich möchte hier die instrumententechnischen Fragen weitgehend ausklammern und meine eigenen musikalischen Erfahrungen zu diesem Problem anbieten. – Es ist sehr gefährlich, beim Umgang mit Musikinstrumenten von »veraltet« oder »modern«, ja sogar von »besser« oder »schlechter« zu sprechen. Selbst die Qualifikation leichterer oder schwierigerer Spielbarkeit ist kaum zu handhaben. Die Entwicklung der Musikinstrumente kann keineswegs als eine Kette von Verbesserungen gesehen werden, an deren imaginärem Ende das perfekte Instrument stehe, sondern praktisch jede Verbesserung muß mit einer Verschlechterung erkauft werden. Der einzelne Musiker, manchmal auch der Komponist, entscheidet, ob für ihn persönlich die Vorteile oder die Nachteile überwiegen.

Ein praktisches Beispiel: bei den Proben (in Deutschland) für die *Militärsymphonie* von Haydn gab es Probleme, das Trompetensignal adäquat darzustellen – dies gelingt übrigens fast nie – schließlich hatte ich mich schon mit einer der üblichen Notlösungen zufriedengegeben, als der Trompeter zu meiner Überraschung das Signal prachtvoll blies. Er hatte, als letzten Versuch, eine Naturtrompete gewählt. Offensichtlich haben alle »Verbesserungen«, die die Naturtrompete bis zu den verschiedensten heutigen Ventiltrompeten durchmachte, genau jene Qualitäten verschlechtert, die für die Interpretation jener Stelle in der *Militärsymphonie* notwendig sind. – Ähnlich verhält es sich in sehr vielen Fällen.

Der Musiker reagiert auf die Anforderungen, die in den verschiedenen Epochen durchaus unterschiedlich sind; meist geht es dabei um den Konflikt zwischen Schönheit und Sicherheit. Wenn ich persönlich mehr auf der Seite der Schönheit stehe, muß ich doch zugeben, daß man das Risiko nicht zu weit treiben darf. Dennoch, die Schönheit ist es wert, mit Leidenschaft angestrebt und verteidigt zu werden, gerade heute, wo das Gros bereits auf die Seite der Sicherheit übergelaufen ist.

Vorkämpfer der »Sicherheit« waren die amerikanischen Orchester. Dort mußten die Musiker um jeden Preis jeden Kickser oder Fehler vermeiden, da sie sonst leicht entlassen werden konnten. Die Tonqualität war aber kein Entlassungsgrund! So entstand das heute so vielgerühmte amerikanische Blech: ein kalter brillanter »Sicherheitsklang«, nicht gerade das, was wir uns für die Werke der Wiener Klassik wünschen.

Was Oboe und Horn betrifft: von meinem Gesichtspunkt aus, als nicht unmittelbar Betroffener, besteht der wesentliche Unterschied darin, daß die Tongebung und die Intonation bei den Wiener Instrumenten viel unmittelbarer mit den Lippen beeinflußt werden.

Bei den sogenannten Französischen Oboen und bei den Doppelhörnern steht die Grifftechnik im Vordergrund; so ist die Gefahr für rein technische Pannen geringer. Man möge aber nicht glauben, die Französischen Oboen hätten weniger technische Nachteile. So sind etwa die tiefsten Töne fast stets unsauber (zu tief) und zu laut – Fehler, die kaum korrigierbar sind. Die größere Abhängigkeit der Wiener Instrumente vom Ansatz der Spieler bedeutet natürlich auch eine größere Abhängigkeit von der Tagesform; der Unterschied zwischen den besten und den schlechtesten Leistungen ist größer.

Die wichtigste Frage ist wohl, worin die musikalischen Vor- und Nachteile bestehen. Im Solistisch-Melodischen scheint mir dies eine reine Geschmacksfrage zu sein, im Akkordischen, wo es auf die Klangmischung und Verschmelzung ankommt, verhalten sich die beiden Instrumententypen konträr. In den Symphonien Haydns und Mozarts sind die vierstimmigen Bläserakkorde von zwei Oboen und zwei Hörnern klangbestimmend. Diese Akkorde bieten bei den Wiener Instrumenten überhaupt keine Probleme, sie verschmelzen auf natürliche Weise und werden als Einheit empfunden. – Bei den Französischen Instrumenten bedarf es intensiver Vorbereitungsarbeit, um einen annähernd adäquaten Verschmelzungsklang zu erreichen; Hörner und Oboen wirken hier klanglich viel isolierter und solistischer.

Ich bin mit dem Klang der Wiener Instrumente aufgewachsen, und es war für mich zunächst schwierig, andere Klänge überhaupt zu akzeptieren. Heute weiß ich, daß durch das Instrumentarium nur der Basisklang dargeboten wird, daß aber der Spieler jedes Instrument zu seiner persönlichen Stimme macht. Nationale Vorlieben haben ebenfalls einen großen Einfluß. Ich kenne amerikanische und holländische Oboisten, die auf der Französischen Oboe einen durchaus »wienerischen« Klang produzieren; ebenso produziert ein mir gut bekannter Wiener Hornist auch auf einem Doppelhorn den typischen Wiener Klang. Diese Klangvielfalt ist aber nur möglich, weil und solange es die Vielfalt der Instrumente gibt. Die Individualität der Meisterorchester ist eine große Bereicherung des internationalen Musiklebens. Alle Tendenzen zur Nivellierung und Vereinheitlichung führen zu einer Verarmung. Das amerikanische Stromlinienorchester sollte nicht die europäische Vielfalt auf- und ablösen. Wir sollten uns nicht so sehr Gedanken machen darüber, wie man die »modernen« Instrumente in die Wiener Orchester oder gar Musikhochschulen bringt, sondern vielmehr darüber, wie man genügend qualifizierte Musiker für unsere Orchester heranbilden kann.

Wenn ein junger Musiker Wiener Oboe erlernt, muß er so gut werden, daß er in einem Wiener Orchester akzeptiert wird – anderswo hat er keine Chance. Andererseits müssen die Wiener Orchester ihre Bläser aus dieser sehr kleinen Gruppe von entschlossenen »Wienern« rekrutieren; und es kann durchaus vorkommen, daß für einige Jahre einmal keine allerersten Musiker heranwachsen. Muß man dann die »Zweitbesten« nehmen, ist der Ruf der Wiener Bläser, der Wiener Instrumente und der Wiener Orchesterkultur in Gefahr. Die Weltklasseorchester andernorts kennen dieses Problem nicht. Wird dort eine Oboen- oder Hornstelle frei, melden sich viele Musiker aus aller Welt (nur nicht aus Wien) – die Auswahl ist also um ein Vielfaches größer.

Das Problem ist demnach überhaupt nicht, wie man die Wiener Instrumente durch die »Einheitsinstrumente« ersetzen kann, sondern, wie man den notwendigen Nachwuchs an hervorragenden Musikern, die auf Wiener Instrumenten spielen, bekommen kann! Hier gäbe es viele Lösungen, die für die Orchester und für die betreffenden Musiker interessant wären. Man muß aber Phantasie und Überzeugung besitzen und einsetzen: die Wiener Orchester müssen ihren Stil und ihren Klang behalten.

Unser besonderer Dank gilt all jenen, die durch ihr Engagement und ihr freundliches Entgegenkommen dazu beigetragen haben, daß dieses Buch in dieser Form möglich geworden ist, in erster Linie den vielen Gesprächspartnern von Nikolaus Harnoncourt:

Karl Böhmer, Daniel Ender, Brigitte Franke, Irene Gunnesch, Volker Hagedorn, Elisabeth Hirschmann-Altzinger, Mathis Huber, Joachim Kronsbein, Helga Leiprecht, Andrea Meuli, Stefan Musil, Bernhard Odehnal, Gerhard Perché, Werner Pfister, Teresa Pieschacón Raphael, Mathias Plüss, Peter Rothenbühler, Wolfgang Schaufler, Camille Schlosser, Peter Schneeberger, Jürgen Seeger, Claus Spahn, Haide Tenner, Markus Thiel, Manfred Wagner, Lucas Wiegelmann, Olaf Wilhelmer, Lisa Witasek und Dagmar Zurek.

Wir haben uns bemüht, sämtliche Rechteinhaber ausfindig zu machen und anzuführen. Für etwaige fehlerhafte oder unterlassene Nennungen bitten wir um Nachsicht.

Von und über
Nikolaus Harnoncourt

Nikolaus Harnoncourt
Musik als Klangrede
Wege zu einem neuen Musikverständnis
Neuauflage
ISBN 978 3 7017 3166 4

Das Schlüsselwerk zum Verständnis von Nikolaus Harnoncourts musikalischer Praxis – stilbildend und wegweisend. Dieses Buch lehrt einen, anders zu hören, verstehend zu hören. Eindringlich, mit Überzeugung und Leidenschaft erläutert Nikolaus Harnoncourt in seinen Essays und Vorträgen die Grundprinzipien seiner musikalischen Praxis, die ihn in der gesamten Musikwelt berühmt gemacht hat.

> Das wichtigste Buch über Musik, das in den vergangenen zwanzig Jahren erdacht und geschrieben worden ist.
> *Die Presse,* Franz Endler

Nikolaus Harnoncourt
Mozart-Dialoge
Herausgegeben von Johanna Fürstauer
ISBN 978 3 7017 3000 1

Das Genie und sein Interpret: Nikolaus Harnoncourt und Wolfgang Amadeus Mozart im Dialog. Dieses Buch gibt Einblicke in die Überlegungen und die Praxis eines Interpreten, der wesentlich dazu beigetragen hat, die Werke Mozarts für den Hörer von heute neu zu erschließen.

> Nikolaus Harnoncourts widerborstige Überlegungen zu Mozart und zur Kunst im Allgemeinen verlieren auch in der Zweitverwertung nichts von ihrer Faszination, zumal sie hier gebündelt dastehen.
> *Kronen Zeitung,* Martin Gasser

> Ein dreihundertseitiger Leitfaden, der ebenso fundiert wie nachdrücklich für Mozart und die Wichtigkeit von Kultur argumentiert.
> *Der Bund,* Tobias Gerosa

residenzverlag.at

Nikolaus Harnoncourt
»Töne sind höhere Worte«
Gespräche über romantische Musik
Herausgegeben von Johanna Fürstauer
ISBN 978 3 7017 3231 9

Nikolaus Harnoncourt über Beethoven und Schubert, Verdi und
Johann Strauß, Schumann und Dvořák, Brahms und Bruckner
und die Musik des romantischen Jahrhunderts.
„Töne sind höhere Worte" – dieser Ausspruch Robert Schumanns
steht als Titel wie als Motto über der so leidenschaftlichen wie
kontroversiellen Auseinandersetzung Nikolaus Harnoncourts
mit unserem musikalischen Erbe. Dieses Erbe verlangt mehr als
Pflege, es zwingt zum Dialog: mit der Vergangenheit, mit unserer
Zukunft und nicht zuletzt mit uns selbst.

Die zu einem materialdichten Band gebündelten Gespräche
mit Nikolaus Harnoncourt über die Musik der Romantik
kultivieren das, was der österreichische Dirigent bei seiner
Arbeit stets in den Mittelpunkt stellt – den Dialog ... Seine
lesenswerten Ausführungen regen zur Auseinandersetzung
an, verlieren aber niemals den Blick für das Wesentliche
der Musik. Denn schliesslich, so Harnoncourt,
ist die Kunst „die Nabelschnur, die uns mit dem Göttlichen verbindet".
NZZ, Martina Wohlthat

residenzverlag.at

Unmöglichkeiten sind die schönsten Möglichkeiten
Die Sprachbilderwelt des Nikolaus Harnoncourt
Aufgezeichnet und kommentiert von Sabine M. Gruber
Neuauflage
ISBN 978 3 7017 1345 5

Eines der großen Geheimnisse Nikolaus Harnoncourts ist die in
seiner Zunft wohl beispiellose Sprachbegabung, seine Fähigkeit,
musikalische Bilder in elementare, humorvolle, präzise Wort-
Bilder zu übersetzen. Sabine M. Gruber, seit Anfang der Achtziger-
jahre Sängerin im Arnold Schönberg Chor, hat – als Beteiligte
wie als Beobachtende – Nikolaus Harnoncourts geniale Sprach-
schöpfungen durch Jahre hindurch festgehalten. In verbindenden
Kommentaren beleuchtet sie die Persönlichkeit des Künstlers und
Menschen Nikolaus Harnoncourt und das Wesen des musikalisch-
künstlerischen Prozesses.

> Eine herrlich amüsante Bonmot-Sammlung voller Perlen
> lauterer Weisheit.
> *Der Spiegel*

> Nikolaus Harnoncourt ist der wohl suggestivste Entfesse-
> lungskünstler unter den Musikern, der Meister der ent-
> fesselten Phantasie.
> *Die Presse*

Monika Mertl, Milan Turković
Die seltsamsten Wiener der Welt
Nikolaus Harnoncourt und sein Concentus Musicus
50 Jahre musikalische Entdeckungsreisen
ISBN 978 3 7017 1267 0

Fünfzig abenteuerliche Jahre werden in diesem Buch lebendig –
fünfzig Jahre, in denen eine verschworene Gemeinschaft hoch-
spezialisierter Musiker mit jeder Etappe ihrer Entwicklung neue
Maßstäbe setzte und Interpretationsgeschichte schrieb.

residenzverlag.at

Monika Mertl
Nikolaus Harnoncourt
Vom Denken des Herzens
Eine Biographie
Überarbeitete u. ergänzte Neuauflage
ISBN 978 3 7017 3231 9

In ihrer vielschichtigen Biografie zeichnet Monika Mertl nicht nur Nikolaus Harnoncourts Entwicklung vom Cellisten und Spezialisten für Alte Musik bis zum bahnbrechenden Interpreten großer Meisterwerke nach, sie beleuchtet auch den weltanschaulichen Hintergrund, durch den seine Arbeit unverwechselbar wurde.

Johanna Fürstauer, Anna Mika
Oper, sinnlich
Die Opernwelten des Nikolaus Harnoncourt
ISBN 978 3 7017 3154 1

Das Musiktheater des Nikolaus Harnoncourt, von Monteverdi bis Strawinski: Ein Leben im Spiegel der Oper. Mehr als 400 Jahre ist die Oper nun alt, und wenn sie bis heute immer noch jung geblieben ist, dann liegt das an Künstlern wie Nikolaus Harnoncourt und seinem unermüdlichen Bemühen um die Erneuerung der Kunst und unseres Verständnisses von Kunst. „Oper, sinnlich" folgt seinem Weg durch die bunte Welt der Oper und lässt an zahlreichen Beispielen, von Monteverdis „L'Orfeo" über Mozarts „Figaro" bis zu Strawinskis „The Rake's Progress", erfahren, wie lebendig Oper sein kann.

Das Buch ist informativ und inspirierend und sehr nah dran an Harnoncourt durch die genaue Kenntnis der Autorinnen.
Badisches Tagblatt, Sabine Rahner

residenzverlag.at

Musik
in Residenz

Helmut Brenner, Reinhold Kubik
Mahlers Welt
Die Orte seines Lebens
ISBN 978 3 7017 3202 9

Wo Mahler lebte, liebte, wirkte: Eine Lebensgeschichte in Orten zum 100. Todestag. Mit rund 600 Abbildungen.

Das Buch ist eine nie dagewesene Topographie des Gewesenen, die, chronologisch geordnet, neue Einblicke in Gustav Mahlers Lebens- und Komponierwelt gibt […]. Eine konkurrenzlose Zeitreise zum Lesen und Schauen, zum Schmökern und Entdecken von großenteils nicht mehr Vorhandenem.
NDR Kultur, Dieter David Scholz

Etwas Besonderes ist Helmut Brenner und Reinhold Kubik gelungen. In jahrelanger Spurensuche […] haben sie alle überhaupt eruierbaren Wohnungen, Ferienadressen, Wirkungsstätten, aber auch Lieblingsgasthäuser und Hotels Mahlers aufgespürt, dokumentiert und mit Abbildungen versehen, vom Geburtshaus im mährischen Kalischt bis zu Mahlers Grabstein in Grinzing […]. Herausgekommen ist ein Lebens- und Lesebilderbuch zu Mahler, das jedem Freude machen wird, der sich für den Komponisten interessiert.
DIE WELT, Jens Malte Fischer

residenzverlag.at

Helmut Brenner, Reinhold Kubik
Mahlers Menschen
Freunde und Weggefährten
ISBN 978 3 7017 3322 4

Der Personenkreis um Gustav Mahler umfasste Hunderte
Menschen. Neben berühmten Zeitgenossen wie Richard Strauss
und Gerhart Hauptmann zählten zu ihm viele Personen, deren
Beziehung zu Mahler bekannt ist, über deren Leben man aber
nicht viel weiß – von der Opernsängerin Rosa Papier, die maßgeblich am Engagement Mahlers an die Wiener Hofoper beteiligt war,
über den Landschaftsfotografen Hugo Henneberg, dessen Gattin
Marie die Taufpatin von Mahlers Tochter wurde, bis zum Anwalt
Serafin Bondi, den die Mitgliedschaft in einem Vegetarierklub
mit Mahler verband. Das Buch bietet eine Auswahl von rund 70
faszinierenden Biografien, durch die viele Lücken in Mahlers
Lebensgeschichte geschlossen werden.

Gidon Kremer
Obertöne
ISBN 978 3 7017 1063 8

Töne weisen die Richtung: in der Welt, in der Musik, im Musikbetrieb. Jeder Ton, ob durch ein Instrument erzeugt, mit den
Stimmbändern oder auf andere Weise, besitzt Ober- und Unter-
töne. Sie weisen eine Richtung, bestimmen die Klangfarbe und
verleihen den akustischen Signalen Poesie. Nicht nur Töne
bekommen so ihre Eigenart und ihren Wert. Auch Begegnungen
zwischen Menschen, jedes Erlebnis, jedes Tun erhält durch
unsichtbare Schwingungen, durch Haltungen, Gedanken und
Gefühle ein besonderes Gepräge. Von diesen Schwingungen
erzählt Gidon Kremers Buch.

residenzverlag.at